Klausurvorbereitung zur Einführung in die Informatik

Aufgaben zur praktischen und technischen Informatik

von

Dr. Nico Grund

Prof. Dr. Manfred Sommer

Phillips-Universität Marburg

Oldenbourg Verlag München

Lektorat: Johannes Breimeier
Herstellung: Tina Bonertz
Titelbild: Nico Grund
Grafik: Irina Apetrei
Einbandgestaltung: hauser lacour

Bibliografische Information der Deutschen Nationalbibliothek
Die Deutsche Nationalbibliothek verzeichnet diese Publikation in der Deutschen Nationalbib-
liografie; detaillierte bibliografische Daten sind im Internet über http://dnb.dnb.de abrufbar.

Library of Congress Cataloging-in-Publication Data
A CIP catalog record for this book has been applied for at the Library of Congress.

© 2013 Oldenbourg Wissenschaftsverlag GmbH
Rosenheimer Straße 143, 81671 München, Deutschland
www.degruyter.com/oldenbourg
Ein Unternehmen von De Gruyter

Gedruckt in Deutschland

Dieses Papier ist alterungsbeständig nach DIN/ISO 9706.

ISBN   978-3-486-73180-4
eISBN   978-3-486-77908-0

Vorwort

Das Buch *Einführung in die Informatik* ist mittlerweile in der zehnten Auflage erschienen. In zahlreichen Vorlesungen an der Universität Marburg wurde dieses Buch in den letzten zwanzig Jahren als Grundlage verwendet, hauptsächlich in den Vorlesungen zur Praktischen und Technischen Informatik.

Dr. Nico Grund hat als Mitarbeiter am Fachbereich Mathematik und Informatik die Übungen zu vielen dieser Vorlesungen betreut. Die Aufgaben zur Begleitung der Vorlesungen und die Klausuraufgaben jeweils am Ende des Semesters hat er gesammelt und stellt sie in diesem Buch den interessierten Lesern zur Verfügung. Alle Aufgaben sind didaktisch aufbereitet und mit thematisch einführenden Erläuterungen versehen. Musterlösungen tragen zum Verständnis des Stoffes bei.

Dieses Buch versteht sich als Begleitbuch zur *Einführung in die Informatik* und richtet sich an Studierende, die ihre Kenntnisse in der Praktischen und Technischen Informatik mithilfe von Übungsaufgaben vertiefen möchten. Sehr gut eignet sich das Buch auch zur Klausurvorbereitung.

Ebenso kann dieses Buch aber auch für Lehrende interessant sein, die nach Anregungen suchen, um Übungs- und Klausuraufgaben für Vorlesungen zur Praktischen und Technischen Informatik zu stellen. Des Weiteren kann dieses Buch zur Vorbereitung von vorlesungsbegleitenden Tutorien dienen.

Verweise innerhalb des Buches beziehen sich auf die aktuelle Auflage des zugehörigen Werkes:

Gumm, Heinz-Peter / Sommer, Manfred: *Einführung in die Informatik*, 10.Auflage, Oldenbourg Verlag, München, (2013).

Wir danken dem Oldenbourg Verlag, insbesondere Herrn Breimeier für die Betreuung dieses Projektes.

Marburg an der Lahn, im Mai 2013

Manfred Sommer
Nico Grund

Inhaltsverzeichnis

Vorwort   **V**

I   Aufgaben

1	**Grundlagen der Programmierung**	**3**
1.1	Einführung in die Konzepte der Programmiersprachen	3
1.2	Arrays	10
1.3	Stringverarbeitung	12
1.4	Rekursive Methoden...	13
1.5	Klassen und Objekte	15
1.6	Listen und generische Klassen	20
1.7	Klausuraufgaben zu den Grundlagen der Programmierung..............	22
2	**Algorithmen und Datenstrukturen**	**33**
2.1	Sortieralgorithmen..	33
2.2	Stacks und Queues	34
2.3	Bäume	36
2.4	Graphen	39
2.5	Klausuraufgaben zu Algorithmen und Datenstrukturen................	40
3	**Rechnerarchitektur**	**47**
3.1	Zahlenarithmetik	47
3.2	Boolesche Algebra..	53
3.3	Umwandlung von Schaltbildern	55
3.4	Minimierung boolescher Schaltungen..............................	56
3.5	Fehlerdiagnose und Schaltungshazards	66
3.6	Multiplexer und Demultiplexer	68
3.7	Logik-Gitter...	70

3.8   CMOS Schaltungen.. 72

3.9   Sequentielle Schaltungen.. 76

3.10   Zustandsautomaten 79

3.11   Assemblerprogrammierung.. 81

3.12   Klausuraufgaben zur Technischen Informatik......................... 84

II   Lösungen

1   Grundlagen der Programmierung   **97**

1.1   Einführung in die Konzepte der Programmiersprachen 97

1.2   Arrays 99

1.3   Stringverarbeitung 101

1.4   Rekursive Methoden... 106

1.5   Klassen und Objekte 110

1.6   Listen und generische Klassen 122

1.7   Klausuraufgaben zu den Grundlagen der Programmierung.............. 126

2   Algorithmen und Datenstrukturen   **139**

2.1   Sortieralgorithmen... 139

2.2   Stacks und Queues 142

2.3   Bäume 146

2.4   Graphen 154

2.5   Klausuraufgaben zu Algorithmen und Datenstrukturen............... 158

3   Rechnerarchitektur   **165**

3.1   Zahlenarithmetik 165

3.2   Boolesche Algebra 169

3.3   Umwandlung von Schaltbildern 173

3.4   Minimierung boolescher Schaltungen................................ 175

3.5   Fehlerdiagnose und Schaltungshazards 186

3.6   Multiplexer und Demultiplexer 189

3.7   Logik-Gitter... 192

3.8   CMOS Schaltungen.. 198

3.9　　　Sequentielle Schaltungen.. 207

3.10　　Zustandsautomaten 209

3.11　　Assemblerprogrammierung... 211

3.12　　Klausuraufgaben zur Technischen Informatik.......................... 217

Teil I

Aufgaben

1 Grundlagen der Programmierung

1.1 Einführung in die Konzepte der Programmiersprachen

! Berechnungsbeispiel

Angenommen Sie sind ein Bäcker und vor Ihnen befindet sich ein Korb voller Äpfel und ein Messer. Die Äpfel sollen der Reihe nach geschält, geviertelt und entkernt werden. Die Kerne sollen zusätzlich eingesammelt und für eine mögliche Weiterverarbeitung aufbewahrt werden. Da es sich hierbei um eine Tätigkeit handelt, die Sie des Öfteren durchführen müssen, wäre es von Vorteil, wenn das Schälen der Äpfel maschinell bewerkstelligt werden könnte. Das Ziel besteht nun darin den Ablauf des Schälens unmissverständlich und ohne Mehrdeutigkeiten zu formulieren, sodass dieser automatisiert und beliebig oft wiederholt werden kann.

Bevor ein Projekt realisiert oder ein Programm implementiert wird, ist es wichtig eine Lösungsstrategie festzulegen bzw. einen Algorithmus zu entwickeln, sodass zu jedem Zeitpunkt klar ist, was gemacht wird und welche Zwischenergebnisse generiert werden. Eine genaue Planung dient dazu Fehler zu minimieren und unvorhersehbare Komplikationen erkennen und analysieren zu können. Folgende Fragestellungen sollten zunächst betrachtet werden:

1. Was soll gemacht werden?

2. Wie kann die Aufgabe gelöst werden?

3. Lässt sich das Problem in Teilaufgaben zerlegen?

4. Was wird benötigt, um das Problem zu lösen?

5. Wie kann der Ablauf optimal gestaltet werden?

Erst wenn diese Fragen geklärt und Sie sich über den Ablauf bewußt sind, sollten Sie zur eigentlichen Programmierung übergehen. Während der Programmierung aufkommende Schwierigkeiten können dann separat untersucht werden, ohne dabei jedoch den Blick auf das große Ganze zu verlieren. Es ist wichtig ein Gespür für algorithmische Zusammenhänge und deren konzeptionelle Umsetzung zu entwickeln, bevor Sie zur Implementierung schreiten. Ein Bäcker backt eben auch keinen Kuchen, ohne sich zuvor Gedanken über das Rezept zu machen.

Auf Grundlage des folgenden, zum obigen Szenario gehörenden *sequentiellen Ablaufs* sollen die Konzepte der Programmiersprachen erläutert werden:

Befindet sich im Korb ein Apfel?
Wenn nicht, ist man fertig!

Wenn doch, dann:
    Nimm einen Apfel
    Schäle den Apfel
    Viertel den Apfel
        Nimm das erste Stück
        Entferne das Kerngehäuse
        Lege die Kerne beiseite

        Nimm das zweite Stück
        Entferne das Kerngehäuse
        Lege die Kerne beiseite

        Nimm das dritte Stück
        Entferne das Kerngehäuse
        Lege die Kerne beiseite

        Nimm das vierte Stück
        Entferne das Kerngehäuse
        Lege die Kerne beiseite

Befindet sich im Korb ein Apfel?
Wenn nicht, ist man fertig!

Wenn doch, dann:
    Nimm einen Apfel
    Schäle den Apfel
    Viertel den Apfel
        Nimm das erste Stück
        Entferne das Kerngehäuse
        Lege die Kerne beiseite

        Nimm das zweite Stück
        Entferne das Kerngehäuse
        Lege die Kerne beiseite

        Nimm das dritte Stück
        Entferne das Kerngehäuse
        Lege die Kerne beiseite

        Nimm das vierte Stück
        Entferne das Kerngehäuse
        Lege die Kerne beiseite

Befindet sich im Korb ein Apfel?
...

Dieser *sequentielle Ablauf* beschreibt die grobe Vorgehensweise des Apfelschälens. Das Problem besteht jedoch darin, dass derartige algorithmische Beschreibungen sehr schnell, sehr lang und unübersichtlich werden. Zudem sind darin oftmals redundante Anweisungsblöcke enthalten. So auch im vorliegendem Beispiel:

> Nimm das ... Stück
> Entferne das Kerngehäuse
> Lege die Kerne beiseite

Da bereits vorab bekannt ist, dass dieser Block für eine feste Anzahl von Apfelstücken hintereinander ausgeführt werden muss, kann dieser zu einer *for*-Schleife zusammengefasst werden. Ähnliches gilt für die immer wiederkehrende Frage, ob sich noch ein Apfel im Korb befindet. Da es sich hierbei um eine beliebige Anzahl von Äpfeln handelt, kann die entsprechende Abfrage auch zu:

> Solange ein Apfel im Korb ist

umformuliert und somit mittels einer *while*-Schleife umgesetzt werden. Durch die Verwendung von Schleifen, kann der vorgegebene *sequentielle Ablauf* folgendermaßen optimiert werden:

> Solange ein Apfel im Korb ist {
>   Nimm einen Apfel
>   Schäle den Apfel
>   Viertel den Apfel
>   Für das erste bis vierte Stück vom Apfel {
>   Nimm ein Stück
>   Entferne das Kerngehäuse
>   Lege die Kerne beiseite
>   }
>   }

Für die Umsetzung der Problemstellung in ein äquivalentes Programm zur Automatisierung, muss überlegt werden, was für die einzelnen Schritte benötigt wird und zu welchen Resultaten die jeweiligen Schritte führen. Jede Anweisung kann als Methode angesehen werden, bei welcher als notwendig erachtete Hilfsmittel in der Parameterliste genannt und mögliche Zwischenergebnisse durch Rückgabewerte definiert werden. Einem Rechner, auf welchem das zu implementierende Programm ausgeführt werden soll, muss klar gemacht werden, was das Ziel einer Methode ist und was er zu deren Ausübung benötigt.

Nimm einen Apfel: Hierfür wird im Grunde kein Hilfsmittel benötigt (leere Parameterliste). Es soll lediglich ein Apfel aus dem Korb entfernt und für die weitere Verarbeitung geliefert werden (ein Rückgabewert).

Schäle den Apfel: Zum Schälen eines Apfels werden der jeweilige Apfel und ein Messer benötigt (zwei Parameter). Als Rückgabe könnte die abgelöste Schale in Betracht kommen. Da diese für den weiteren Verlauf jedoch nicht zielführend ist, kann diese vernachlässigt werden (keine Rückgabe). Während der Ausführung dieser Methode ändert sich der Zustand des Apfels von *ungeschält* zu *geschält*.

Viertel den Apfel: Hier müssen der geschälte Apfel und ein Messer zur Verfügung gestellt werden (zwei Parameter). Der Rückgabewert ist irrelevant, da an dieser Stelle nur der Zustand des Apfels geändert wird.

Nimm ein Stück: Da nicht ein Stück von irgendwas geliefert werden soll, muss natürlich der geschälte Apfel in der Parameterliste erscheinen (ein Parameter). Um ein entsprechendes Stück vom Apfel liefern zu können, muss jedoch geprüft werden, ob der als Parameter übergebene Apfel auch wirklich geschält und geviertelt wurde. Nur in diesem Fall kann eine gültige Rückgabe erfolgen.

usw.

Aufgrund der getätigten Überlegungen ist es möglich die Vor- und Nachbedingungen sowie Abhängigkeiten zwischen den einzelnen Verfahrensschritten abzuschätzen. Somit kann die grobe Struktur des Programmes inklusive der Spezifikation von Hilfsmitteln und Zwischenergebnissen in Form von *Pseudocode* festgehalten werden:

```
Solange ein Apfel im Korb ist {
    apfel = Nimm einen Apfel();
    Schäle den Apfel(apfel, messer);
    Viertel den Apfel(apfel, messer);
        Für das erste bis vierte Stück vom Apfel {
            stück = Nimm ein Stück(apfel);
            kerne = Entferne das Kerngehäuse(stück, messer);
            Lege die Kerne beiseite(kerne);
        }
}
```

Doch versteht dies auch ein Rechner? - Mithilfe von Programmiersprachen können komplexe Aufgabenstellungen und die zu deren Lösung entwickelten Algorithmen in eine für die Maschine verständliche Form überführt werden. Ähnlich einem Dolmetscher, der mittels eines Wörterbuches vorhandene Sprachbarrieren zwischen Menschen verschiedener Nationalitäten auflösen kann, wird durch die Programmiersprachen die Interaktion zwischen Mensch und Maschine ermöglicht. Hierzu stellt jede Programmiersprache dem Softwareentwickler eine Menge von Grundoperationen zur Verfügung, auf welche die im *Pseudocode* enthaltenen Anweisungen zurückgeführt werden müssen. Auf diese Art können einem Rechner die zuvor spezifizierten Verfahrensschritte unmissverständlich erklärt werden. Zudem können die einzelnen Grundoperationen zu einer Befehlssequenz zusammengefasst und dadurch neue sowie komplexere Operationen definiert werden:

```
Schäle den Apfel(apfel, messer) {
    Nimm den <apfel> in eine Hand();
    Nimm das <messer> in die andere Hand();
    Solange sich noch Schalenreste am <apfel> befinden {
        Setze das <messer> an einer ungeschälten Stelle am <apfel> an();
        Ziehe das <messer> über den <apfel> hinweg();
        Entferne das abgelöste <schalenstück>();
    }
}
```

Da mit obiger Methodendeklaration lediglich der Zustand eines Apfels verändert und kein neues Objekt erzeugt wird, verfügt diese über keinen Rückgabewert. Derartige Methoden werden bei der Implementierung mit dem Attribut **void** gekennzeichnet:

void Schäle den Apfel(apfel, messer) {...}

Soll im Gegensatz dazu in einer Methode etwas berechnet oder erzeugt und letztlich zurückgegeben werden, muss dies über die Definition einer Rückgabe erfolgen. Der Typ des Rückgabewertes muss im Methodenkopf angegeben werden (anstelle des Attributes **void**), damit bereits vor der Ausführung klar ist, was in der Methode produziert wird. Die eigentliche Rückgabe des jeweiligen Objektes wird am Ende der Methode mit der **return**-Anweisung eingeleitet. Mit der folgenden Beispielmethode werden die Kerne aus dem Kerngehäuse eines Apfels entfernt und als eigenständiges Objekt zurückgeliefert:

```
<kerne> Entferne das Kerngehäuse(stück, messer) {
    Nimm das <stück> in eine Hand();
    Nimm das <messer> in die andere Hand();
    gehäuse = Löse mit dem <messer> das Gehäuse aus dem <stück>();
    kerne = Sammle die Kerne aus dem <gehäuse>();
    return <kerne>;
}
```

Müssen zur Ausführung einer Operation an die zugehörige Methode Parameter übergeben werden, ist es ratsam diese auf ihre Gültigkeit hin zu überprüfen. Ist ein Parameter ungültig können die innerhalb der Methode definierten Berechnungen nicht ordnungsgemäß durchgeführt werden, wodurch das gesamte Programm fehleranfällig wird. Deshalb sollten zu Beginn einer Methode immer die Vor- oder Randbedingungen geprüft werden. Die Voraussetzungen für die Berechnungen können mithilfe einer *if-else* Abfrage geprüft werden. Hinsichtlich des Beispiels können die Kerne nur aus dem Kerngehäuse des Apfels entfernt werden, wenn dieser zuvor in vier Teile geschnitten wurde:

```
<stück> Nimm ein Stück(apfel) {
    Wenn der <apfel> geschält und geviertelt wurde, dann {
        Gib ein <stück> vom <apfel> zurück();
    } andernfalls { Gib <nichts> zurück(); }
}
```

Da für diese Methode eine Rückgabe definiert wurde, muss am Ende auch definitiv etwas zurückgegeben werden. Für den Fall, dass die Vorbedingungen nicht erfüllt sind, ist jedoch kein Stück vom Apfel greifbar. Demnach wird nichts bzw. muss ein *leeres, undefiniertes* Objekt zurückgegeben werden. Dies entspricht dem *Null-Pointer*. In den Programmiersprachen wird hierfür das Synonym **null** oder **nil** verwendet. Besteht die Möglichkeit, dass durch eine Methode ein *Null-Pointer* geliefert wird, sollten alle nachfolgenden Berechnungen den entsprechenden Rückgabewert auf dessen Gültigkeit prüfen. Es sollte also eine Abfrage integriert werden, durch welche die Gleichheit zu **null** bzw. **nil** getestet wird. Wird ein derartiger Vergleich vergessen, kommt es zu einer *Null-Pointer-Exception* und das Programm stürzt ab. Wie soll denn auch ein Bäcker einen Apfelkuchen backen, wenn er keine Äpfel hat?

```
<stück> Nimm ein Stück(apfel) {
    if ((<apfel> != null) & (<apfel> ist geschält) & (<apfel> ist geviertelt)) {
        return (<stück> vom <apfel>);
    } else { return null; }
}
```

Bei den vorangegangenen Erläuterungen wurde immer wieder vom Typ eines Objektes gesprochen. Doch was verbirgt sich hinter dem Typ eines Objektes? Mithilfe einer Typ-Deklaration ist es möglich, die Eigenschaften, Bestandteile und Funktionalitäten eines Objektes zusammenzufassen. Ein Messer verfügt zum Beispiel über eine Klinge (Bestandteil), die scharf (Eigenschaft) sein sollte und zum Schneiden (Funktionalität) verwendet werden kann. Bei der Deklaration von Datentypen werden die Eigenschaften und die Bestandteile als Variablen bzw. Felder angelegt und die Funktionalitäten durch Methoden beschrieben. Werden die Eigenschaften und Bestandteile eines Objektes aufgelistet, sollte darauf geachtet werden, dass die einzelnen Komponenten einen eindeutigen Namen erhalten und wiederum einem Typ zugeordnet werden. Neben den objektbezogenen Elementen können auch vom Objekt unabhängige Strukturen in die Deklaration eines Datentyps aufgenommen werden. Das ist insbesondere dann von Vorteil, wenn für die korrekte Ausführung einer definierten Objektmethode, ein weiteres Hilfsmittel benötigt wird, was aber mit dem Objekt an sich nichts zu tun hat. Im Beispiel wird diese Rolle durch das Messer repräsentiert, welches unter anderem zum Schälen des Apfels vonnöten ist.

Bei der Definition eines Objekttyps sollte die zugehörige Objektklasse einen eindeutig identifizierbaren und aussagekräftigen Namen erhalten, wie im Beispiel **Apfel**. Die Deklaration einer Klasse wird immer mit dem Schlüsselwort **class** eingeleitet und kann mit einem Attribut wie beispielsweise **public** oder **private** versehen werden. Wurden die einzelnen Komponenten eines Objektes zusammengestellt, sollte überlegt werden, welche davon *nach außen hin sichtbar* sein sollen bzw. auf welche Werte *von außen zugegriffen* werden darf. Bei einem Apfel kann zum Beispiel direkt auf dessen Schale Einfluss genommen oder dessen Größe und Umfang gemessen werden. Der direkte Zugriff auf das innen liegende Kerngehäuse und die darin befindlichen Kerne ist hingegen nicht möglich. Um die Kerne zu erhalten, muss der Apfel zunächst mit dem Messer aufgeschnitten werden, was mit einer Zustandsänderung des Apfels einhergeht. Die soeben angedeuteten Zugriffsmöglichkeiten sollten bei der Deklaration eines Objekttyps unbedingt mit berücksichtigt werden. Dazu werden den einem Objekt zugeteilten Eigenschaften, Bestandteilen und Funktionalitäten Attribute verliehen, welche die Zugriffsrechte klären:

public	jeder kann darauf zugreifen
private	kein direkter Zugriff möglich
protected	nur für engste Verwandte gedacht

Elemente die als **private** deklariert wurden, können mithilfe von Methoden und entsprechenden Rückgabewerten der breiten Masse zur Verfügung gestellt werden. Entsprechendes gilt für das Kerngehäuse oder für die Kerne. Die in die Objektdeklaration integrierten zusätzlichen Hilfsmittel, wie beispielsweise das Messer in der Klasse Apfel, sind von selbigem unabhängig. Da das Messer nicht einem bestimmten Apfel zugeordnet werden soll – es wird nicht pro Apfel ein Messer benötigt, um diesen schälen zu können, sondern das Messer kann für alle Äpfel verwendet werden – muss dieses zusätzlich mit dem Attribut **static** versehen werden. Wird dieses Attribut nicht angegeben, gehört das Messer zum Apfel. Es wird also zu einem spezifischen Element des Apfels und zu jedem Apfel im Korb existiert dann auch ein Messer.

```
public class Apfel {
    // Bestandteile
    public Schale              <schale>;
    public Stiel               <stiel>;

    private Kerngehäuse        <gehaeuse>;
    private Kerne              <kerne>;

    // Eigenschaften
    public Größe               <groesse>;
    public Umfang              <umfang>;

    // Hilfsmittel
    protected static Messer    <messer>;

    // Funktionalitäten
    public <kerne> Gib die Kerne des Apfels zurück() {
        gehäuse = Schneide das Kerngehäuse heraus();
        kerne = Entferne die Kerne aus dem Kerngehäuse(gehäuse);
        return kerne;
    }
    public <gehäuse> Schneide das Kerngehäuse heraus() {
        ...
    }
    usw.
}
```

Aufgaben

Aufgabe 1.1.1: Überlegen Sie sich eine Problemstellung aus dem alltäglichen Leben (z.B. ein Kochrezept). Geben Sie zunächst den zugehörigen sequentiellen Ablauf an und versuchen Sie diesen im Anschluss in ein geeignetes Klassenkonstrukt mit verschiedenen Methoden (mindestens 3) einzubetten. Versehen Sie Ihre Angaben mit näheren Erläuterungen, aus welchen hervorgeht, was Sie sich bei der Deklaration des Klassenobjektes (Eigenschaften, Hilfsmittel usw.) und der Definition der Methoden gedacht haben **(3P)**.

Aufgabe 1.1.2: Gegeben sei ein unbekanntes Labyrinth mit genau einem Eingang und einem Ausgang. Sie befinden sich am Anfang des Labyrinths und wollen den Ausgang finden, ohne sich zu verirren. Glücklicherweise sind Sie im Besitz eines unendlich langen Fadens, der zu einem handlichen Knäuel aufgewickelt wurde. Des Weiteren verfügen Sie über ein unerschöpfliches Stück Kreide. Formulieren Sie in einfachen, klaren Sätzen ausführlich und unmissverständlich einen Algorithmus, wie Sie die gegebenen Hilfsmittel dazu verwenden können den Ausgang des Labyrinthes zu finden **(3P)**.

Aufgabe 1.1.3: Gegeben sei eine beliebige Zeichenkette, welche sich aus den folgenden Zeichen zusammensetzt:

$$(,), [,], \{ \text{ und } \}$$

Eine solche Zeichenkette gilt als wohlgeformt, falls die Klammerpaare korrekt ineinander verschachtelt wurden (auf eine Folge von öffnenden Klammern eines Klammertyps folgt dieselbe Anzahl schließender Klammern gleichen Typs). Demzufolge erfüllt der Klammerausdruck „([ ] { ( ) })" die Definition der Wohlgeformtheit, nicht aber der Ausdruck „[{ ( )] }", da hier die eckige Klammer vor der Geschweiften geschlossen wird.

Formulieren Sie in einfachen Sätzen ausführlich und unmissverständlich einen Algorithmus, mit dessen Hilfe Sie eine gegebene Zeichenkette unter Verwendung zusätzlicher Hilfsmittel, wie einem Blatt Papier, einem Bleistift und einem Radiergummi, auf Wohlgeformtheit überprüfen können (**4P**).

Aufgabe 1.1.4: Formulieren Sie in einfachen, verständlichen Sätzen (oder in Form eines Pseudocodes) einen Algorithmus, welcher es ermöglicht, in einer gegebenen Buchstabenmatrix eines der Wörter: *„sein"*, *„tat"*, *„kann"* oder *„ist"* zu finden. Die Wörter können dabei jeweils vorwärts oder rückwärts, in horizontaler, vertikaler oder diagonaler Richtung gelesen werden (**2P**).

n	w	b	m	t
n	i	s	t	a
a	e	e	p	t
k	f	x	s	e

Versuchen Sie im Anschluss den Algorithmus für beliebige Buchstabenquadrate/ -matrizen bzw. auf eine beliebige Wortsuche zu verallgemeinern. Geben Sie dazu eine Spezifikation an, in welcher benötigte Komponenten, Methoden usw. aufgeführt und erläutert werden (**2P**).

1.2   Arrays

Aufgaben

Aufgabe 1.2.1: Schreiben Sie ein Java-Programm, welches Folgendes bereitstellt:

a) Eine Methode, welche ihre beiden Parameter $m, n \geq 10$ vom Typ Integer dazu verwendet ein zweidimensionales Array ($m \times n$) zu erzeugen und dieses als Rückgabe liefert. Zusätzlich soll, das Array zeilenweise mit den Werten von 1 bis ($m \cdot n$) gefüllt werden (**2P**).

b) Eine Methode, an welche ein zweidimensionales Integer-Array übergeben wird, sodass sie für dieses die zugehörigen Spaltensummen ermittelt. Die resultierenden Summen sollen in ein eindimensionales Array eingefügt (die Summe der Werte aus Spalte i, soll im eindimensionalen Array an Position i gesichert werden) und im Anschluss zusammen mit dem Ausgangsarray in geeigneter Form auf der Konsole ausgegeben werden (**3P**).

c) Eine Methode, welche ein Integer-Array erzeugt und mit Zufallszahlen zwischen 1 und 100 füllt. Die Größe des Arrays sei durch den Parameter $n \geq 10$ vom Typ Integer festgelegt. Wurde das Array inklusive der Zufallszahlen generiert, soll dieses zurückgegeben werden (**1P**). Zur Umsetzung dieser Aufgabe sollten Sie sich mit den Möglichkeiten vertraut machen, wie in Java Zufallszahlen bestimmt werden können (z.B. über die Methode *random* aus der Klasse *Java.Math*).

d) Eine Methode, welche als Parameter ein Integer-Array übergeben bekommt und testet, ob dieses aufsteigend sortiert ist (**1P**).

e) Eine Methode, welche als Parameter ein Integer-Array erhält, zwei Zufallszahlen aus dem gültigen Indexbereich des Arrays bestimmt und die an den beiden zufällig ermittelten Arraypositionen befindlichen Integer-Werte vertauscht, falls die Zahl mit dem kleineren Index größer ist, als jene mit dem höheren Index (**2P**).

f) Eine Methode, welche ein beliebiges Integer-Array aufsteigend sortiert. Dabei soll das Array zunächst auf der Konsole ausgegeben und anschließend mittels der zuvor implementierten Methoden solange sortiert werden, bis die geforderte Sortiereigenschaft erfüllt ist. Das Sortierergebnis soll ebenfalls auf der Konsole ausgegeben werden (**2P**).

g) Nutzen Sie die *main*-Methode Ihres Java-Programmes, um eine geeignete Testumgebung für Ihre implementierten Methoden zu konzipieren und testen Sie Ihr Programm sorgfältig (**1P**).

Aufgabe 1.2.2: Das Sieb des Eratosthenes ist eine Methode, mit welcher alle Primzahlen zwischen 2 und einer natürlichen Zahl $n > 2$ ermittelt werden können. Dazu werden alle Zahlen von 2 bis n auf einem Blatt notiert und die Zahlenreihe von links nach rechts durchlaufen. Die führende Zahl wird markiert und deren Vielfache aus der Zahlenreihe gestrichen. Dies wird mit der kleinsten, unmarkierten und nicht gestrichenen Zahl wiederholt, solange bis der Wert $\sqrt{n}$ erreicht oder überschritten wurde.

a) Legen Sie eine Klasse mit einer Methode an, welche das Prinizip des Siebs von Eratosthenes mithilfe eines Arrays nachbildet. Das Resultat (die gekennzeichneten Primzahlen) soll von der Methode als Rückgabewert vom Typ *int[]* geliefert werden. Beachten Sie, dass das zurückgegebene Array keinerlei gestrichende Zahlen enthält, also auf die Anzahl der bestimmten Primzahlen zwischen 2 und n beschränkt wird. Die Zahl n soll als Parameter an die Methoden übergeben werden (**2P**).

b) Begründen Sie kurz, wieso der Vorgang bei $\sqrt{n}$ abgebrochen werden kann (**1P**).

c) Implementieren Sie eine Methode, die zu einer gelieferten Zahl deren Primfaktorzerlegung berechnet und auf der Konsole ausgibt (**2P**). Nutzen Sie dazu die Funktion aus Aufgabenteil a).

1.3   Stringverarbeitung

? Aufgaben

Aufgabe 1.3.1: In Aufgabe 1.1.3 sollten Sie einen Algorithmus entwickeln, mit welchem ein gegebener Klammerausdruck auf Wohlgeformtheit überprüft werden kann. Jetzt wird es Zeit diesen mittels Java umzusetzen. Schreiben Sie ein Java-Programm, welches eine Stringeingabe über die Konsole ermöglicht und diese im Anschluss auf Wohlgeformtheit testet. Hierfür sollten Sie die Methoden *charAt(int index)* und *substring(int beginIndex, int endIndex)* aus der Java-Klasse *String* verwenden. Das Ergebnis der Überprüfung soll in geeigneter Form auf der Konsole ausgegeben werden.

Aufgabe 1.3.2: Implementieren Sie in Java eine Klasse *MyString* mit folgenden Methoden:

a) *searchAndReplace(String sourceStr, String searchStr, String replaceStr)*, welche in der Zeichenkette *sourceStr* den Teilstring *searchStr* sucht und jedes seiner Vorkommen durch *replaceStr* ersetzt. Das Resultat soll zurückgegeben werden. Bei der Umsetzung dürfen die in Java vordefinierten *Replace*- und *Search*-Methoden nicht verwendet werden (**3P**).

b) *intToRom(int n)*, welche eine gegebene natürliche Zahl n in die zugehörige römische Zahlendarstellung überführt und als String liefert (**2P**). Folgende Zeichen mit enstprechender Bedeutung existieren: $M = 1000, D = 500, C = 100, L = 50, X = 10, V = 5$ und $I = 1$. Achten Sie darauf, dass bei der Umwandlung die üblichen Abkürzungen für die römischen Zahlen verwendet werden: IV anstatt $IIII, IX$ anstatt $VIIII, XL$ anstatt XXXX usw.

c) *romToInt(String str)*, welche eine im römischen Zahlensystem gegebene Zahl *str* (im String-Format) ins Dezimalsystem überführt und diesen Wert zurückgibt. Achten Sie auch hier auf das mögliche Aufkommen der abgekürzten Zahlenschreibweise im römischen System (**1P**).

Machen Sie sich mit den verschiedenen Möglichkeiten zur Verarbeitung von regulären Ausdrücken vertraut. Schauen Sie sich dazu den Funktionsumfang der Java-Klassen *String, Pattern* und *Matcher* genau an und versuchen Sie den Code der folgenden Teilaufgaben so optimal wie möglich zu gestalten.

d) *filterNumbers(String str)*, welche alle im String *str* enthaltenden Zahlen (inkl. Kommadarstellung) mittels eines regulären Ausdrucks filtert und in einem Array vom Typ *double* ablegt. Das Array soll am Ende zurückgegeben werden. Beachten Sie, dass nicht jede einzelne Ziffer sondern zusammenhängende Ziffernblöcke aus dem String extrahiert werden. Zudem könnten in *str* auch negative Zahlen enthalten sein (**3P**).

e) *filterWords(String str)*, welche alle Wortkonstrukte mithilfe eines regulären Ausdrucks aus dem übergebenen String *str* filtert und in einem Array hinterlegt. Ein Wort darf neben den Buchstaben und Umlauten lediglich noch das Zeichen ‚ß' oder den Bindestrich enthalten. Wortgebilde, die mehrere Bindestriche enthalten, wie beispielsweise „Konzert-Karten-Verkauf", sollen als ein Wort angesehen werden. Sollten die Bindestriche mehrfach hintereinander vorkommen, wie bei „Konzert-Karten-Verkauf", soll das Konstrukt in die entsprechenden Teilworte („Konzert"), „Karten", „Verkauf") zerlegt werden. Achten Sie darauf, dass ein Wort mit keinem Bindestrich beginnt oder endet **(3P)**.

f) *setPrecedenceBrackets_Arithmetic(String str)*, welche den übergebenen arithmetischen Ausdruck in korrekter Art und Weise, entsprechend der Präzedenzen von $+, -, \cdot, /$ und % klammert und das Ergebnis als Rückgabe liefert. Hierfür dürfen Sie davon ausgehen, dass die Gleichung, welche durch *str* repräsentiert wird, korrekt ist. Von Ihnen soll lediglich die Klamemrung ergänzt werden. Weitere eventuell enthaltende Sonderzeichen müssen nicht explizit von Ihnen gefiltert werden **(5P)**.

Aufgabe 1.3.3: Die Caesar-Verschlüsselung ist eine einfache Möglichkeit zur Kodierung von Zeichenketten. Dabei wird jeder Buchstabe des lateinischen Standardalphabets um eine bestimmte Anzahl von Positionen zyklisch verschoben. In dieser Aufgabe soll dieses Verfahren mithilfe von Java realisiert werden. Erweitern Sie die Klasse *MyString* um eine Methode, an welche die zu kodierende Zeichenkette und eine beliebige natürliche Zahl n (Verschiebungsrate) übergeben wird. Das Resultat soll als String geliefert werden **(2P)**. Integrieren Sie ergänzend zwei Methoden zur Dekodierung. Eine soll den verschlüsselten Text und den Verschiebungsgrad n als Parameter erhalten **2P)**, die andere soll anhand des übergebenen Textes vor der eigentlichen Dekodierung den Wert von n abschätzen **(2P)**. Hierfür sollte in der Zeichenkette der Buchstabe mit dem höchsten Aufkommen ermittelt, mit dem Buchstaben E gleichgesetzt und so der Grad der Verschiebung bestimmt werden. Beide Dechiffrier-Methoden sollen den Klartext zurückliefern. Für die Realisierung der Methoden soll ein Array vom Typ *char*[] verwendet werden, in welchem die einzelnen Buchstaben des Eingabestrings separat eingefügt und anschließend verarbeitet werden.

Hinweis: Sie dürfen davon ausgehen, dass sich ausschließlich Buchstaben in der Zeichenkette befinden. Außerdem sollten Sie den Eingabestring so umwandeln, dass dieser lediglich aus Groß- oder Kleinbuchstaben besteht.

1.4   Rekursive Methoden

?   Aufgaben

Aufgabe 1.4.1: Mit dieser Aufgabe sollen Sie ein Gefühl für den Umgang mit rekursiven Methoden entwickeln. Erstellen Sie mittels Java eine Klasse *Rekursion*, welche folgende rekursive Methoden beinhalten soll:

a) *reverseString(String s)*, welche die Reihenfolge der im übergebenen String enthaltenden Zeichen umkehrt und das Ergebnis liefert **(1P)**.

b) *reverseNumber(int num)*, welche die Ziffernfolge der übergebenen Zahl umdreht und die resultierende Zahl zurückgibt **(2P)**.

c) *getBinaryNumber(int dec)*, welche die übergebene Integerzahl in ihre entsprechende Binärdarstellung umwandelt und diese als String liefert (**1P**). Sie dürfen dabei davon ausgehen, dass der Wert von *num* einer beliebigen, positiven Zahl entspricht.

d) *getDecimalNumber(String bin)*, welche die Dezimaldarstellung zu der als String gegebenen Binärzahl ermittelt und zurückgibt (**2P**). Hier darf vorausgesetzt werden, dass auch der String *bin* lediglich aus 0en und 1en zusammensetzt ist.

Versuchen Sie alle notwendigen *if*-Abfragen über den ?-Operator zu realisieren.

Aufgabe 1.4.2: Neben den *Türmen von Hanoi* stellen die *Chinesischen Ringe* ein bekanntes Geduldspiel dar, bei welchem sich mehrere Ringe auf einem Stab befinden und miteinander verbunden sind. Ziel des Spiels ist es, alle Ringe vom Stab zu entfernen. Dabei sind folgende Regeln zu beachten:

1. Der erste Ring (von links) darf immer vom Stab entfernt oder dem Stab hinzugefügt werden.

2. Wenn die ersten $(n-1)$ Ringe vom Stab entfernt wurden und der n-te Ring auf dem Stab bleibt, darf der $(n+1)$-te Ring vom Stab entfernt oder dem Stab hinzugefügt werden.

Versuchen Sie die Regeln an einem Beispiel umzusetzen und implementieren Sie im Anschluss den Algorithmus in rekursiver Form in Java (**9P**). Legen Sie dazu eine Klasse *Chinesische Ringe* an und lösen Sie folgende Teilaufgaben:

a) Deklarieren Sie ein Array *stab* vom Typ *Boolean*, welches den Stab mit den darauf befindlichen Ringen repräsentiert.

b) Fügen Sie einen Konstruktor hinzu, an welchem die Anzahl der betrachteten Ringe übergeben wird. Hier soll das Array *stab* zunächst erzeugt und anschließend Ihre rekursive Lösungsstrategie gestartet werden.

c) Setzen Sie Ihren Algorithmus entweder mit lediglich einer oder mit jeweils einer rekursiven Methode für das Aufnehmen und Entfernen von Ringen um. Wird ein Ring vom Stab entfernt, soll an entsprechender Position im Array der Wert auf *true* gesetzt werden, andernfalls auf *false*. Nach jedem rekursiven Aufruf einer Methode soll das Array in geeigneter Form auf der Konsole ausgegeben werden, sodass am Ende die einzelnen Verfahrensschritte nachvollzogen werden können. Implementieren Sie hierfür weitere Hilfsmethoden.

d) Definieren Sie in der *main*-Methode Ihres Programmes ein entsprechendes Testszenario.

Aufgabe 1.4.3: In der Aufgabe 1.3.2 aus dem Kapitel „Stringverarbeitung" sollte von Ihnen ein gegebener arithmetischer Ausdruck in korrekter Art und Weise geklammert werden. An dieser Stelle sollen Sie nun einen vollständig geklammerten, arithmetischen Ausdruck auswerten bzw. zunächst dahingehend überprüfen, ob dieser überhaupt ausgewertet werden kann. Implementieren Sie hierfür folgende rekursive Methoden, welche der Klasse *MyString* beigefügt werden sollten:

a) *canEvaluateArithmeticTerm(String term)*, welche den gegebenen arithmetischen Term auf seine Auswertbarkeit hin überprüft und das Ergebnis der Untersuchung als booleschen Wert liefert. Ein arithmetischer Ausdruck ist auswertbar, wenn dieser lediglich aus Zahlen, arithmetischen Operatoren und Klammern besteht. Des Weiteren soll sich jede arithmetische Operation durch ein Klammerpaar von den anderen abgrenzen. In jedem Klammerpaar darf sich also nur ein Operator und der zugehörige linke sowie rechte Teilausdruck befinden. Jeder Teilausdruck kann aus einem Klammerpaar oder aus einer Zahl bestehen. Wird dies als Voraussetzung für die Auswertbarkeit eines arithmetischen Ausdrucks angesehen, ist $(3 \cdot ((78 - 45)/11))$ auswertbar, $(3 \cdot (78 - 45)/11)$ jedoch nicht, da hier die Multiplikation und Division im selben Klammerpaar enthalten sind. Die Überprüfung soll von Ihnen mithilfe einer *Rumpf-Rekursion* umgesetzt werden. Beziehen Sie sich dabei auf die Klammerpaare (pro Klammerpaar ein rekursiver Aufruf) und durchlaufen Sie den übergebenen String von links nach rechts **(5P)**.

b) *evaluateArithmeticTerm(String term)*, welche den übergebenen arithmetischen Ausdruck mittels *Baum-Rekursion* auswertet. Die Rekursion sollte sich auf die einzelnen Operatoren und den zugehörigen linken bzw. rechten Teilausdruck beziehen **(5P)**. Um Fehler zu vermeiden, sollte vor Berechnungsbeginn geprüft werden, ob der Term ausgewertet werden kann.

1.5 Klassen und Objekte

Aufgaben

Aufgabe 1.5.1: Um einige grundlegende mathematische Berechnungen durchführen zu können, soll eine Klasse *MyMath* angelegt und mit folgenden Funktionalitäten ausgestattet werden:

a) *sqr(double value)*, welche das Quadrat von *value* ermittelt und zurückgibt **(1P)**.

b) *pythagoras(double a, double b)*, welche die Länge *c* liefert, indem diese den Satz des Pythagoras ($c^2 = a^2 + b^2$) auswertet. Achten Sie darauf als Ergebnis nicht das Quadrat von *c* zurückzugeben **(1P)**.

c) *add(MyVector3D v1, MyVector3D v2)*, welche die beiden gegebenen Vektoren komponentenweise addiert und das Resultat als neuen Vektor liefert **(1P)**.

d) *sub(MyVector3D v1, MyVector3D v2)*, welche *v2* von *v1* subtrahiert und den entsprechenden Resultatvektor zurückgibt **(1P)**.

e) *dot(MyVector3D v1, MyVector3D v2)*, welche das Skalarprodukt zwischen den beiden Vektoren bestimmt und als *double*-Wert liefert **(2P)**.

f) *getDistance(MyVector3D v1, MyVector3D v2)*, welche den Abstand zwischen den beiden Vektoren *v1* und *v2* ermittelt und das Ergebnis (*double*) zurückgibt **(2P)**.

Um die geforderten Methoden der Klasse *MyMath* umsetzen zu können, ist es erforderlich, dass von Ihnen die Objektklasse *MyVector3D*, welche einen dreidimensionalen Vektor repräsentiert, deklariert wird. Diese soll folgende Elemente enthalten:

g) Die für die Koordinatendarstellung benötigten globalen *double*-Variablen (x, y und z) **(1P)**.

h) Einen Default-Konstruktor **(1P)**, sowie einen Konstruktor, an welchen die Werte der Koordinaten übergeben werden können **(1P)**.

i) Die Methode *getLength()*, welche die Länge des Vektors (*double*) liefert **(1P)**.

j) Die Methode *scale(double value)*, welche den Vektor um den Wert von *value* skaliert **(1P)**.

k) Die Methode *normalize()*, welche den Vektor in normalisierter Form zurückgibt **(2P)**.

Aufgabe 1.5.2: Es sollen die Klassen *MyMath* und *MyVector3D* um weitere Funktionalitäten erweitert werden. Realisieren Sie folgende Methoden für die Klasse *MyVector3D*:

a) *rotateX(double angle)*, welche den Vektor unter Berücksichtigung des übergebenen Winkels (liegt im Gradmass vor) um die X-Achse rotiert **(1P)**.

b) *rotateY(double angle)*, für die Rotation um die Y-Achse **(1P)**.

c) *rotateZ(double angle)*, für die Rotation um die Z-Achse **(1P)**.

d) *toString()*, welche einen Ausgabestring generiert, der die Koordinaten des Vektors in geeigneter Form wiedergibt **(1P)**.

Fügen Sie folgende Berechnungsroutinen in die Klasse *MyMath* ein:

e) *cross(MyVector3D v1, MyVector3D v2)*, welche das Kreuzprodukt zwischen den beiden Vektoren ermittelt und das Resultat liefert **(1P)**.

f) *degToRad(double angle)*, welche einen im Gradmaß gegebenen Winkel ins Bogenmass überführt und zurückgibt **(1P)**.

g) *radToDeg(double angle)*, welche den im Bogenmaß vorliegenden Winkel ins Gradmass umrechnet und liefert **(1P)**.

h) *getAngle(MyVector3D v1, MyVector3D v2)*, welche den Winkel zwischen den beiden Winkeln $v1$ und $v2$ ermittelt und diesen im Gradmaß zurückgibt **(1P)**.

i) *getCirclePoints(double radius, int count)*, welche eine Menge von Punkten berechnet, die sich auf einer Kreislinie befinden. Der Kreis ist dabei durch den Wert von *radius* gegeben, die Anzahl der zu bestimmenden Kreispunkte durch den Wert von *count*. Die einzelnen Punkte sollen in einem Array vom Typ *MyVector3D* von entsprechender Größe abgelegt und am Ende zurückgegeben werden **(3P)**. Gehen Sie bei der Umsetzung dieser Methode davon aus, dass sich der Kreismittelpunkt im Koordinatenursprung des dreidimensionalen Raumes befindet ($Y = 0$). Die zu bestimmenden Punkte sollen von Ihnen gleichmäßig auf der Kreislinie angeordnet werden. Der Abstand zwischen den verschiedenen Punkten sollte demnach identisch sein.

Aufgabe 1.5.3: Die Java-Klasse *MyMath* soll um weitere statische Methoden ergänzt werden:

a) *mul(MyMatrix mat, MyVector3D vec)*, welche anhand der übergebenen Parameter eine Matrix-Vektor-Multiplikation durchführt und als Rückgabewert den Ergebnis-vektor vom Typ *MyVector3D* liefert (**1P**).

b) *mul(MyMatrix m1, MyMatrix m2)*, welche das Resultat einer Matrix-Multiplikation zwischen den beiden gegebenen Matrizen bestimmt und dieses als Matrix vom Typ *MyMatrix* zurückgibt (**2P**).

c) *transpose(MyMatrix mat)*, welche als Rückgabe die transponierte Matrix zu *mat* ermittelt (**2P**).

d) *inverse(MyMatrix mat)*, welche die inverse Matrix zu *mat* berechnet und liefert (**5P**). Orientieren Sie sich bei der Realisierung dieser Methode am Gaußschen Eliminati-onsverfahren mit einer Pivotisierung (also inklusive der Möglichkeit Zeilen zu vertau-schen). Während der Berechnung soll der Ausgangszustand der gegebenen Matrix *mat* nicht verändert werden.

Legen Sie zur Umsetzung dieser Aufgaben die Objektklasse *MyMatrix* an und ergänzen Sie diese mit einer geeigneten Datenstruktur sowie mit nützlichen Methoden (**1P**).

Aufgabe 1.5.4: Definieren Sie eine abstrakte Klasse *MyObject3D*, welche den Aus-gangspunkt für die Deklaration von geometrischen Objekten in Java bilden soll. Die abstrakte Klasse soll die Möglichkeit bieten die einzelnen Objekte im dreidimensionalen Raum zu verschieben oder zu rotieren. Setzen Sie dazu folgende Teilaufgaben um:

a) Legen Sie als protected deklarierte, globale Felder für die Translation (Vektor vom Typ *MyVector3D*) und zur Rotation (Matrix vom Typ *MyMatrix*) an und definieren Sie zusätzlich eine abstrakte Methode (protected) *getSimpleObjectPoints()*, welche die zu einem im Koordinatenursprung befindlichen, geometrischen Objekt gehören-den Eckpunkte liefern soll (**1P**).

b) Definieren Sie einen Default-Konstruktor zur sinnvollen Initialisierung der globalen Felder (**1P**).

c) Implementieren Sie die Methode *public MyVector3D[] getObjectPoints()*, welche sich die Eckpunkte des Objektes holt, diese anhand der Rotationsmatrix rotiert und mithilfe des Translationsvektors im dreidimensionalen Raum verschiebt (**1P**).

d) Schreiben Sie eine Methode *public void translate(MyVector3D trans)*, welche dazu dient, die Verschiebung des Objektes im dreidimensionalen Raum festzuhalten. Be-achten Sie, dass zuvor getätigte Veränderungen am Translationsvektor nicht einfach überschrieben werden (**1P**).

e) Um ein Objekt im Raum rotieren zu können, werden entsprechende Methoden für die Rotation um die verschiedenen Achsen des Koordinatensystems benötigt. Definieren Sie für jede Rotationsmöglichkeit eine Methode, an welche lediglich der im Gradmaß vorliegende Winkel (*double*) übergeben werden soll. Die vorgenommenen Rotationen sollen in der global definierten Rotationsmatrix gesichert werden (**2P**).

Hinweis: Für die Realisierung dieser Aufgabe wurden mit den vorherigen Aufgaben Methoden bereitgestellt, die Sie an dieser Stelle verwenden oder zumindest zu Orientierungszwecken nutzen sollten.

Aufgabe 1.5.5: Implementieren Sie in Java eine Klasse *MyQuader*, welche als Grundgerüst für die geometrischen Berechnungen eines allgemeinen Quaderobjektes (siehe Abbildung) dient. Die Klasse soll neben den globalen *double*-Variablen a_0, b_0 und h, einen Default-Konstruktor sowie einen Konstruktor zur Initialisierung der Objektvariablen beinhalten. Zudem sollen folgende Methoden von Ihnen bereitgestellt werden:

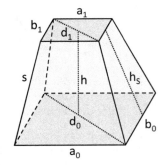

- *getBaseDiagonalLength()*, zur Berechnung von d_0.

- *getDiaginalLength()*, zur Bestimmung von d.

- *getBaseArea()*, um den Flächeninhalt A zu ermiteln.

- *getLateralSurface()*, für den Flächeninhalt des Mantels M.

- *getSurfaceArea()*, welche den kompletten Oberflächeninhalt O liefert.

- *getVolume()*, zur Berechnung des Quadervolumens V.

Alle Methoden sollen den jeweils bestimmten Wert als *double* liefern (**4P**). Wurde von Ihnen wie in Aufgabe 1.5.4 gefordert die abstrakte Klasse *MyObject3D* umgesetzt, sollten Sie die Klasse *MyQuader* von *MyObject3D* ableiten und notwendige Anpassung vornehmen(**2P**).

Aufgabe 1.5.6: Legen Sie die Java-Klasse *MyPyramid_ Truncated* an, mit welcher alle mit einem Pyramidenstumpf im Zusammenhang stehenden geometrischen Berechnungen zusammengefasst werden können. Die Klasse soll ihre Basiselemente von der Klasse *MyQuader* (Aufgabe 1.5.5) erben. Integrieren Sie zusätzlich die beiden globalen Variablen a_1, b_1 vom Typ *double* und implementieren Sie neben dem Default-Konstruktor einen Konstruktor zur Initialisierung aller Objektvariablen. Des Weiteren sollen folgende Methoden enthalten sein:

- *getTopDiagonalLength()*, zur Berechnung von d_1.

- *getTopArea()*, um den Flächeninhalt in Abhänigkeit von a_1 und a_2 ermittelt.

- *getLateralAreaHeight()*, welche die Länge von h_s bestimmt. Die Berechnungen sollen in Abhängigkeit zu a_0, a_1 und h vollzogen werden.

- *getLateralEdgeLength()*, welche die Länge von s zurückgibt. Der Wert von s sollte entweder über d_0, d_1 und h oder mithilfe von a_0, a_1 und h_s berechnet werden.

Alle Methoden sollen den jeweils bestimmten Wert als *double* liefern. Beachten Sie, dass vererbte Strukturen in geeigneter Form angepasst werden müssen (**5P**).

Aufgabe 1.5.7: In dieser Aufgabe soll von Ihnen jeweils eine Objektklasse für ein Zylinder- und Kegelobjekt sowie für den Kegelstumpf erstellt werden. Beginnen Sie zunächst mit der Klasse *MyCylinder*, welche von der in Aufgabe 1.5.4 definierten Klasse *MyObject3D* abgeleitet werden soll (**3P**). Die Klasse *MyCylinder* sollte neben den globalen *double*-Variablen r_0 und h, einen Default-Konstruktor sowie einen Konstruktor zur Initialisierung der Objektvariablen aufweisen. Zusätzlich sollen von Ihnen folgende Methoden integriert werden (vererbte Strukturen sollten Sie entsprechend anpassen):

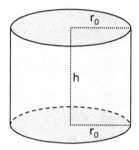

- *getCircumference()*, welche den Kreisumfang der Basisfläche liefert.

- *getBaseArea()*, um den Flächeninhalt der Basisfläche zu ermitteln.

- *getLateralSurface()*, welche den Flächeninhalt des Mantels zurückgibt.

- *getSurfaceArea()*, welche den kompletten Oberflächeninhalt liefert.

- *getVolume()*, zur Bestimmung des Volumens.

Nachdem Sie die Klasse *MyCylinder* erstellt haben, sollen Sie nun den Kegel mithilfe der Java-Klasse *MyCone* realisieren (**2P**). Diese Klasse soll alle Elemente der Klasse *MyCylinder* erben und um folgende Methode ergänzt werden:

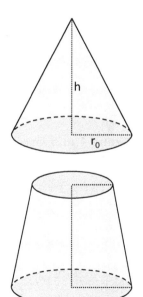

- *getLateralHeight()*, welche die Höhe der Seitenfläche berechnet und zurückgibt.

Die Klasse *MyCone* soll die grundlegende Struktur an die Klasse *MyCone_Truncated* vererben, welche Sie abschließend für den Kegelstumpf anlegen sollen (**2P**). Neben der globalen *double*-Variable r_1 (oberer Kreisradius) sollten Sie die relevanten Konstruktoren und folgende Methoden einfügen:

- *getCircumferenceTop()*, welche den oberen Kreisumfang in Abhängigkeit von r_1 liefert.

- *getTopArea()*, welche den Flächeninhalt der oberen Kreisfläche zurückgibt.

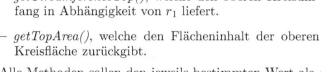

Alle Methoden sollen den jeweils bestimmten Wert als *double* liefern.

1.6   Listen und generische Klassen

Aufgabe 1.6.1: Erstellen Sie in Java eine Klasse *MyObject3DList*, mit welcher die verschiedenen geometrischen Objekte vom Basistyp *MyObject3D* (siehe Aufgabe 1.5.4) in einer Liste verwaltet werden können. Entwickeln Sie eine entsprechende Datenstruktur (beachten Sie die vorgegebenen Namenskonventionen), die zudem folgende Methoden beinhalten soll:

a) *public boolean isEmpty()*, welche prüft ob die aktuelle Liste Objekte enthält oder nicht **(1P)**.

b) *public int getLength()*, welche die Anzahl der in der Liste befindlichen Objekte liefert **(1P)**.

c) *public boolean add(MyObject3D obj)*, welche das übergebene Objekt ans Ende der Liste anfügt **(1P)**.

d) *public boolean insert(MyObject3D obj, int pos)*, welche das übergebene Objekt an der durch *pos* festgelegten Position innerhalb der Liste einfügt **(1P)**. Sollte der Wert von *pos* die Listenlänge überschreiten, soll das Element ans Listenende gesetzt werden.

e) *public boolean remove(MyObject3DElement elem)*, welche das entsprechende Listenelement aus der Liste entfernt **(1P)**.

f) *public boolean remove(MyObject3D obj)*, welche das Listenelement aus der Liste entfernt, welches das übergebene geometrische Objekt beinhaltet **(1P)**.

g) *public MyObject3DElement find(MyObject3D obj)*, welche die Liste durchläuft und das Listenelement liefert, welches das übergebene Objekt enthält **(1P)**.

Gestalten Sie Ihren Source-Code so effizient (kurz) wie möglich und vermeiden Sie Redundanzen. Denken Sie an alle zur Ausübung obiger Methoden benötigten Listenelemente bzw. Klassenobjekte und vergessen Sie keine relevanten Gültigkeitsabfragen **(2P)**.

Aufgabe 1.6.2: Es soll von Ihnen eine doppelt verkettete, generische Liste implementiert werden, welche alle relevanten Grundfunktionalitäten bereitstellt.

a) Definieren Sie zunächst eine Java-Klasse, über welche die einzelnen Elemente der generische Liste verwaltet werden können **(1P)**.

b) Legen Sie die Klasse für die doppelt verkettete, generische Liste an und deklarieren Sie ein globales, mit dem Attribut *public* gekennzeichnetes Wurzelelement **(1P)**.

c) Fügen Sie die Methode *isEmpty()* ein, um feststellen zu können, ob die Liste leer ist oder nicht **(1P)**.

d) Integrieren Sie die Methode *getLength()*, welche die Anzahl der Listenelemente liefert **(1P)**.

e) Implementieren Sie die Möglichkeit ein Objekt am Listenende hinzufügen (**1P**).

f) Spendieren Sie der Klasse zwei Methoden zum Entfernen von Listenelementen. An einer dieser Methoden soll ein spezifisches Objekt (**1P**) und an die andere ein beliebiges Listenelement (**1P**) übergeben werden. Entsprechend des Übergabeparameters soll der Löschvorgang vollzogen werden.

g) Als letztes soll noch eine Methode für die Suche nach einem Objekt realisiert werden. Die Methode soll das Listenelement liefern, welches das übergebene Objekt beinhaltet (**1P**).

Aufgabe 1.6.3: Um die Abläufe bei den Ziehungen der Lottozahlen zu simulieren, soll von Ihnen ein Programmgerüst für die Verwaltung gezogener Lottozahlen entwickelt werden. Da in Deutschland mehrere verschiedene Lottospiele existieren, soll von Ihnen zunächst eine Basisklasse angelegt und im Anschluss eine Klasse für das Spiel *6 aus 49* definiert werden.

a) Legen Sie die abstrakte Klasse *Lottozahlen*, inklusive einer global angelegten Liste (als *protected* deklariert) für die gezogenen Lottozahlen (vom Typ Integer), an (**1P**). Verwenden Sie hierfür die in Aufgabe 1.6.2 realisierte *generische Liste* bzw. der dort definierte Funktionsumfang darf an dieser Stelle vorausgesetzt werden.

b) Um zu erfragen, ob bereits Zahlen gezogen wurden, sollte die Methode *isEmpty()* implementiert und der Klasse *Lottozahlen* hinzugefügt werden (**1P**).

c) Die Klasse *Lottozahlen* sollte ebenfalls eine Möglichkeit enthalten, über welche die Anzahl der gezogenen Lottozahlen bestimmt werden kann (**1P**).

d) Definieren Sie ergänzend eine *abstrakte* Methode *boolean canAddNumber(int num)*, mit welcher geprüft werden soll, ob die übergebene Zahl der Liste hinzugefügt werden darf. Bei einer ungültigen Übergabe soll eine Exception vom Typ *LottoManipulated-Exception* geworfen werden (**1P**).

e) Mithilfe der Methode *boolean addDrawnNumber(int num)* soll die entsprechende Zahl nach erfolgreicher Überprüfung der Liste hinzugefügt werden. Mögliche Fehlermeldungen sollten von Ihnen abgefangen werden (**2P**).

f) Integrieren Sie eine Methode *clear()*, welche alle Elemente aus der Liste entfernt. Versuchen Sie dabei ohne die *remove*-Methoden aus der vorgegebenen Listendefinition auszukommen (**1P**).

g) Schreiben Sie eine *toString()*-Methode, mit welcher die gezogenen Lottozahlen in geeigneter Form in einem String angeordnet werden. Der generierte String soll am Ende zurückgegeben werden (**1P**).

h) Deklarieren Sie nun die Klasse *Lotto6aus49*, welche alle Funktionalitäten von der zuvor definierten Basisklasse erben soll (**1P**) und setzen Sie hier die Überprüfung einer gezogenen Zahl mittels der Methode *canAddNumber(int num)* um (**2P**). Bei diesem Lottospiel können maximal 8 Zahlen gezogen werden (6 Lottozahlen plus Zusatz- und Superzahl) und jede gezogene Zahl darf nur einmal in der Liste vorkommen.

i) Um eine Exception vom Typ *LottoManipulatedException* werfen zu können, sollte von Ihnen eine entsprechende Ausnahmebehanldung festgelegt werden. Diese soll ausgelöst werden, wenn eine Lottozahl doppelt gezogen wurde. Die jeweilige Lottozahl soll zu Ausgabezwecken an den Konstruktor der Exception übergeben werden (**2P**).

1.7   Klausuraufgaben zu den Grundlagen der Programmierung

?   Aufgaben

Aufgabe 1.7.1 (Zeitlimit: 30 Min.): Folgende Methoden zur Stringverarbeitung sollen von Ihnen realisiert werden:

a) *public static String mask(String str)*, welche den übergebenen String maskiert. Bei der Maskierung soll jedes einzelne Stringzeichen durch ein * ersetzt werden. Das Resultat soll als String zurückgegeben werden (**2P**).

b) *public static String sortLetters(String str)*, welche die einzelnen Buchstaben des Strings *str* in lexikalisch aufsteigender Ordnung zurückgibt (**4P**).

c) *public static boolean isPalindrom(String str)*, welche überprüft, ob es sich bei dem übergebenen String um ein Palindrom handelt. Ein Palindrom ist eine Zeichenkette, welche von vorn oder von hinten gelesen immer dasselbe ergibt. Bei der Umsetzung darf die Groß- und Kleinschreibung vernachlässigt werden (**2P**).

d) *public static boolean isAnagramm(String str1, String str2)*, welche überprüft, ob es sich bei den übergebenen Strings um Anagramme handelt. Zwei Zeichenketten sind Anagramme voneinander, wenn diese dieselben Buchstaben mit derselben Häufigkeit enthalten, sich also lediglich in der Reihenfolge der einzelnen Zeichen unterscheiden. Bei der Umsetzung dieser Aufgabe darf die Groß- und Kleinschreibung sowie das Vorkommen von Leerzeichen vernachlässigt weren (**3P**).

Für die Realisierung dieser Aufgabe dürfen Sie folgende Methoden aus der Java-Klasse *String* anwenden:

– *length()*, welche die Länge des Strings liefert.

– *equals(String str)*, welche einen String mit der Zeichenkette *str* vergleicht und das Resultat als booleschen Wert liefert.

– *charAt(int index)*, welche den Buchstaben an der Position *index* zurückgibt.

– *substring(int beginIndex, int endIndex)*, welche den Teilstring beginnend an der Stringposition *beginIndex* bis zur Position *endIndex-1* liefert.

– *toCharArray()*, welche den jeweiligen String in ein Array vom Typ *char* umwandelt und dieses zurückgibt. Mit dem Konstruktor *String(char[] a)* kann ein *char*-Array wieder in einen String überführt werden.

Außerdem dürfen Sie folgende Methoden aus der Java-Klasse *StringBuilder* verwenden:

– *append(char a)*, welche das Zeichen *a* an das Ende des *StringBuilder*-Objektes anfügt.

– *toString()*, welche das *StringBuilder*-Objekt in einen String umwandelt und diesen liefert.

Weitere vordefinierte Java-Methoden dürfen nicht vorausgesetzt werden. Zusätzliche Hilfsmethoden dürfen von Ihnen deklariert werden. Denken Sie daran Ihre Ausführungen mit aussagekräftigen Kommentaren zu versehen (**1P**).

Aufgabe 1.7.2 (Zeitlimit: 20 Min.): Im folgenden Java-Code haben sich insgesamt sieben Programmierfehler eingeschlichen. Finden Sie diese und geben Sie zu jedem potenziellen Fehler eine kurze Begründung und einen Verbesserungsvorschlag an (**7P**). Beachten Sie dabei, dass die durch einen Fehler verursachten Folgefehler nicht zu den gesuchten gehören und somit nicht berücksichtigt werden müssen. Geben Sie zu jedem von Ihnen entdeckten Fehler die entsprechende Zeilennummer an.

```
01    class Vector {
02        private boolean sorted;
03        private int[] vector;
04        public int getValue(int id) {
05            return vector[id];
06        }
07        public void setValue(int id, int value) {
08            vector[id] = value;
09        }
10        public void setDimension(int size) {
11            vector = new int[size];
12        }
13        // Diese Methode liefert eine Kopie des Feldes vector
14        public int[] copyVector() {
15            if(vector == null) return false;
16            int[] result = new int[vector.length];
17            for(int id = 0; id < vector.length; id++)
18                result[id] = vector[id];
19            return vector;
20        }
21        // Mithilfe dieser Methode wird das Feld vector aufseigend sortiert.
22        public boolean sortVector() {
23            if(vector == null) return false;
24            int[] result = copyVector();
25            int tmpValue;
26            sorted = false;
```

```
27              while (!sorted) {
28                  sorted = true;
29                  for(int id == 0; id < vector.length-1; id−−)
30                      if(result[id] > result[id+1]) {
31                          tmpValue = result[id];
32                          result[id] = result[id+1];
33                          result[id-1] = tmpValue;
34                          sorted = false;
35                      }
36              }
37              vector = result;
38              return sorted;
39          }
40      }
41      class VectorTest {
42          public VectorTest() {
43              vecObj = new Vector();
44              vecObj.setDimension(5);
45              while (!vecObj.sorted)
46                  if(vecObj.sortVector()) System.out.println("Sortiert!");
47          }
48      }
```

Aufgabe 1.7.3 (Zeitlimit: 40 Min.): Ein Unternehmer möchte die Lagerung seiner Waren automatisieren. In dem zur Verfügung stehenden Lagerraum befinden sich verschiedene Regalsysteme, die in einzelne Segmente unterteilt sind. Jedes Segment zeichnet sich durch dessen Höhe, Breite und Tiefe aus. Zudem verfügt jedes Segment über neun Fächer (mit identischen Ausmaßen), in denen jeweils nur eine Kiste verstaut werden darf. Eine schematische Darstellung eines Segmentes ist in der rechten Abbildung gegeben.

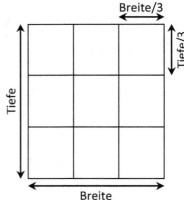

Sie sollen den Unternehmer bei diesem Projekt unterstützen, indem Sie für ihn die folgenden Teilaufgaben mithilfe von Java realisieren.

Da die einzelnen Waren in Kisten verpackt und gelagert werden, wird eine Klasse *WarenKiste* benötigt, welche folgende Komponenten enthalten soll:

a) Vier globale, als *public* deklarierte *double*-Variablen für die Höhe, Breite und Tiefe sowie für das Gewicht einer Kiste **(1P)**.

b) Neben dem *Default*-Konstruktor soll ein Konstruktor bereitgestellt werden, an welchem die Initialisierungswerte für die Ausmaße und das Gewicht einer Kiste übergeben werden können **(2P)**.

Neben der Klasse *WarenKiste* soll die Klasse *WarenSegment* mit folgenden Komponenten und Funktionalitäten ausgestattet werden:

c) Vier globale, als *public* deklarierte *double*-Variablen für die Höhe, Breite und Tiefe eines Segmentes sowie für dessen maximales Tragegewicht. Weiterhin wird ein eindimensionales Array (*public*) benötigt, welches die neun Fächer des Segmentes repräsentiert, in denen jeweils nur eine Warenkiste abgestellt werden darf (**2P**)

d) Neben dem *Default*-Konstruktor soll auch hier ein Konstruktor bereitgestellt werden, an welchem die Initialisierungswerte der vier globalen Variablen als Parameter übergeben und alle relevanten Felder erzeugt werden (**2P**).

e) Die Methode *public boolean kisteHinzufuegen(WarenKiste kiste)*, welche versucht der übergebenen Komponente ein freies Fach im Segment zuzuweisen. Die Zuweisung soll dann erfolgen, wenn das zulässige maximale Tragegewicht des Segmentes nicht überschritten bzw. wenn die Kiste entsprechend ihrer Ausmaße in eines der freien Fächer verschoben werden kann. Bei Letzterem soll von Ihnen berücksichtigt werden, dass jede Kiste gedreht werden darf, um die geeignete Grundfläche für den Stellplatz zu finden (**7P**).

Um die Platzverhältnisse der einzelnen Fächer eines Segmentes optimal zu nutzen, soll von Ihnen in der Hauptklasse *WarenRegalsystem*, welches das Array *segmente* vom Typ *WarenSegement* enthält, folgende Funktionalität integriert werden:

f) Eine Methode *public boolean sucheSegmentFuerKiste(WarenKiste kiste)*, welche den optimalen Lageplatz für die übergebene Kiste in einem Fach eines beliebigen Segmentes sucht. Dabei soll ein Fach gefunden werden, dessen Ausmaße nahezu denen der Kiste entsprechen, sodass der vorhande Platz im Lagerraum optimal genutzt werden kann. Das Ergebnis, ob die Kiste in einem Segment untergebracht werden konnte, soll als boolescher Wert zurückgegeben werden (**8P**).

Bemerkung: Für die Umsetzung dürfen von Ihnen die einzelnen Klassen mit weiteren Hilfsmethoden versehen, aber mit keinerlei zusätzlichen globalen Feldern ergänzt werden. Zudem sollte der Code kommentiert (**1P**) und so kurz wie möglich gestaltet und Redundanzen vermieden werden (**3P**). Sollten die Vorgaben des Unternehmens nicht eingehalten werden, führt dies zu Lohnkürzungen bzw. in Ihrem Fall zu Punktabzug.

Aufgabe 1.7.4 (Zeitlimit: 30 Min.): In dieser Aufgabe sollen von Ihnen zunächst zwei verschiedene Funktionen einem Rekursionsschemata zugeordnet werden, bevor Sie im Anschluss zur Implementierung rekursiver Methoden übergehen.

Im Folgenden werden Ihnen zwei Funktionen vorgegeben. Welchem Rekursionsschema (primitiv-, linear-, rumpf- oder baum-rekursiv) entsprechen sie? Diskutieren Sie bitte alle Möglichkeiten und begründen Sie warum das jeweilige Rekursionsschema in Frage kommt oder eben nicht (**jeweils 2P**). Treffen Sie zusätzliche Aussagen darüber, was durch die jeweilige Funktion berechnet wird (**jeweils 1P**):

a) $\mathcal{F}(n) = \begin{cases} n & \text{, falls } (n < 10) \\ \mathcal{F}(n/10) + (n\%10) & \text{, sonst} \end{cases}$

b) $\mathcal{G}(n, m) = \begin{cases} n & \text{, falls } (n = m) \\ \mathcal{G}(n - m, m) & \text{, falls } (m < n) \\ \mathcal{G}(n, m - n) & \text{, sonst} \end{cases}$

c) Für diese Teilaufgabe sei Ihnen ein Integer-Array gegeben, in welchem Sie den maximalen Wert suchen sollen. Setzen Sie die Suche nach dem Maximum zunächst iterativ (**2P**) und im Anschluss mithilfe einer Rumpf-Rekursion und akkumulierten Parametern um (**4P**).

d) Mit folgender Formel kann die Wurzel einer natürlichen Zahl a innerhalb von n Rekursionsschritten approximiert werden. Setzen Sie die Formel mittels einer Baum-Rekursion (**3P**) sowie mit einer Rumpf-Rekursion und akkumulierten Parametern um (**3P**). Die Rekursionstiefe n dürfen Sie dabei auf den Wert 20 festlegen. Zunächst sollten Sie jedoch mit einer iterativen Variante (**2P**) beginnen, um ein Grundverständnis für die Berechnungsformel zu entwickeln.

$$x_{n+1} = \frac{x_n + \frac{a}{x_n}}{2}, \text{ mit } x_0 = \frac{a + 1}{2}$$

Aufgabe 1.7.5 (Zeitlimit: 20 Min.): An dieser Stelle sollen von Ihnen Methoden zur Stringverarbeitung implementiert werden (Gültigkeitsabfragen bzgl. der Parameterübergabe dürfen Sie vernachlässigen):

a) Schreiben Sie die Java-Methode *public static String changeDateFormat(String str)*, welche ein als String übergebenes Datum im Format DD.MM.YYYY in das Format MM.DD.YYYY umwandelt und liefert (**1P**).

b) Implementieren Sie die Methode *public static int countWords(String str)*, welche die Anzahl der im String *str* enthaltenen Worte zählt und den resultierenden Wert zurückgibt (**3P**). Ein Wort besteht dabei lediglich aus Zeichen, für welche die Java-Methode *Character.isLetter* **true** liefert. Bei der Umsetzung dürfen Sie davon ausgehen, dass sich maximal ein Leerzeichen zwischen den einzelnen Teilstrings und sich sowohl am Anfang als auch am Ende von *str* kein Leerzeichen befindet.

c) Setzen Sie die Methode *public static String getRunLengthEncoding(String str)*, welche eine Lauflängenkodierung am übergebenen String durchführt, mithilfe von Java um (**3P**). Die Kodierung soll nach folgendem Prinzip durchgeführt werden: den String von links nach rechts durchlaufen, die Anzahl der aufeinanderfolgenden, identischen Zeichen zählen und in der Rückgabe zunächst die ermittelte Anzahl und dann das entsprechende Zeichen vermerken. Am Beispiel von „Mississippi" sollte die Methode den String „1M1i2s1i2s1i2p1i" liefern.

Für die Realisierung dieser Aufgabe dürfen Sie folgende Methoden aus der Java-Klasse *String*:

— *length()*, welche die Länge des Strings liefert.

— *equals(String str)*, welche einen String mit der Zeichenkette *str* vergleicht und das Resultat als booleschen Wert liefert.

- *charAt(int index)*, welche den Buchstaben an der Position *index* zurückgibt.
- *substring(int beginIndex, int endIndex)*, welche den Teilstring beginnend an der Stringposition *beginIndex* bis zur Position *endIndex-1* liefert.
- *toCharArray()*, welche den jeweiligen String in ein Array vom Typ *char* umwandelt und dieses zurückgibt. Mit dem Konstruktor *String(char[] a)* kann ein *char*-Array wieder in einen String überführt werden.

aus der Java-Klasse *Character*:

- *isLetter(char ch)*, welche *true* liefert, falls es sich bei dem übergebenem Zeichen um einen Buchstaben handelt, andernfalls wird *false* zurückgegeben.

und aus der Java-Klasse *StringBuilder* verwenden:

- *append(char a)*, welche das Zeichen *a* an das Ende des *StringBuilder*-Objektes anfügt.
- *toString()*, welche das *StringBuilder*-Objekt in einen String umwandelt und diesen liefert.

Aufgabe 1.7.6 (Zeitlimit: 30 Min.): Im Folgenden sollen von Ihnen verschiedene rekursive Methoden realisiert werden:

a) Setzen Sie folgende Funktion iterativ (**2P**), baum-rekursiv (**1P**) und als Rumpf-Rekursion mit akkumulierten Parametern um (**4P**):

$$\mathcal{F}(n) = \begin{cases} 1 & \text{, falls } (n < 3) \\ \mathcal{F}(n-1) & \text{, falls } (n\%2 = 0) \\ \mathcal{F}(n-2) + \mathcal{F}(n-3) & \text{, sonst} \end{cases}$$

b) In dieser Teilaufgabe sollen Sie die Reihenfolge der in einem Integer-Array befindlichen Elemente sowohl iterativ (**2P**) als auch mithilfe einer Rumpf-Rekursion und akkumulierten Parametern umkehren (**3P**). Beispielhaft soll durch den Aufruf Ihrer Methoden für das Array {1, 2, 3, 4, 5} als Resultat {5, 4, 3, 2, 1} generiert werden.

c) Im Folgenden soll von Ihnen zu einer gegebenen positiven Integer-Zahl n die Summe aller Zahlen zwischen 0 und n berechnet werden, die durch 2 aber nicht durch 6 teilbar sind. Geben Sie für die Berechnung dieser Summe zunächst eine iterative Variante (**2P**) und im Anschluss eine rumpf-rekursive Version mit akkumulierten Parametern an (**4P**).

Aufgabe 1.7.7 (Zeitlimit: 30 Min.): Ein Automatenhersteller möchte sein Sortiment um Getränke-, Essens- und Ticketautomaten erweitern. Dazu benötigt er dringend eine geeignete Software, welche von Ihnen hier entworfen werden soll. Zunächst soll eine *abstrakte* Basisklasse *BasisAutomat* erstellt werden(**2P**), um die Grundfunktionalitäten aller Atuomaten sicherzustellen. Durch die Basisklasse sollen folgende Methoden bereitgestellt werden (Hilfsmethoden oder relevante Datenfelder, die zur Bearbeitung der Teilaufgaben benötigt werden, müssen von Ihnen selbst deklariert werden):

a) Die *abstrakte* Methode *getItem()*, welche den vom Benutzer ausgewählten Gegenstand im Ausgabefach des Automaten hinterlegt (**1P**).

b) Die *abstrakte* Methode *getQuittung()*, welche den für die Quittung benötigten Ausgabestring generiert und liefert. Zudem soll hier geprüft werden, ob genügend Geld für den ausgewählten Gegenstand eingeworfen wurde. Falls dies nicht der Fall sein sollte, kann die Routine eine *NotEnoughMoneyException* werfen (**1P**).

c) Die Methode *addBetrag(double betrag)*, welche dazu dient das vom Benutzer eingeworfene Geld zu zählen (**1P**).

d) Die Methode *getEingeworfenenBetrag()*, welche den momentan vom Benutzer eingeworfenen Betrag als *double* zurückgibt (**1P**).

e) Die Methode *kaufAbschliessen()*, welche die Quittung für den Kauf anfordert, dem Benutzer den ausgewählten Gegenstand zugänglich macht und den eingeworfenen Betrag auf 0 zurücksetzt (**1P**).

Nachdem die Grundfunktionalitäten vorhanden sind, können Sie im Anschluss die Klasse *TicketAutomat* als konkrete Unterklasse der abstrakten Klasse *BasisAutomat* definieren (**2P**). Die Klasse soll folgende Komponenten beinhalten:

f) Den Konstruktor *TicketAutomat(double preisProTicket)*, welche den vom Benutzter zu zahlenden Preis eines Einzeltickets vermerkt (**1P**).

g) Die Methode *getQuittung()*, welche den String für den Zahlungsbeleg generiert. Auf der Quittung soll der zu zahlende Ticketpreis, der entsprechende Anteil der Mehrwertsteuer (19%), der vom Benutzer eingeworfene Betrag und der Differenzbetrag für die Geldrückgabe vermerkt werden (**3P**). Ein Beispiel für den Rückgabewert von *getQuittung()* wäre:

> Ticketpreis: 100.00 Euro (inkl. 19.00 Euro Mehrwertsteuer)
> Bar eingezahlt: 150.00 Euro
> Zurück: 50.00 Euro

h) Abschließend sollte von Ihnen noch die Ausnahmebehandlung für die *NotEnoughMoneyException* definiert werden. Über die Exception soll der Fehlbetrag ausgeworfen werden. Der entsprechende Wert soll an den Konstruktor übergeben werden (**2P**).

Aufgabe 1.7.8 (Zeitlimit: 30 Min.): In der Aufgabe 1.7.7 wurde für einen Automatenhersteller die Grundlage für die benötigte Automatensoftware geschaffen. In dieser Aufgabe soll zusätzlich eine einfach verkettete Liste für den *BasisAutomaten* definiert werden. Erstellen Sie die Klasse *BasisAutomatListe*, mit sämtlichen Komponenten, die für einen reibungslosen Gebrauch der Liste benötigt werden (**3P**) und implementieren Sie folgende Methoden:

a) *isEmpty()*, welche überprüft, ob die Liste leer ist oder nicht (**1P**).

b) *getLength()*, welche die Anzahl der Listenelemente zurückgibt (**1P**).

c) *add(BasisAutomat automat)*, welche den übergebenen Automaten ans Listenende anfügt. Sollten Komplikationen bei der Einfügeoperation auftreten soll eine Fehlermeldung vom Typ *IllegalListElementException* geworfen werden **(3P)**.

d) *remove(BasisAutomat automat)*, welche den entsprechenden Automaten aus der Liste entfernt. Diese Routine sollte bei Fehlern ebenfalls eine *IllegalListElementException* werfen **(3P)**.

e) *find(BasisAutomat automat)*, welche das übergebene Objekt in der Liste sucht und das zugehörige Listenelement liefert. Falls sich der Automat nicht in der Liste befindet soll eine Exception vom Typ *AutomatNotFoundException* geworfen werden **(3P)**

f) *combine(BasisAutomatListe list)*, welche die übergebene Liste an das eigene Listenende anfügt **(2P)**.

g) Legen Sie abschließend noch die Ausnahmebehandlungen für die Fehlermeldungen vom Typ *IllegalListElementException* und *AutomatNotFoundException* fest **(2P)**.

Aufgabe 1.7.9 (Zeitlimit: 20 Min.): Im folgenden Java-Code haben sich insgesamt acht Programmierfehler (syntaktisch und semantisch) eingeschlichen. Finden Sie diese und geben Sie zu jedem potenziellen Fehler eine kurze Begründung und einen Verbesserungsvorschlag an **(8P)**. Beachten Sie dabei, dass die durch einen Fehler verursachten Folgefehler nicht zu den gesuchten gehören und somit nicht berücksichtigt werden müssen. Geben Sie zu jedem von Ihnen entdeckten Fehler die entsprechende Zeilennummer an.

```
01    class Fehlersuche {
02        class Point {
03            public int x, y;
04        }
05        // Diese Methode durchläuft die übergebene Matrix und zählt dabei
06        // die Anzahl aller Primzahlen, die kleiner sind als 20.
07        public static int numberOfPrimSmallerTwenty(int[][] mat) {
08            int[] arr = {1, 3, 5, {7}, 11, 13, 17, 19};
09            int count = 0;
10            for(int i = 0; i < mat.length; i++)
11                for(int j = 0; j < mat[0].length; j--)
12                    for(int k = 0; k < arr.length; k++)
13                        if(mat[i][j] == arr[k]) count++;
14            System.out.println("Primzahlen < 20: "+count+" Stück");
15        }
16
17        // Diese Methode generiert ein Array, welche die Punkte der
18        // Diagonale aus dem ersten positiven Quadranten des kartesischen
19        // Koordinatensystems enthält. Der Parameter c gibt dabei den
20        // maximalen Wert der Koordinaten an. Der Ursprung (0, 0) soll im
21        // Array nicht enthalten sein.
```

```
22          public static Point[] generateDiagonalpointArray(int c) {
23              Point[] result = new Point[0];
24              for(int i = 0, i < c, i++) {
25                  result[i].x = i+1;
26                  result[i].y = i+1;
27              }
28              return result;
29          }
30
31          public static void main(String[][] args) {
32              int[][] mat = new {{1, 2, 5}, {2, 3, 6}, {4, 7, 9}};
33              int temp = numberOfPrimSmallerTwenty(mat);
34              Point[] poi = generateDiagonalpointArray(temp);
35              for(int i = 0; i < poi.length; i++)
36                  System.out.println(poi[i].toString());
37          }
38  }
```

Aufgabe 1.7.10 (Zeitlimit: 40 Min.): In dieser Aufgabe soll von Ihnen ein Programmfragment zur Verwaltung von Zügen vervollständigt werden. Das Programm umfasst insgesamt vier Klassen: die Klasse *Waggon*, die Klasse *WaggonElement*, die Klasse *WaggonListe* und die Klasse *Lokomotive*.

Hinweis: Für die Bearbeitung dieser Aufgabe, dürfen Sie sich zusätzliche Hilfsfunktionen deklarieren, jedoch in den einzelnen Klassen keine weiteren Klassenfelder anlegen. Die Methoden aus den Teilaufgaben, sowie die im Programmgerüst vorgegebenen Funktionen dürfen für die Bearbeitung der anderen Aufgaben als gegeben angesehen werden. Halten Sie sich an die vorgegebenen Namenskonventionen.

a) Die Verwaltung der zu einem Zug gehörigen Waggons soll durch eine einfach verkettete Liste erfolgen. Konzipieren Sie dazu die Klasse *WaggonElement* so, dass diese einen Pointer auf das nächste Listenelement, einen Zeiger auf den entsprechenden Waggon und einen Konstruktor zur Initialisierung eines Listenelementes enthält **(3P)**.

b) Integrieren Sie in die Klasse *WaggonListe* eine *remove*-Methode, an welche der zu entfernende Waggon übergeben wird. Suchen Sie den jeweiligen Waggon in der Liste, löschen Sie diesen falls möglich und geben Sie einen entsprechenden booleschen Wert zurück **(3P)**.

c) Erstellen Sie in der Klasse *Lokomotive* ein *privates* Feld *objLaenge* vom Typ *double*, welches nach außen hin durch *get*- und *set*-Methoden zugänglich gemacht werden soll **(1P)**.

d) Fügen Sie der Klasse *Lokomotive* ein *privates* Feld *maxWaggonAnzahl* vom Typ *Integer* hinzu, welches die maximale Anzahl der Waggons, die an eine Lokomotive angekoppelt werden dürfen, wiedergibt. Machen Sie dieses Feld ebenfalls über *get*- und *set*-Methoden zugänglich **(1P)**.

e) Die Lokomotive soll nun noch ein *privates* Feld *maxLaenge* vom Typ *double* erhalten, welches die maximal zulässige Zuglänge beschreibt (Länge der Lokomotive plus Länge aller vorhandenen Waggons). Implementieren Sie die entsprechenden *get-* und *set-*Methoden (**1P**).

f) Um die zu einer Lok gehörenden Waggons zu verwalten, fehlt noch ein Feld *waggons* vom Typ *WaggonListe*. Fügen Sie dieses Feld der Klasse *Lokomotive* hinzu und deklarieren Sie dieses als *private*. Das Feld soll nach außen hin nicht zugänglich sein (**1P**).

g) Spendieren Sie der Klasse *Lokomotive* einen Konstruktor, welcher die Länge der Lok, die maximal zulässige Zuglänge und die maximale Anzahl von anzukoppelnden Waggons als Parameter erhält und initiieren Sie hier die relevanten Felder (**1P**).

h) Schreiben Sie eine Methode *getAktuelleZugLaenge()*, welche die aktuelle, gesamte Zuglänge zurückgibt (**4P**).

i) Vervollständigen Sie die Methode *getAktuelleWaggonanzahl()*, welche die Anzahl aller an der Lok angekoppelten Waggons liefert (**2P**).

j) Implementieren Sie abschließend die Methode *addWaggon(Waggon element)*, welche dafür sorgt, dass der übergebene Waggon an den Zug angehängt wird. Prüfen Sie dazu die Voraussetzungen für das Kopplungsmanöver und geben Sie das entsprechende Resultat als booleschen Wert zurück (**3P**).

Folgendes Programmgerüst ist Ihnen vorgegeben:

```
public class Waggon {
    private double objLaenge;
    public Waggon(double objLaenge) {...}
    public double getLaenge() {...}
}

public class WaggonElement {
}

public class WaggonListe {
    WaggonElement start;
    public boolean isEmpty() {...}
    public boolean add(Waggon element) {...}
}

public class Lokomotive {
    public boolean removeWaggon(Waggon element) {...}
}
```

2 Algorithmen und Datenstrukturen

2.1 Sortieralgorithmen

Aufgabe 2.1.1: Sortieren Sie die Zeichenkette „SORTIERVERFAHREN" mittels der angegebenen Sortierverfahren:

a) Machen Sie sich mit der Vorgehensweise von *CombSort* vertraut und nutzen Sie dieses Verfahren um die gegebene Zeichenkette zu sortieren. Geben Sie nach jeder Tauschoperation den aktuellen Sortierfortschritt und den Wert von h an **(3P)**.

b) Sortieren Sie die obige Zeichenkette aufsteigend mithilfe von *QuickSort* unter Berücksichtigung der Median-Pivotisierung. Geben Sie nach jeder Partitionierung die Zeichenkette und die gerade bearbeitete linke und rechte Grenze (Indexposition), sowie das Pivotelement an **(4P)**.

Aufgabe 2.1.2: Eine Alternative zum Sortierverfahren *BubbleSort* ist der sogenannte *ShakerSort* (oder auch als *CocktailSort* bekannt). Machen Sie sich mit dem entsprechenden Verfahren vertraut und implementieren Sie diesen Algorithmus in Java **(2P)**. Zur Sortierung sollte ein Array vom Typ *char* herangezogen werden.

Aufgabe 2.1.3: In dieser Aufgabe soll von Ihnen die Vorgehensweise von *MergeSort* insoweit abgeändert werden, dass diese ohne einen rekursiven Aufruf auskommt. Schreiben Sie dazu eine Methode *public static void doMergeSort(char[] arr)*, an welche ein Array vom Typ *char* übergeben wird und dieses mithilfe von MergeSort (ohne Rekursion) sortiert **(3P)**. Integrieren Sie eine Möglichkeit, sodass beim Mischen bzw. Zusammenführen der einzelnen Arrayteile, die jeweiligen Partitionen in sortierter Form auf dem Bildschirm ausgegeben werden **(1P)**. Schreiben Sie zusätzlich eine Testumgebung, mit welcher Sie Ihre Implementierung testen können **(1P)**.

Aufgabe 2.1.4: Im Folgenden werden verschiedene Aktionäre mit ihren Aktienanteilen aufgelistet. Nehmen Sie an, dass diese in einem Array verwaltet werden und somit über die vorgegebene Indexposition ausgewählt werden können. Ihre Aufgabe besteht darin die Aktionäre mithilfe von *DistributionSort* bzgl. ihrer gekauften Anteile aufsteigend zu sortieren. Geben Sie nach jedem Schritt, für jeden Aktionär, die entsprechende Indexposition an **(5P)**.

Aktionär	Anteile	Index	1.Schritt	2.Schritt	3.Schritt
Ernie	258	0			
Eckhardt	159	1			
Bert	357	2			
Max	456	3			
Amalia	265	4			
Louis	149	5			
Luise	349	6			
Sara	231	7			
Chris	182	8			
Eric	371	9			

2.2   Stacks und Queues

Aufgaben

Aufgabe 2.2.1: Es sei folgendes Codefragment gegeben:

```
push(2);
push(3);
push(pop() - pop());
push(4);
push(8);
push(pop() / pop());
push(6);
push(3);
push(pop() * pop());
push(pop() / pop());
push(pop() + pop());
push(5);
push(pop() - pop());
System.out.println(pop());
```

Zeigen Sie, wie sich der Stack schrittweise mit den entsprechenden Daten füllt und geben Sie die durch die *println*-Anweisung generierte Ausgabe an. Beachten Sie bei den Operationen und deren Auswertung die angegebene Reihenfolge der *pop*-Aufrufe (**1P**). Geben Sie zusätzlich den zur Berechnung passenden Postfix-Ausdruck an (**2P**).

Aufgabe 2.2.2: Es soll von Ihnen ein Taschenrechner mithilfe eines Stacks nachempfunden werden. Implementieren Sie dazu die Klasse *StackRechner*, welche über folgende Methoden verfügen soll:

a) *private String infixToPostfix(String infix)*, welche einen übergebenen String von der Infix- in die Postfix-Schreibweise überführt. Achten Sie bei der Umsetzung auf die Prioritäten der möglichen Operationen (Addition, Subtraktion, Multiplikation, Division). Terme, welche Zahlen und Buchstaben enthalten (also nicht als Integer geparst werden können), sollen durch den Wert 0 ersetzt werden. Klammern dürfen vernachlässigt werden. Zudem dürfen Sie davon ausgehen, dass durch die Eingabestrings korrekte, mathematische Gleichungen repräsentiert werden (**4P**).

b) *private int calculateValue(String postfix)*, welche das Ergebnis der in Postfix-Schreibweise übergebenen Gleichung bestimmt. Die Berechnung des Wertes soll ebenfalls mit einem Stack realisiert werden. Fangen Sie hier ebenfalls ungültige Zahlenterme ab und ersetzen Sie diese durch den Wert 0 (**2P**).

c) *public int getValueOf(String input)*, über welche die zu berechnende Gleichung als String übergeben wird. Rufen Sie hier die einzelnen Methoden aus den Aufgabenteil a) und b) auf und geben Sie die jeweiligen Resultate in geeigneter Form auf dem Bildschirm aus (**1P**).

Hinweis: Zur Auswertung des Eingabestrings sollten Sie auf die Java-Klasse *StringTokenizer* ausweichen, um auf die einzelnen Teilausdrücke zugreifen zu können.

Aufgabe 2.2.3: Es sei folgendes Codefragment gegeben:

```
enQ(2);
enQ(5);
enQ(deQ() - deQ());
enQ(9);
enQ(6);
enQ(deQ());
enQ(deQ() / deQ());
enQ(7);
enQ(deQ() - deQ());
enQ(3);
enQ(deQ());
enQ(deQ() * deQ());
enQ(deQ() + deQ());
System.out.println(deQ());
```

Zeigen Sie wie sich die Queue schrittweise verändert und geben Sie die durch die *println*-Anweisung generierte Ausgabe an (**1P**). Wie lautet der zur Berechnung passende Postfix-Ausdruck (**2P**)?

Aufgabe 2.2.4: In Aufgabe 2.2.2 wurde von Ihnen die Java-Klasse *StackRechner* implementiert. Diese soll nun so erweitert werden, dass auch geklammerte Infix-Ausdrücke in korrekter Art und Weise in die Postfix-Notation überführt und im Anschluss ausgewertet werden. Während der Postfix-Umwandlung soll der gegebene Ausdruck auf Wohlgeformtheit bzw. auf korrekte Klammerung überprüft werden. Nutzen Sie dazu einen Stack. Die Korrektheitsprüfung und die Postfix-Umwandlung sollte nicht getrennt voneinander betrachtet werden, da sich andernfalls verschiedene Postfix-Ausdrücke konstruieren lassen oder der Source-Code unnötig aufgebläht wird. Sollte eine gegebene Gleichung nicht korrekt geklammert sein, soll eine entsprechende Rückgabe bzw. Bildschirmausgabe generiert werden (**5P**).

Versuchen Sie weiterhin die Generierung der Postfix-Notation so zu verallgemeinern, dass die Verwendung der Java-Klasse *StringTokenizer* überflüssig wird. Dies bedeutet, dass Sie bei der Übergabe einer mathematischen Gleichung nicht davon ausgehen dürfen, dass die Zahlenwerte durch ein Leerzeichen von den Operatoren und Klammern getrennt sind. Durch die Verwendung von Leerzeichen ist es dem *StringTokenizer* möglich die einzelnen Komponenten einer Gleichung sauber voneinander zu trennen. Das Separieren sollte nun von Ihnen automatisiert werden. An dieser Stelle dürfen Sie immer noch davon ausgehen, dass ein Operator von zwei Zahlenwerten umgeben ist (**2P**).

2.3   Bäume

? Aufgaben

Aufgabe 2.3.1: Mit dieser Aufgabe sollen Sie sich einen Algorithmus überlegen, mit dessen Hilfe ein in Postfix-Notation gegebener arithmetischer Ausdruck in einen Operatorbaum umgewandelt werden kann. Diese Möglichkeit kann in die bereits implementierte Java-Klasse *StackRechner* integriert werden. Lösen Sie in diesem Zusammenhang folgende Teilaufgaben:

a) Schreiben Sie eine Methode *generateTree(String postfix)*, in welcher der übergebene Postfix-Ausdruck für die Konstruktion eines Operatorbaumes genutzt wird. Beachten Sie dabei die Bedingungen, die erfüllt sein müssen, sodass ein Operatorbaum überhaupt generiert werden darf. Als Rückgabe sollte ein entsprechender boolescher Wert festgelegt werden (**4P**).

b) Bestimmen Sie mithilfe der Methode *getOptreeDepth()* die Baumtiefe des generierten Operatorbaumes. Setzen Sie dies mittels einer Rekursion um. Die endgültige Baumtiefe soll am Ende zurückgegeben werden (**2P**).

c) Um ein Verständnis für die verschiedenen Baum-Traversierungen zu entwickeln, sollen von Ihnen entsprechende Methoden implementiert werden. Dabei sollen die unterschiedlichen Traversierungsarten jeweils *iterativ* umgesetzt werden. Für die Implementierung der Methoden zur Inorder (**2P**) und Preorder (**2P**) soll jeweils ein Stack verwendet werden. Für die iterative Postorder-Variante (**2P**) ist es Ihnen freigestellt, ob Sie einen Stack nutzen oder nicht.

Aufgabe 2.3.2: Es soll von Ihnen eine Klassenstruktur entwickelt werden, mit welcher Sie AVL-Bäume erzeugen und verwalten können. Legen Sie dazu zunächst die Java-Klasse *AVLNode*, welche die einzelnen Knoten des Baumes repräsentiert:

a) Legen Sie zunächst drei globale Pointer an, über welche die Verweise auf den Vater- und die beiden Kindsknoten gepflegt werden können. Zudem sollte eine globale Variable (*int*) definiert werden, um die einzelnen im Baum befindlichen Knoten nummerieren zu können und eine, um die Balanzeigenschaft prüfen zu können (**1P**).

b) Deklarieren Sie sinnvolle Konstruktoren, um die zuvor definierten Objektfelder initialisieren zu können (**1P**).

Haben Sie die Klasse *AVLNode* erstellt, sollten Sie die Klasse *AVLTree* mit folgenden Funktionalität anlegen:

c) Definieren Sie eine globale Variable, um den Wurzelknoten erfassen zu können, die Methode *isEmpty()*, um testen zu können, ob Knoten im AVL-Baum enthalten sind und die Methode *clear()*, um alle im Baum enthaltenden Knoten entfernen zu können **(1P)**.

d) Implementieren Sie die Methode *public AVLNode doLeftRotation(AVLNode node)*, welche eine Links-Rotation bzgl. des übergebenen Knotens ausführt. Durch *node* wird der Knoten repräsentiert, bei welchem die Balanzeigenschaft (bzgl. seiner Teilbäume) verletzt wurde. Die Methode soll den Knoten zurückliefern, durch den *node* bei der Links-Rotation ersetzt wurde **(3P)**.

e) In ähnlicher Weise sollte von Ihnen die Methode *public AVLNode doRightRotation(AVLNode node)* bereitgestellt werden, mit deren Hilfe eine Rechts-Rotation vollzogen werden kann **(1P)**.

f) Integrieren Sie eine Methode *public AVLNode doDoubleRotationRightLeft(AVLNode node)*, welche eine doppelte Rotation (rechts-links) durchführt. Auch hier soll der Knoten zurückgeliefert werden, welcher für die Ersetzung von *node* verwendet wurde **(2P)**.

g) Ergänzen Sie entsprechend die Methode *public AVLNode doDoubleRotationLeftRight(AVLNode node)*, durch welche das Prinzip einer doppelten Rotation (links-rechts) wiedergegeben wird **(1P)**.

h) Schreiben Sie eine Methode *public void insertNode(int value)*, welche den gegebenen Integerwert in den AVL-Baum einfügt. Achten Sie darauf, dass nach dem Einfügen die Eigenschaften eines AVL-Baumes erhalten bleiben (jeder übergebene Wert soll in den Baum aufgenommen werden). Bei der Umsetzung dürfen Sie Duplikate vernachlässigen, d.h. redundante Integerwerte müssen nicht eingefügt werden **(3P)**.

i) Implementieren Sie zum Löschen eines Knotens die Methode *public void deleteNode(int value)*. Der Knoten, welcher den gegebenen Integerwert beinhaltet, soll aus dem AVL-Baum entfernt werden. Da beim Einfügen Duplikate ignoriert werden dürfen, sollte das Löschen an dieser Stelle eindeutig sein. Achten Sie auch hier auf die Einhaltung der AVL-Eigenschaften **(3P)**.

Folgende Abbildung soll Ihnen bei der Umsetzung der Rotationen als Hilfestellung dienen. Die Bilder veranschaulichen lediglich das Prinzip der Rechtsrotation sowie das der Links-Rechts-Rotation. Für die einfache Linksrotation und die Doppelrotation (rechtslinks) müssen die dargestellten Bäume lediglich gespiegelt werden:

Rechtsrotation:

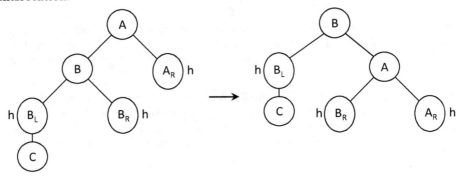

Doppelrotation (links-rechts):

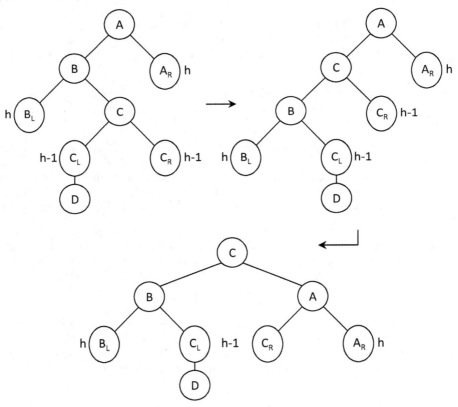

Aufgabe 2.3.3: Zur Reorganisation eines Heaps stehen Ihnen die beiden Grundfunktionen *Up-Heap* und *Down-Heap* zur Verfügung. Im Folgenden wurde Ihnen eine Menge von Einfüge- und Löschoperationen vorgegeben. Geben Sie den daraus resultierenden Heap an und beachten Sie dabei die Balanzeigenschaften eines Heaps. Muss bei einem Schritt der Heap reorganisiert werden, soll von Ihnen der entsprechende Baum vor und nach der Durchführung der jeweiligen Operation gezeichnet werden **(3P)**.

add(13), add(8), add(11), add(24), add(19),
add(7), add(17), delete(24), add(45)

2.4 Graphen

Aufgaben

Aufgabe 2.4.1: Es seien folgende Graphen gegeben:

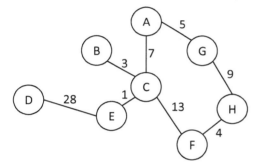

	A	B	C	D	E	F	G	H
A		1						
B						1		
C						1		
D			1			1		
E			1					1
F			1			1		
G			1	1				
H								

a) Geben Sie die zum linken Graphen gehörende Adjazenzmatrix und Adjazenzliste an **(1P)**.

b) Zeichnen Sie den rechten Graphen, der durch seine Adjazenzmatrix gegeben ist **(1P)**.

c) Konstruieren Sie für den rechten Graphen die transitive Hülle und geben Sie diese in Form einer Adjazenzmatrix wieder **(1P)**.

d) Geben Sie für den rechten Graphen die Reihenfolge der Knoten an, welche sich durch eine Breitensuche (unter Berücksichtigung der lexikalischen Ordnung), ausgehend vom Knoten A zum Knoten H ergeben würde **(1P)**.

e) Ermitteln Sie für den linken Graphen die kürzeste Verbindung zwischen den Knoten A und D. Verwenden Sie hierfür den Dijkstra-Algorithmus und geben Sie zu jedem Schritt die Mengenverteilung der Knoten und die zugehörigen Weglängen an **(4P)**.

Aufgabe 2.4.2: Für einen ungerichteten, gewichteten Graphen soll eine Objektklasse definiert werden. Alle Berechnungen sollen über die intern gespeicherte Adjazenzmatrix erfolgen. Versehen Sie die anzulegene Java-Klasse *Graphen* mit folgender Grundausstattung:

a) Legen Sie ein Feld zum Speichern der Adjazenzmatrix (vom Typ *double*) an und implementieren Sie eine Methode *public void setEdge(int id1, int id2, double value)* sowie eine geeignete *toString()*-Methode. Mithilfe der *setEdge*-Methode sollen die Gewichte (*value*) der Kanten zwischen den Knoten *id1* und *id2* gesetzt werden (**1P**).

b) Optimieren Sie Warshalls Algorithmus derart, dass dieser die besonderen Eigenschaften eines ungerichteten, gewichteten Graphen zur Berechnung der transitiven Hülle ausnutzt. Wird die transitive Hülle berechnet, soll die Gewichtung neu hinzugefügter Kanten in Abhängigkeit des Phytagoras-Satzes ($a^2 + b^2 = c^2$) vergeben werden, wobei der Wert von c dem Gewicht der neuen Kante entspricht. Beachten Sie dabei, dass keine Kanten eingefügt werden, bei denen der Anfangs- und Endknoten identisch ist. Fassen Sie die geschilderte Vorgehensweise in der Methode *public Graphen generateTransitiveClosure()* zusammen. Als Rückgabe soll diese die transitive Hülle als eigenständigen Graphen liefern und den Ausgangsgraphen während der gesamten Berechnungsphase nicht modifizieren (**2P**).

c) Implementieren Sie die Methode *public String doDepthFirstSearch()*, welche eine Tiefensuche im Graphen durchführt. Der Startknoten soll dabei zufällig bestimmt und der Graph solange durchlaufen werden, bis alle Knoten besucht wurden. Die Tiefensuche soll iterativ und ohne Verwendung eines Stacks umgesetzt werden. Versuchen Sie allein mit einer Kopie der Adjazenzmatrix die Tiefensuche nachzubilden (**6P**). Versehen Sie Ihre Implementierung mit aussagekräftigen und verständlichen Kommentaren, sodass Ihre Vorgehensweise klar wird.

d) Spendieren Sie der Objektklasse eine Methode *public void eliminateCycle()*, mit welcher alle Zyklen im Graphen aufgespürt und entfernt werden können (**3P**).

e) Schreiben Sie eine Methode, welche entscheidet ob der Graph zusammenhängend ist oder nicht. Ein entsprechender boolescher Wert soll am Ende zurückgegeben werden (**2P**).

2.5 Klausuraufgaben zu Algorithmen und Datenstrukturen

Aufgaben

Aufgabe 2.5.1 (Zeitlimit: 30 Min.): Im Folgenden sollen Sie die Funktionsweise einiger Sortieralgorithmen anhand der Zeichenkette „ALGORITHMEN" verdeutlichen.

a) Zunächst jedoch eine Verständnisfrage. Welcher der drei Sortierverfahren: *Bubble-, Insertion-* oder *SelectionSort* unterscheidet sich in Hinblick auf dessen Komplexität im *best case* von den anderen? Gibt es überhaupt Unterschiede? Begründen Sie Ihre Antwort (**2P**).

b) Eine Firma möchte ihre Kundendaten (über 2 Mio. Datensätze) nach dem Nachnamen alphabetisch aufsteigend sortiert im Datenbestand halten. Nach jeder Werbekampagne müssen die Daten von ca. 250 Neukunden in den Bestand eingepflegt werden. Betrachten Sie folgende Einfügeszenarien und entscheiden Sie, welches Sortierverfahren in den jeweiligen Fällen sinnvoll wäre. Begründen Sie Ihre Entscheidung.

I. Die neuen Daten werden am Anfang des Datenbestandes eingefügt und anschließend sortiert (**1P**).

II. Vor der Sortierung wird jeder neue Datensatz an einer zufällig bestimmten Position in der Datenbank aufgenommen (**1P**).

III. Die Daten werden an einer beliebigen Position eingefügt, der Datenbestand soll jedoch nicht anhand des Nachnamen, sondern über die vergebenen Kundennummern sortiert werden (**1P**).

IV. Die Art des Einfügens wird Ihnen überlassen (**1P**).

c) Sortieren Sie die gegebene Zeichenkette mithilfe der verbesserten Variante von *BubbleSort*, bei welcher nach jedem *Bubble-Up* der Umstand ausgenutzt wird, dass die rechte Arrayhälfte bereits sortiert ist. Geben Sie nach jedem *Bubble-Up* das entsprechende Sortierergebnis an (**4P**).

d) Die obige Zeichenkette soll lexikalisch aufsteigend mittels *QuickSort* unter Berücksichtigung der *Median-Pivotisierung* sortiert werden. Nach jeder Partitionierung soll die Zeichenkette inklusive der soeben betachteten linken und rechten Indexgrenze, sowie das Pivotelement vermerkt werden (**7P**).

e) Geben Sie die Sortierung der Zeichenkette mithilfe von *ShellSort*, anhand der Zahlenfolge $2^N, ..., 16, 8, 4, 2, 1$, wieder. Nennen Sie nach jedem Sortierschritt das entsprechende Sortierresultat (**7P**).

f) Im Folgenden wurden verschiedene Aktionäre mit ihren Aktienanteilen aufgelistet. Nehmen Sie an, dass diese in einem Array verwaltet werden und somit über die vorgegebene Indexposition ausgewählt werden können. Ihre Aufgabe besteht darin die Aktionäre mithilfe von *DistributionSort* bzgl. ihrer gekauften Anteile aufsteigend zu sortieren. Geben Sie nach jedem Schritt, für jeden Aktionär die entsprechende Indexposition an (**5P**).

Aktionär	Anteile	Index	1.Schritt	2.Schritt	3.Schritt
Ernie	129	0			
Eckhardt	197	1			
Bert	174	2			
Max	273	3			
Amalia	171	4			
Louis	163	5			
Luise	252	6			
Sara	154	7			
Chris	173	8			
Eric	265	9			

Aufgabe 2.5.2 (Zeitlimit: 30 Min.): Im Folgenden sollen Sie die Funktionsweise eines Stacks und einer Queue veranschaulichen. Lösen Sie dazu folgende Problemstellungen:

a) Es sei folgendes Codefragment gegeben:

```
push(4);
push(3);
push(pop() + pop());
push(6);
push(2);
push(12);
push(pop() * pop());
push(pop() / pop());
push(8);
push(pop() / pop());
push(pop() - pop());
push(4);
push(pop() + pop());
System.out.println(pop());
```

Zeigen Sie wie sich der Stack schrittweise mit den entsprechenden Daten füllt und geben Sie die durch die *println*-Anweisung generierte Ausgabe an. Beachten Sie bei den Operationen und deren Auswertung auf die angegebene Reihenfolge der *pop*-Aufrufe (**4P**). Geben Sie zusätzlich den zur Berechnung passenden Postfix-Ausdruck an (**2P**).

b) Nun sollen Sie einen *BoundedIntegerStack* implementieren, also einen auf eine bestimmte Größe festgelegten Stack, mit dessen Hilfe Integerwerte verwaltet werden können. Hierfür sollten Sie das vorgebene Programmgerüst verwenden und folgende Teilaufgaben lösen:

- Für die Handhabung des *BoundedIntegerStack* wird eine Fehlerbehandlung benötigt. Die Fehlerbehandlung soll ausgelöst werden, wenn entweder ein Element vom Stack geholt werden soll, obwohl dieser leer ist oder wenn ein Element auf den Stack gelegt werden soll, obwohl dieser bereits voll ist. Versehen Sie dazu die Klasse *IllegalProcedure* mit einer entsprechenden Fehlerbehandlung (**1P**).

- Vervollständigen Sie den Konstruktor der Klasse *BoundedIntegerStack* mit sinnvollen Anweisungen (**2P**).

- Setzen Sie die Methode *getSize()* so um, dass nach deren Aufruf die Anzahl der im Stack befindlichen Elemente geliefert wird(**1P**).

- Integrieren Sie die Methode *push(int element)*. Die Methode wird benötigt um Elemente auf den Stack zu legen. Beachten Sie die mögliche Fehlerbehandlung (**3P**).

- Fügen Sie die Methode *pop()* ein, mit welcher das oberste Stackelement geholt und für weitere Berechnungen geliefert wird. Beachten Sie auch hier die mögliche Ausnahmebehandlung (**3P**).

```
public class IllegalProcedure extends Exception {
    public IllegalProcedure() { ... }
}
public class BoundedIntegerStack {
    private int maxStackSize;
    private int stackCount;
    private int[] stack;
    public BoundedIntegerStack(int maxSize) { ... }
    public int getSize() { ... }
}
```

c) Es sei folgendes Codefragment gegeben:

```
enQ(4);
enQ(2);
enQ(deQ() + deQ());
enQ(6);
enQ(12);
enQ(2);
enQ(deQ() * deQ());
enQ(deQ() / deQ());
enQ(8);
enQ(deQ() / deQ());
enQ(deQ() - deQ());
enQ(4);
enQ(deQ() + deQ());
System.out.println(deQ());
```

Zeigen Sie wie sich die Queue schrittweise verändert und geben Sie die durch die *println*-Anweisung generierte Ausgabe an **(4P)**. Wie lautet der zur Berechnung passende Postfix-Ausdruck **(2P)**?

Aufgabe 2.5.3 (Zeitlimit: 30 Min.): Gegeben sei folgender Binärbaum:

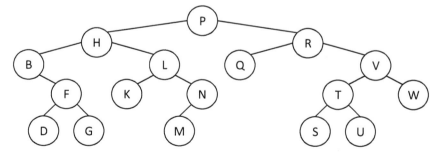

a) Wie lautet die zugehörige Preorder-Traversierung **(1P)**? Wie verhält sich ein Stack, wenn dieser zur Preorder-Traversierung herangezogen wird? Geben Sie dazu nach jeder *push*- bzw. *pop*-Operation die auf dem Stack befindlichen Elemente an **(3P)**.

b) Welche Ausgabe wird generiert, wenn der gegebene Baum in Levelorder durchlaufen wird (**1P**)? Wie würde sich in diesem Fall eine Queue verhalten? Geben Sie dazu den Datenbestand der Queue in korrekter Reihenfolge wieder, sofern die Ausgabe modifiziert wurde (**4P**).

c) Formulieren Sie einen Algorithmus in Pseudocode, welcher dafür sorgt, dass unter den Elementen eines Stacks S_1 keinerlei Duplikate existieren (**7P**). Die Reihenfolge der Elemente muss dabei nicht eingehalten werden. Als Hilfsmittel dürfen wiederum nur Stacks verwendet werden, welche über die Funktionen *push, pop* und *isEmpty* verfügen.

d) Was würde sich an Ihrem Algorithmus ändern, wenn Sie die Duplikate aus einer Queue entfernen sollen und dafür lediglich weitere Queues als Hilfsmittel zur Verfügung stehen. Begründen Sie Ihre Antwort (**2P**).

Aufgabe 2.5.4 (Zeitlimit: 50 Min.):

a) Welche Baumtiefen ergeben sich, wenn die Zahlen *54, 18, 23, 42, 29, 73, 84* nacheinander in einen AVL-Baum und in einen 2-3-4 Baum eingefügt werden (**1P**)? Zeichnen Sie die entsprechenden Bäume (**2P**). Wie lautet die zum AVL-Baum gehörende Inorder- (**1P**) bzw. Postorder-Traversierung (**1P**).

b) Sortieren Sie die im folgenden Heap enthaltenen Zahlenwerte mithilfe von *HeapSort*. Geben Sie nach jedem Schritt den jeweiligen resultierenden Heap an (**4P**).

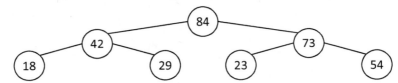

c) Mithilfe einer gegebenen Inorder- und Preorder-Traversierung kann ein Baum rekonstruiert werden (vorausgesetzt das keinerlei Duplikate enthalten sind). Für die Preorder-Traversierung wird beginnend beim Wurzelelement zunächst der linke und im Anschluss der rechte Teilbaum verarbeitet. Bei der Inorder wird ausgehend vom linken Kindknoten, die Wurzel und schließlich der rechte Teilbaum besucht. Nimmt man also das erste Element der Preorder-Traversierung (Wurzel), kann man mithilfe der Inorder-Traversierung, den linken vom rechten Teilbaum separieren und so den entsprechenden Baum sukzessive reproduzieren.

Erweitern Sie die im Folgenden angegebene Java-Klasse *BinTree* um den Konstruktor *public BinTree(String inorder, String preorder)*, welcher aus den gegebenen Traversierungen einen Baum rekonstruiert (**10P**). Kommentieren Sie Ihre Ausführungen (**1P**). Sie können davon ausgehen, dass die Parameter *inorder* und *preorder* gültige Traversierungsergebnisse darstellen und es somit zu keinen Widersprüchen kommen kann (die einzelnen Knotenelemente können als einstellige Werte vom Typ *char* angenommen werden). Methoden wie *charAt, indexOf* und *substring*, aus den Java-Klassen *String* bzw. *Character* dürfen vorausgesetzt werden. Zusätzliches muss von Ihnen selbst implementiert werden.

```
public class Node {
    public char data;
    public Node left, right, parent;
}
publilc class BinTree {
    Node root;
}
```

d) Ergänzen Sie obiges Klassengerüst mit der Methode *public String reverseOrder()*, welche die in einem binären Suchbaum abgelegten Buchstaben in alphabetisch absteigender Reihenfolge ausgibt. Für den Suchbaum gelte die Invariante, dass der linke Sohn kleiner als die Wurzel und deren rechter Sohn größer ist **(3P)**.

e) Fügen Sie der Klasse *BinTree* die Methode *public String getPath(Node n)* hinzu, welche zu einem gegebenen Knoten den Pfad bestimmt, der ausgehend von der Wurzel zum jeweiligen Knoten *n* genommen werden muss. Der Pfad soll als String geliefert werden **(3P)**.

Aufgabe 2.5.5 (Zeitlimit: 30 Min.): Es sei folgende Adjazenzmatrix gegeben:

	A	B	C	D	E	F	G	H
A			4	8				
B					6		13	
C								
D		3						17
E				5		2		
F								3
G					7			
H								

a) Zeichnen Sie den zugehörigen Graphen **(1P)**.

b) Geben Sie einen zu Graphen gehörenden aufspannenden Baum an **(1P)**.

c) Wie lautet die Reihenfolge der Knoten, welche ausgehend vom Knoten A über die Breiten-**(1P)** und Tiefensuche **(1P)** erreicht werden?

d) Könnte die Breitensuche dazu verwendet werden, den zu einem gegebenen *ungerichteten, zusammenhängenden* Graphen passenden aufspannenden Baum zu konstruieren? Begründen Sie Ihre Antwort **(2P)**.

e) Konstruieren Sie die zum gegebenen Graphen gehörende transitive Hülle und geben Sie diese in Form einer Adjazenzmatrix an **(2P)**. Die Gewichtung der einzelnen Kanten darf dabei vernachlässigt und auf den Wert 1 gesetzt werden.

f) Berechnen Sie mithilfe des Verfahrens von Dijkstra die minimale Distanz zwischen den Knoten A und G. Geben Sie zu jedem Schritt die Mengenverteilung der Knoten und die zugehörigen Weglängen an **(7P)**. Der Graph darf an dieser Stelle als *ungerichteter* Graph angesehen werden.

3 Rechnerarchitektur

3.1 Zahlenarithmetik

Sollen Informationen von einem Rechner verarbeitet werden, müssen diese zunächst von einem Benutzer eingegeben und die Eingaben in Bitfolgen von 0en und 1en transfiriert werden. Aus den Bitfolgen werden über verschiedene Algorithmen neue Bitfolgen generiert, die zu Darstellungszwecken in eine für den Benutzer verständliche Repräsentation umgewandelt werden müssen.

Wie die Daten in Bitfolgen umgerechnet und anschließend verarbeitet werden können, soll an dieser Stelle mithilfe der Zahlenarithmetik veranschaulicht werden (siehe Gumm/Sommer, Kapitel 1.4).

! Berechnungsbeispiel

Egal welche Zahlendarstellung den Ausgangspunkt bildet, es sollte zunächst immer die Binärdarstellung ermittelt werden. Liegt die Zahl in Binärform vor, können daraus die anderen Repräsentationen abgeleitet werden.

Es soll die Dezimalzahl $(179)_{10}$ (10er System) in das Binär-, Oktal- und Hexadezimalsystem überführt werden. Ausgehend vom Dezimalsystem kann die geforderte Binärdarstellung mithilfe einer Modulo-Rechnung ermittelt werden. Dabei wird die gegebene Dezimalzahl schrittweise durch einen Faktor dividiert. Der Divisor ist durch das Zahlensystem definiert, in welches die Zahl umgewandelt werden soll (binär 2, oktal 8 und hexadezimal 16). Der aus der Division hervorgehende ganzzahlige Quotient, wird iterativ solange durch besagten Faktor dividiert, bis dieser auf den Wert 0 fällt. Aus dem pro Schritt entstandenen Divisionsrest kann die gesuchte Zahlendarstellung erzeugt werden:

	$div\ 2$	$mod\ 2$
179	89	1
89	44	1
44	22	0
22	11	0
11	5	1
5	2	1
2	1	0
1	0	1

Werden die Werte in der Spalte mit den Divisionsresten von unten nach oben abgelesen, erhält man die zu der Dezimalzahl $(179)_{10}$ geuschte Binärdarstellung $(10110011)_2$.

Für die Umwandlung vom Binär- ins Oktal- oder Hexadezimalsystem sollte die entsprechende Bitfolge (von rechts nach links) in Blöcke von 3 bzw. 4 aufeinander folgenden Bits unterteilt werden. Die einzelnen Blöcke stehen jeweils für eine Oktal- oder Hexadezimalzahl, die im Verbund die gesuchte Zahlendarstellung bilden:

$$(179)_{10} \quad = (10110011)_2 \quad = (010\ 110\ 011)_2 \quad = (2\ 6\ 3)_8$$
$$(179)_{10} \quad = (10110011)_2 \quad = (1011\ 0011)_2 \quad = (B\ 3)_{16}$$

! Berechnungsbeispiel

Um reelle Zahlen im Binärformat darstellen zu können, wurden die Gleitkommazahlen eingeführt. Diese setzen sich aus einem Vorzeichenbit, dem Exponenten und der Mantisse zusammen. Die Anzahl der für den Exponenten oder für die Mantisse verwendeten Bits ist abhängig von der jeweiligen Definition einer Gleitkommadarstellung. Bei der standartisierten 32-Bit-Gleitkommadarstellung sind 8 Bits für den Exponenten und 23 Bits für die Mantisse reserviert.

Für die Umrechnung der reellen Zahl *-176.625*, muss zunächst das Vorzeichenbit V_1 gesetzt werden. Da die gegebene Zahl negativ ist, gilt $V_1 = 1$. Um die Mantisse M_1 zu ermitteln, muss der Zahlenwert ins Binärformat überführt und das Komma im Anschluss zur führenden 1 verschoben werden:

$$179.625 \cdot 10^0 \quad = 1011\ 0011.101 \cdot 2^0 \quad = 1.0110\ 0111\ 01 \cdot 2^7$$

Da das Komma immer zur führenden 1 verschoben wird, kann diese innerhalb der Gleitkommadarstellung vernachlässig und somit ein Bit eingespart werden. Dies hat unter anderem den Vorteil, dass die Genauigkeit der Zahlenwerte um eine Nachkommastelle steigt.

Der Exponent E_1 resultiert aus der Anzahl an Positionen, die während der Kommaverschiebung übersprungen wurden. Muss das Komma nach links verlagert werden, ist dieser positiv, andernfalls negativ. Im obigen Beispiel wurde das Komma um 7 Stellen nach links verschoben. Für die Gleitkommadarstellung muss zu diesem Wert noch der *bias* hinzuaddiert und das Ergebnis in die Binärdarstellung umgewandelt werden. Der *bias* läßt sich aus der Wertigkeit des höchsten Bits im Exponenten ableiten. Werden 8 Bits für den Exponenten veranschlagt, entspricht das höchste Bit der Dezimalzahl 128. Wird dieser Wert um 1 vermindert, erhält man den *bias* von 127. Für die Zahl *-179.625* ergibt zu somit folgende 32-Bit-Gleitkommadarstellung:

V_1	E_1	M_1
1	1000 0110	0110 0111 0100 0000 0000 000

! Berechnungsbeispiel

Sollen zwei reelle Zahlen *-179.625* und *115.3125* als 32-Bit-Gleitkommazahlen addiert werden, müssen die Werte anfänglich in die entsprechende Gleitkommadarstellung überführt werden. Die Zahl *-179.625* wurde bereits im obigen Beispiel umgerechnet. Folgendes gilt für *115.3125*:

$$V_2 \quad = 0 \text{ (da positiv)}$$
$$M_2 \quad = 115.3125 \cdot 10^0 \quad = 111\ 0011.0101 \cdot 2^0 \quad = 1.1100\ 1101\ 01 \cdot 2^6$$
$$E_2 \quad = (6)_{10} + (127)_{10} \quad = (133)_{10} \quad\quad\quad\quad\quad = (1000\ 0101)_2$$

Die Addition zweier Gleitkommazahlen erfolgt nach folgendem Prinzip:

1. Der entgültige Exponent E entspricht dem Maxmium von E_1 und E_2 ($E = max(E_1, E_2)$). Bei der Gleitkommazahl mit dem kleineren Exponenten muss zusätzlich eine Mantissenanpassung vorgenommen werden. In Abhängigkeit zur Differenz zwischen den beiden Exponenten, muss das jeweilige Komma über die führende 1 hinweg nach links verschoben werden.

$$E \quad = (max(7,\ 6))_{10} + (127)_{10}$$
$$= (7)_{10} + (127)_{10}$$
$$= (134)_{10}$$
$$= (1000\ 0110)_2$$

$$M_2 \quad = 1.1100\ 1101\ 01 \cdot 2^6$$
$$= 0.1110\ 0110\ 101 \cdot 2^7$$

2. Falls einer der beiden Summanden negativ ist, muss dieser in die Zweierkomplementdarstellung überführt werden. Die durchzuführende Subtraktion wird somit auf eine Addition zurückgeführt. Da während der Addition ein Vorzeichenwechsel stattfinden kann (das Ergebnis kann sowohl positiv als auch negativ sein), sollte der Binärdarstellung vor der Berechnung des Zweierkomplementes eine 0 vorangestellt werden. Ist das führende Bit nach der Addition auf 1 gesetzt, ist das Ergebnis negativ und somit als Zweierkomplementzahl zu werten. Die zusätzliche Berechnung entfällt, wenn beide Summanden dasselbe Vorzeichen haben. Sind beide Zahlen positiv, gilt $V = 0$, andernfalls $V = 1$.

$$M_1 \quad = 01.0110\ 0111\ 01 \cdot 2^7$$
$$= (10.1001\ 1000\ 10 + 00.0000\ 0000\ 01) \cdot 2^7$$
$$= 10.1001\ 1000\ 11 \cdot 2^7$$

$$V \quad = ?$$

3. Für die Mantisse M müssen M_1 und M_2 als Festkommazahlen (inklusive der führenden 1) addiert werden ($M = M_1 + M_2$).

```
    1  0.  1  0  0  1  1  0  0  0  1  1  0
+   0  0.  1  1  1  0  0  1  1  0  1  0  1
    ─────────────────────────────────────
         1                    1
    ─────────────────────────────────────
    1  1.  0  1  1  1  1  1  1  1  0  1  1
```

4. Haben die Summanden unterschiedliche Vorzeichen ($V_1 \neq V_2$) und entspricht das im 2. Schritt hinzugefügte Führungsbit einer 1, liegt das Ergebnis in der Zweierkomplementdarstellung vor und muss in die einfache Binärdarstellung umgerechnet werden. Das Vorzeichenbit V des Additionsergebnis entspricht dem Führungsbit.

$$\begin{aligned} M \ &= 1.0111\ 1111\ 011 \cdot 2^7 \\ &= (0.1000\ 0000\ 100 + 0.0000\ 0000\ 001) \cdot 2^7 \\ &= 0.1000\ 0000\ 101 \cdot 2^7 \end{aligned}$$

$$V \ = 1$$

5. Gegebenenfalls muss nach der Addition das Ergebnis normalisiert bzw. die Kommastelle in der Mantisse M zur führenden 1 verschoben werden. Hierbei darf der Exponent E nicht vergessen werden.

$$\begin{aligned} M \ &= 0.1000\ 0000\ 101 \cdot 2^7 \\ &= 1.0000\ 0001\ 01 \cdot 2^6 \end{aligned}$$

$$\begin{aligned} E \ &= (6)_{10} + (127)_{10} \\ &= (133)_{10} \\ &= (1000\ 0101)_2 \end{aligned}$$

Die Gleitkomma-Addition von *-179.625* und *115.3125* ergibt:

V	E	M
1	1000 0101	0000 0001 0100 0000 0000 000

was in der Dezimaldarstellung der Zahl *-64.3125* entspricht.

! **Berechnungsbeispiel**

Die Multiplikation von Gleitkommazahlen erfolgt nach einem ähnlichen Schema, was exemplarisch an den Zahlen *-179.625* und *115.3125* veranschaulicht werden soll.

1. Das Vorzeichen V des Multiplikationsergebnisses geht aus der XOR-Verknüpfung von V_1 und V_2 hervor ($V = V_1 \otimes V_2$).

$$V = 1 \otimes 0 = 1$$

2. Der Exponent E resultiert aus der Summe der beiden Exponenten E_1 und E_2 ($E = E_1 + E_2$).

$$E = (7)_{10} + (6)_{10} + (127)_{10}$$
$$= (140)_{10}$$
$$= (1000\ 1100)_2$$

3. Für die Mantisse M müssen die Bitfolgen M_1 und M_2 miteinander multipliziert werden ($M = M_1 \cdot M_2$).

```
1. 0 1 1 0 0 1 1 1 0 1 · 1. 1 1 0 0 1 1 0 1 0 1
      1 0 1 1 0 0 1 1 1 0 1
        1 0 1 1 0 0 1 1 1 0 1
          1 0 1 1 0 0 1 1 1 0 1
            1 0 1 1 0 0 1 1 1 0 1
              1 0 1 1 0 0 1 1 1 0 1
                1 0 1 1 0 0 1 1 1 0 1
                  1 0 1 1 0 0 1 1 1 0 1
    1 1 1   1   1 1 1 1 1 1 1 1   1   1 1
      1   1   1   1           1   1
  1 0. 1 0 0 0 0 1 1 1 0 1 0 0 1 0 0 0 0 0 0 1
```

4. Steht das Komma beim Multiplikationsergebnis nicht hinter der führenden 1, muss das Ergebnis normalisiert und das Komma entsprechend verschoben werden.

$$M = 10.1000\ 0111\ 0100\ 1000\ 0001 \cdot 2^{13}$$
$$= 1.0100\ 0011\ 1010\ 0100\ 0000\ 1 \cdot 2^{14}$$

$$E = (14)_{10} + (127)_{10}$$
$$= (141)_{10}$$
$$= (1000\ 1101)_2$$

Die Gleitkomma-Multiplikation von *-179.625* und *115.3125* ergibt:

V	E	M
1	1000 1101	0100 0011 1010 0100 0000 100

was in der Dezimaldarstellung der Zahl *-20713.0078125* entspricht.

? Aufgaben

Aufgabe 3.1.1: Füllen Sie die folgende Tabelle aus. Jede Zeile steht für einen bestimmten Zahlenwert, welcher in die verschiedenen Zahlendarstellungen überführt werden soll (**4P**).

dezimal	binär	oktal	hexadezimal
	0010 0100 1111		
285			
			93
		135	
2012			
	1001 0110 1001		
		576	
			AFFE
	1010 1011 1101 0101		

Aufgabe 3.1.2: Die folgende Gleitkommazahl soll mit der Zahl -3.1875 addiert bzw. multipliziert werden.

V_1	E_1	M_1
0	1000 0101	1011 0001 0000 0000 0000 000

a) Welche Zahl verbirgt sich hinter der gegebenen 32-Bit Gleitkommadarstellung (**1P**)? Wandeln Sie die Zahl -3.1875 in ihre entsprechende 32-Bit Gleitkommadarstellung um (**1P**).

b) Führen Sie die Addition bzgl. der beiden Gleitkommazahlen durch (**1P**).

c) Multiplizieren Sie die beiden Zahlen in ihrer Gleitkommadarstellung (**1P**).

Aufgabe 3.1.3: Für die Aufgabe sei eine 15-Bit-Gleitkommadarstellung definiert, bei welcher 1 Bit für das Vorzeichen, 5 Bits für den Exponenten und 9 Bits für die Mantisse verwendet werden. Entsprechend dieser Definition soll die folgende Gleitkommazahl mit dem Faktor -5.625 multipliziert werden.

V_2	E_2	M_2
0	1 0100	1010 1010 0

a) Welche Zahl verbirgt sich hinter der gegebenen Gleitkommazahl (**1P**)? Stellen Sie zusätzlich den Multiplikationsfaktor -5.625 als eine 15-Bit Gleitkommazahl dar (**1P**).

b) Multiplizieren Sie die beiden Gleitkommazahlen (**1P**) und geben Sie das Ergebnis als reguläre 32-Bit Gleitkommazahl an (**1P**). Die Multiplikation soll dabei nicht im Dezimalsystem vollzogen werden!

Aufgabe 3.1.4: In dieser Aufgabe sollen Sie herausfinden, welche Zeichenkette mithilfe der folgenden Bitfolge kodiert wurde. Überführen Sie dazu die gegebene Bitfolge in das Dezimal- bzw. Hexadezimalsystem und geben Sie die zugehörigen ASCII-Zeichen an. Wie würde die Kodierung der einzelnen Zeichen aussehen, wenn sie durch die Oktaldarstellung repräsentiert werden (**5P**)?

0101 0011 0110 0101 0110 1000 0111 0010

0100 0111 0111 0101 0111 0100 0010 0001

3.2   Boolesche Algebra

Der Grundgedanke der booleschen Algebra (siehe Gumm/Sommer, Kapitel 5.2) besteht darin mathematisch formulierte Aussagen auf ihren Wahrheitsgehalt hin zu untersuchen und die mit komplexen Schaltungen einhergehende Logik formal zu begründen. Mithilfe der booleschen Umformungsaxiome können gegebene Aussagen auf die Wahrheitswerte *true* und *false* bzw. auf die Bitwerte *1* und *0* zurückgeführt werden. In der folgenden Übersicht werden die wichtigsten Umformungsregeln zusammengefasst:

$$x + 0 = x \qquad \text{Identität} \qquad x \cdot 1 = x$$
$$x + 1 = 1 \qquad \text{Null} \qquad x \cdot 0 = 0$$

$$x + x = x \qquad \text{Idempotenz} \qquad x \cdot x = x$$
$$x + y = y + x \qquad \text{Kommutativität} \qquad x \cdot y = y \cdot x$$
$$(x + y) + z = x + (y + z) \qquad \text{Assoziativität} \qquad (x \cdot y) \cdot z = x \cdot (y \cdot z)$$
$$(x + y) \cdot (x + z) = x + (y \cdot z) \qquad \text{Distributivität} \qquad (x \cdot y) + (x \cdot z) = x \cdot (y + z)$$
$$(x + y) \cdot x = x \qquad \text{Absorption} \qquad (x \cdot y) + x = x$$
$$(x + y') \cdot y = x \cdot y \qquad \text{Absorption} \qquad (x \cdot y') + y = x + y$$
$$(x + y) \cdot (x + y') = x \qquad \text{Vereinigung} \qquad (x \cdot y) + (x \cdot y') = x$$

$$(x')' = x \qquad \text{Involution}$$
$$x + x' = 1 \qquad \text{Komplement} \qquad x \cdot x' = 0$$
$$(x + y)' = x' \cdot y' \qquad \text{DeMorgan} \qquad (x \cdot y)' = x' + y'$$

Aus diesem Grundregeln können zusätzlich die Axiome der *Faktorisierung*:

$$(x + y) \cdot (x' + z) = (x \cdot z) + (x' \cdot y)$$
$$(x \cdot y) + (x' \cdot z) = (x + z) \cdot (x' + y)$$

sowie die des *Konsens* hergeleitet werden:

$$(x + y) \cdot (y + z) \cdot (x' + z) = (x + y) \cdot (x' + z)$$
$$(x \cdot y) + (y \cdot z) + (x' \cdot z) = (x \cdot y) + (x' \cdot z).$$

!   Berechnungsbeispiel

Es sei eine beliebige boolesche Algebra $\mathcal{B} = <B, \{+, \cdot, '\}, \{0, 1\}>$ mit $x \sim y = xy' + x'y$ gegeben. Folgendes soll bewiesen werden:

a) $\mathcal{B}$ ist unter Komplementbildung abgeschlossen.

zu zeigen ist: $x \sim x' = 1$

$$
\begin{aligned}
x \sim x' \quad &= xx'' + x'x' \quad && \text{Definition von } \sim \\
&= xx + x'x' \quad && \text{Involution} \\
&= x + x' \quad && \text{Idempotenz} \\
&= x + x' \quad && \text{Komplement bzgl. } + \\
&= 1
\end{aligned}
$$

b) Für $\mathcal{B}$ gilt $(x \sim y)' = (x' \sim y)$.

$$
\begin{aligned}
(x \sim y)' &= (xy' + x'y)' & \text{Definition von } \sim \\
&= (x' + y)(x + y') & \text{DeMorgan} \\
&= xx' + x'y' + xy + yy' & \text{Distributivität} \\
&= 0 + x'y' + xy + 0 & \text{Komplement} \\
&= x'y' + xy & \text{Identität} \\
&= (x')y' + (x')'y & \text{Involution} \\
&= (x' \sim y) & \text{Definition von } \sim
\end{aligned}
$$

Für weitere Beispiele sei auf das Kapitel 3.4.1 verwiesen, in welchem die Minimierung von Schaltfunktionen unter Verwendung der booleschen Umformungsaxiome diskutiert wird.

? Aufgaben

Aufgabe 3.2.1: Beweisen oder wiederlegen Sie die folgenden Aussagen mithilfe der booleschen Umformungsaxiome. Geben Sie zu jedem Schritt die jeweils verwendete Regel an!

a) $(A + B)(B'(C + AC) + B'C') = AB'$ **(1P)**.

b) $A'C + C(B' + AC') + BC = C$ **(1P)**.

c) $A(C + A'B) + C'(A + B'C) + A'B = A$ **(2P)**.

Aufgabe 3.2.2: Es sei eine beliebige boolesche Algebra $\mathcal{B}_1 = \; < B, \{+, \cdot, \prime\}, \{0, 1\} >$ mit $x \sim y = xy'$ gegeben. Beweisen oder wiederlegen Sie die folgenden Aussagen. Geben Sie die entsprechend verwendeten Umformungsregeln an.

a) $x + (y \sim x) = x + y$ **(1P)**.

b) $x \sim (x \sim y) = xy$ **(1P)**.

c) $(xy) \sim (xz) = x(y \sim z)$ **(1P)**.

d) $xz + ((x \sim z') \sim y) = xz$ **(1P)**.

e) $(x + y) \sim (x + z) = x + (y \sim z)$ **(1P)**.

f) $x \sim (y \sim z) = z \sim (x'y)$ **(1P)**.

g) $(x + y) \sim (xz') = (x \sim z') + (y \sim x)$ **(1P)**.

h) $(x \sim y) \sim (z \sim y) = (x \sim z) \sim y$ **(1P)**.

Aufgabe 3.2.3: Es sei eine beliebige boolesche Algebra $\mathcal{B}_2 = \; < B, \{+, \cdot, \prime\}, \{0, 1\} >$ mit $x \sim y = xy' + x'y$ gegeben. Beweisen oder wiederlegen Sie die folgenden Aussagen mithilfe der bekannten booleschen Umformungsaxiome. Geben Sie zu jedem Umformungsschritt die entsprechend verwendete Regel an.

a) $\mathcal{B}_2$ ist kommutativ **(1P)**.

b) $\mathcal{B}_2$ ist assoziativ **(3P)**.

c) Es gilt $(x \sim y) \sim (z \sim y) = (x \sim z)$ **(2P)**.

3.3   Umwandlung von Schaltbildern

Setzt sich eine Schaltung lediglich aus einfachen logischen Gattern wie dem AND, OR und NOT zusammen (siehe Gumm/Sommer, Kapitel 5.3.1), ist es oft von Vorteil diese auf die komplexeren Logikgatter zurückzuführen. Beispiele für komplexere Gatter sind:

$$
\begin{array}{lll}
\text{NAND} & \cong (x \cdot y)' & = (x' + y') \\
\text{NOR} & \cong (x + y)' & = (x' \cdot y') \\
\text{XOR} & \cong (xy' + x'y) & \\
\text{NXOR} & \cong (xy' + x'y)' & = xy + x'y'
\end{array}
$$

! **Berechnungsbeispiel**

Im Folgenden soll gezeigt werden, wie das nebenstehende Schaltbild so umgewandelt werden kann, sodass dieses lediglich aus $NAND$-Gattern besteht. Hierfür müssen ausgehend von der untersten Schaltungsebene schrittweise immer zwischen zwei logischen Gattern Negationen eingefügt werden. Entsprechend der Involutionsregel ($x = x''$) werden hierbei keine Änderungen an der zugehörigen Schaltfunktion vorgenommen.

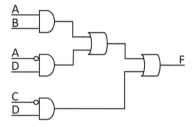

Befinden sich an beiden Eingängen eines OR-Gatters Negationen ($x' + y'$), kann das entsprechende Konstrukt in ein $NAND$ überführt werden. Dieser Schritt lässt sich auf die Anwendung der DeMorgan-Regel zurückführen.

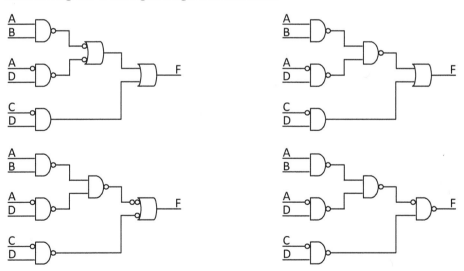

Sollen sämtliche NOR- und $NAND$-Gatter aus einem Schaltbild entfernt werden, sollten die einzelnen Gatter von der obersten hin zur untersten Schaltungsebene in AND-

bzw. OR-Gatter überführt werden. Dabei muss beachtet werden, dass die Negation der Eingänge nicht vergessen wird ($(x + y)' = x'y'$ bzw. $(xy)' = x' + y'$).

? Aufgaben

Aufgabe 3.3.1: Es sei das nebenstehende Schaltbild gegeben:

a) Formen Sie das Schaltbild so um, dass es keinerlei NAND- und NOR-Gatter mehr enthält (**1P**). Negationen, die während der Umformung an den Gattereingängen erzeugt werden, sollten falls möglich auf die Ausgänge der nachfolgenden Gatterebene angewendet werden (**1P**).

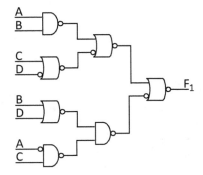

b) Geben Sie die Schaltfunktion zu Ihrem umgeformten Schaltbild an (**1P**).

Aufgabe 3.3.2: Es sei folgende Schaltfunktion gegeben:

$$F_2(A, B, C, D) = A + BC + CD' + B'C'D$$

a) Geben Sie das zugehörige Schaltbild unter Verwendung von logischen Binärgattern (mit zwei Dateneingängen) an (**1P**).

b) Wandeln Sie Ihr Schaltbild so um, dass dieses lediglich NAND- und NOR-Gatter enthält (**2P**).

3.4   Minimierung boolescher Schaltungen

Die Vereinfachung von Schaltungstermen ist eines der zentralen Themen der Technischen Informatik. Durch die Minimierung können die korrespondierenden Schaltungen auf das Notwendigste reduziert und somit die Kosten für deren Umsetzung signifikant herabgesetzt werden. Die Senkung der Gatteranzahl führt zudem zu einer Verbesserung der Signallaufzeiten. Zur Minimierung boolescher Schaltungsterme können neben den booleschen Umformungsaxiomen, die Verfahren von Karnaugh und Veitch oder von Quine und McCluskey verwendet werden. Die Basis der beiden genannten Verfahren bildet dabei die *Resolutionsregel* (auch als *Vereinigung* bekannt):

$$XY + XY' = X(Y + Y') = X$$

Diese besagt, dass zwei Funktionsterme zusammengefasst werden können, wenn sich die Terme lediglich in der Polarität eines Literales Y unterscheidet und der restliche Termanteil X identisch ist.

3.4.1   Vereinfachung mittels boolescher Umformungsaxiome

Berechnungsbeispiel

Zu der Schaltfunktion $\mathcal{F}(A, B, C, D) = ABD + BCD + A'D + AB + C'D$ soll das entsprechende Minimalpolynom $\mathcal{F}_{min}$ durch Umformung konstruiert werden. Zu jedem Umformungsschritt sollen ergänzend die jeweils verwendeten Axiome (siehe Kapitel 3.2) angegeben werden.

An dieser Stelle kann kein eindeutiges Lösungskonzept vorgegeben werden, denn die Minimierung von Schaltungstermen unter Verwendung der booleschen Umformungsaxiome folgt dem Motto: *„Viele Wege führen nach Rom"* und *„Übung macht den Meister"*. Anfänger sollten jedoch immer daran denken zunächst alle Klammerausdrücke unter Anwendung der *Distributivität* oder der *DeMorgan-Regel* aufzulösen, sodass die zu minimierenden Funktionsterme die Form unserer Beispielfunktion $\mathcal{F}$ annehmen. Das der Lösungsweg für die Vereinfachung einer Schaltfunktion über die Boolesche Algebra nicht eindeutig ist, soll am obigen Beispiel gezeigt werden.

Zunächst können die Terme ABD und AB per *Absorption* zusammengefasst werden, denn es gilt $ABD + AB = AB(D + 1) = AB$. Um den Term BCD eliminieren zu können, wird der Term $BC'D$ benötigt, welcher in $C'D$ enthalten ist. Eine mögliche Lösung wäre somit:

$$
\begin{aligned}
\mathcal{F}(A, B, C, D) &= ABD + BCD + A'D + AB + C'D \\
&= ABD + AB + A'D + BCD + C'D & \text{Kommutativität} \\
&= AB + A'D + BCD + C'D & \text{Absorption} \\
&= AB + A'D + BCD + C'D(B + 1) & \text{Identität \& Null} \\
&= AB + A'D + BCD + BC'D + C'D & \text{Distributivität} \\
&= AB + A'D + BD + C'D & \text{Vereinigung} \\
&= AB + A'D + C'D & \text{Konsens}
\end{aligned}
$$

Alternativ könnte folgender Weg gewählt werden:

$$
\begin{aligned}
\mathcal{F}(A, B, C, D) &= ABD + BCD + A'D + AB + C'D \\
&= AB + D(AB + A' + BC + C') & \text{Distributivität} \\
&= AB + D(B + A' + B + C') & \text{Absorption} \\
&= AB + D(A' + B + C') & \text{Idempotenz} \\
&= AB + A'D + BD + C'D & \text{Distributivität} \\
&= AB + A'D + C'D & \text{Konsens}
\end{aligned}
$$

Das Minimalpolynom $\mathcal{F}_{min}$ der Schaltfunktion $\mathcal{F}$ lautet demnach:

$$
\mathcal{F}_{min}(A, B, C, D) = AB + A'D + C'D
$$

Hinweis: Bei der Minimierung von Schaltungstermen unter Verwendung boolescher Umformungsaxiome, kann es hilfreich sein die gegebene Funktion in ein *KV-Diagramm* zu übertragen (siehe Abschnitt 3.4.2). Da beim Verfahren von *Karnaugh und Veitch* (siehe Gumm/Sommer, Kapitel 5.3.3) auf der Grundlage der *Resolutionsregel* benachbarte 1en zu Blöcken zusammengefasst werden und die einzelnen Blöcke die minimierten Schaltungsterme repräsentieren, kann diese Methode als Hilfestellung zur Termumformung dienen.

Werden die einzelnen Terme einer Schaltfunktion entsprechend dem *KV-Diagramm* gruppiert, können diese mittels der *Resolutionsregel* (bzw. *Vereinigung*) vereinfacht werden. Kommt ein Minterm in verschiedenen (Prim-)Implikanten vor, muss der jeweilige Term über das *Idempotenz*-Axiom dupliziert werden, sodass dieser per *Resolution* zu den besagten Implikanten vereinfacht werden kann.

? Aufgaben

Aufgabe 3.4.1.1: Die Funktionen $\mathcal{F}_1$ und $\mathcal{F}_2$ seien durch ihre Schaltbilder gegeben:

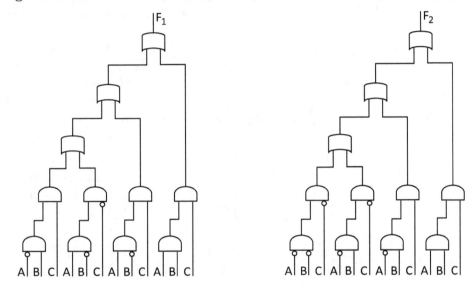

a) Lesen Sie die zu den Schaltbildern gehörenden Schaltungsterme ab und vereinfachen Sie diese soweit wie möglich mithilfe der booleschen Umformungsaxiome **(2P)**. Geben Sie zu jedem Umformungsschritt die jeweils verwendete Regel an.

b) Stellen Sie die minimierten Funktionen jeweils in einem Schaltbild dar **(2P)**.

Aufgabe 3.4.1.2: Die Funktionen $\mathcal{F}_3$ und $\mathcal{F}_4$ seien durch folgende Tabelle gegeben.

a) Geben Sie die zu $\mathcal{F}_3$ bzw. $\mathcal{F}_4$ gehörende konjunktive (KNF) und disjunktive Normalform (DNF) an **(2P)**.

b) Vereinfachen Sie die KNF von $\mathcal{F}_3$ und die DNF von $\mathcal{F}_4$ mithilfe der booleschen Umformungsregeln soweit wie möglich **(4P)**. Geben Sie ferner zu jedem Umformungsschritt die jeweils verwendete Regel an.

c) Konstruieren Sie unter Angabe einer Herleitung jeweils für $\mathcal{F}_3$ und $\mathcal{F}_4$ ein optimiertes Schaltbild **(3P)**. Den Ausgangspunkt soll dabei das entsprechende Minimalpolynom bilden. Ein Schaltbild ist optimal, wenn die Anzahl der benötigten Schaltgatter auf ein Minimum reduziert wurde.

A	B	C	D	$\mathcal{F}_3$	$\mathcal{F}_4$
0	0	0	0	1	1
0	0	0	1	1	0
0	0	1	0	0	0
0	0	1	1	0	0
0	1	0	0	1	1
0	1	0	1	1	0
0	1	1	0	0	1
0	1	1	1	1	0
1	0	0	0	0	1
1	0	0	1	0	0
1	0	1	0	1	0
1	0	1	1	1	0
1	1	0	0	0	1
1	1	0	1	1	0
1	1	1	0	1	1
1	1	1	1	1	0

3.4.2 Das Verfahren von Karnaugh und Veitch

Berechnungsbeispiel

Zu der Schaltfunktion $\mathcal{F} \colon \underline{2}^4 \to \underline{2}$, welche durch die einschlägigen Indizes 1, 3, 5, 7, 9, 12, 13, 14 und 15 gegeben ist, soll das entsprechende Minimalpolynom $\mathcal{F}_{min}$ konstruiert werden.

Hierfür müssen die vorgegebenen Indizes in ihre Binärdarstellung überführt und in einem KV-Diagramm (siehe Gumm/Sommer, Kapitel 5.3.3) dargestellt werden. Anschließend müssen Blöcke von 1en gebildet werden. Für das Minimalpolynom zählt lediglich eine minimale Anzahl von maximalen Blöcken, mit denen alle 1en im KV-Diagramm abgedeckt werden.

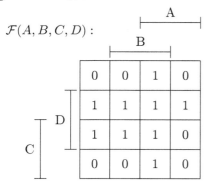

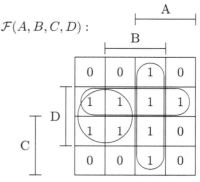

Das gesuchte Minimalpolynom lautet: $\mathcal{F}_{min}(A, B, C, D) = AB + A'D + C'D$.

! Berechnungsbeispiel

Zu der Schaltfunktion $\mathcal{G}\colon \underline{2}^5 \to \underline{2}$, welche durch die einschlägigen Indizes 0, 1, 4, 6, 9, 13, 15, 17, 25, 27 und 31 gegeben ist, soll das entsprechende Minimalpolynom $\mathcal{G}_{min}$ konstruiert werden.

$\mathcal{G}(A, B, C, D, E):$

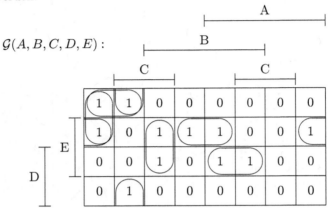

Das gesuchte Minimalpolynom lautet:

$$\mathcal{G}_{min}(A, B, C, D, E) = A'B'C'D' + A'B'CE' + A'BCE + ABDE + C'D'E$$
$$\text{oder}$$
$$\mathcal{G}_{min}(A, B, C, D, E) = A'B'D'E' + A'B'CE' + A'BCE + ABDE + C'D'E.$$

? Aufgaben

Aufgabe 3.4.2.1: Es sei das nebenstehende Schaltbild gegeben:

a) Formen Sie das Schaltbild so um, dass es keinerlei NAND- und NOR-Gatter mehr enthält **(1P)**. Negationen, die während der Umformung an den Gattereingängen erzeugt werden, sollten falls möglich auf die Ausgänge der nachfolgenden Gatterebene angewendet werden **(1P)**.

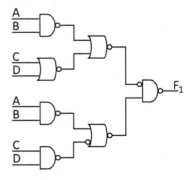

b) Geben Sie die Schaltfunktion zu Ihrem umgeformten Schaltbild an **(1P)**.

c) Übertragen Sie die Funktion $\mathcal{F}_1$ in ein KV-Diagramm und lesen Sie das zugehörige Minimalpolynom ab **(1P)**.

Aufgabe 3.4.2.2: Die Funktionen $\mathcal{F}_2$ und $\mathcal{F}_3$ seien durch folgende Tabelle gegeben.

a) Geben Sie die zu $\mathcal{F}_2$ bzw. $\mathcal{F}_3$ gehören-de konjunktive (KNF) und disjunktive Normalform (DNF) an **(2P)**.

b) Finden Sie mithilfe des Verfahrens von Karnaugh und Veitch alle Primimplikanten von $\mathcal{F}_2$ und $\mathcal{F}_3$ **(2P)**. Wie lauten die entsprechenden Minimalpolynome? Sind diese eindeutig **(2P)**?

c) Vereinfachen Sie die KNF von $\mathcal{F}_2$ und $\mathcal{F}_3$ mithilfe der booleschen Umformungsaxiome soweit wie möglich **(2P)**. Geben Sie zu jedem Umformungsschritt die jeweils verwendete Regel an.

d) Aus den KV-Diagrammen kann auch die minimierte konjunktive Normalform abgelesen werden, indem über die vorhandenen Nulleinträge die entsprechenden Blöcke gebildet werden. Leiten Sie

A	B	C	D	$\mathcal{F}_2$	$\mathcal{F}_3$
0	0	0	0	1	1
0	0	0	1	0	1
0	0	1	0	1	0
0	0	1	1	0	0
0	1	0	0	1	1
0	1	0	1	0	1
0	1	1	0	1	1
0	1	1	1	1	1
1	0	0	0	1	1
1	0	0	1	0	1
1	0	1	0	1	0
1	0	1	1	0	0
1	1	0	0	1	0
1	1	0	1	0	1
1	1	1	0	0	1
1	1	1	1	0	1

die minimierte KNF von $\mathcal{F}_2$ und $\mathcal{F}_3$ (unter Angabe aller größtmöglichen Blöcke) aus den KV-Diagrammen ab und vergleichen Sie diese mit der von Ihnen vereinfachten KNF **(1P)**.

Aufgabe 3.4.2.3: Für einen Baustein, der über insgesamt vier Eingänge (A, B, S, T) und zwei Ausgänge (U, V) verfügt, soll eine Schaltung entworfen werden, welche die nebenstehenden Funktionalitäten erfüllt.

S	T	U	V
0	0	A	B'
0	1	$A' + B$	$A\,B'$
1	0	$A + B$	$A'\,B$
1	1	A	B

a) Geben Sie die zugehörige, vollständige Schalttabelle mit allen 16 Eingabemöglichkeiten an **(1P)**.

b) Lesen Sie jeweils die zu U und V gehörende disjunktive (DNF) und konjunktive Normalform (KNF) ab **(1P)**.

c) Minimieren Sie U und V jeweils mithilfe eines KV-Diagrammes **(1P)**.

d) Setzen Sie das Minimalpolynom von U und V jeweils in einem kostengünstigen Schaltbild um und verwenden Sie dabei ausschließlich Gatter mit 2 Eingängen **(1P)**.

Aufgabe 3.4.2.4: Entwerfen Sie ein Schaltnetz, welches zu einer in der Zweierkomplementdarstellung gegebenen 4-Bit-Zahl das zugehörige Komplement ermittelt. Für die Umsetzung des Schaltnetzes stehen Ihnen lediglich AND-, OR-, und NOT-Gatter sowie Halb- und Volladdierer zur Verfügung **(2P)**. Leiten Sie die Schaltfunktionen für die einzelnen Ausgabebits her und minimieren Sie diese mithilfe des Verfahrens von Karnaugh und Veitch **(2P)**.

3.4.3   Das Verfahren von Quine und McCluskey

! Algorithmus

Die Funktionsweise des Verfahrens von Quine und McCluskey beruht auf der Anwendung der Resolutionsregel. Wenn sich also innerhalb eines Polynoms zwei Monome befinden, die sich in genau einer komplementären Variablen unterscheiden, können diese beiden Terme durch ihren gemeinsamen Anteil ersetzt werden.

Den Ausgangspunkt bildet eine Schaltfunktion $\mathcal{F}\colon \underline{2}^n \rightarrow \underline{2}$ für ein beliebiges $n \in \mathbb{N}$. Als Ausgabe wird das zu $\mathcal{F}$ gehörende Minimalpolynom $\mathcal{F}_{min}$ generiert. Der Algorithmus lässt sich dabei in zwei Phasen untergliedern, in denen verschiedene Schritte durchlaufen werden:

Phase 1: Das Finden aller Primimplikanten von $\mathcal{F}$ unter der wiederholten Anwendung der Resolutionsregel.

1. Schritt: Teile die einzelnen Minterme der disjunktiven Normalform (DNF) von $\mathcal{F}$ in Gruppen ein. Die Einteilung wird dabei anhand der Anzahl der in den Termen befindlichen negativen Literale vorgenommen.

2. Schritt: Betrachte jede mögliche Kombination von Termen aus direkt benachtbarten Gruppen und versuche die Resolutionsregel anzuwenden. Erzeuge somit verkürzte Termdarstellungen (Implikanten). Markiere die an einer Resolution beteiligten Terme. Wurden alle möglichen Kombinationen der aktuellen Iteration analysiert, repräsentieren die nicht markierten Terme die gesuchten Primimplikanten. Wiederhole diesen Schritt solange bis keine Terme mehr durch eine Resolution zusammengefasst werden können. Terme, die doppelt vorkommen dürfen in der folgenden Iteration vernachlässigt werden.

Phase 2: Das Bilden der Überdeckungsmatrix, über welche die Anzahl der gefundenen Primimplikanten auf die der essentiellen begrenzt werden kann. Da das Minimalpolynom einer Schaltfunktion $\mathcal{F}$ nicht eindeutig sein muss, stellt das Überdeckungsproblem eine NP-vollständige Aufgabe dar.

1. Schritt: Konstruiere eine Matrix A deren Zeilen i für die verschiedenen Primimplikanten P_i stehen und die Spalten j die einzelnen Minterme m_j der DNF repräsentieren. Ferner gilt, $A(i,j) = 1$ wenn m_j durch P_i dargestellt werden kann, andernfalls ist $A(i,j) = 0$.

2. Schritt: Markiere alle essentiellen Primimplikanten. Ein Primimplikant P_i ist essentiell, wenn ein Minterm m_j existiert, der ausschließlich nur durch diesen Primimplikant repräsentiert wird (in der entsprechenden Matrixspalte befindet sich nur eine 1). Der Primimplikant P_i muss demnach in das Minimalpolynom von $\mathcal{F}$ aufgenommen werden.

3. Schritt: Vereinfachung der Überdeckungsmatrix A

   a) Eliminieren von Spalten: Gilt für zwei Spalten m_k und m_l (mit $0 \leq k, l \leq$ *#Spalten in A* und $k \neq l$) komponentenweise $m_k \leq m_l$ (m_k enthält weniger oder genauso viele 1en wie m_l), so streiche m_l. Die Spalte m_l darf gestrichen werden, da jeder Primimplikant P_i, durch welchen der Minterm m_k dargestellt wird, auch den Minterm m_l repräsentiert.

b) Falls durch das Eliminieren von Spalten Zeilen übrig bleiben, in denen keine 1 mehr vorkommt, dürfen diese gestrichen werden.

c) Eliminieren von Zeilen: Gilt für zwei Zeilen P_r und P_s (mit $0 \leq r, s \leq$ #*Zeilen in* A und $r \neq s$) $P_r \geq P_s$ (P_r weist mehr oder gleichviele 1en wie P_s auf), so streiche P_s. Die Zeile P_s darf gestrichen werden, da durch den Primimplikanten P_r mehr Minterme abgedeckt werden und dieser somit leistungsfähiger bzw. kostengünstiger ist.

Wiederhole diesen Schritt solange bis nichts mehr gestrichen werden kann.

Berechnungsbeispiel

Zu der Schaltfunktion $\mathcal{F}: \underline{2}^4 \to \underline{2}$, welche durch die einschlägigen Indizes 1, 3, 5, 7, 9, 12, 13, 14 und 15 gegeben ist, soll das entsprechende Minimalpolynom $\mathcal{F}_{min}$ konstruiert werden.

Phase 1: Bestimmung aller Primimplikanten von $\mathcal{F}$.

Einteilung der Minterme:

Gr.	Minterme				binär				dezimal	
3	A'	B'	C'	D	0	0	0	1	1	x
2	A'	B'	C	D	0	0	1	1	3	x
	A'	B	C'	D	0	1	0	1	5	x
	A	B'	C'	D	1	0	0	1	9	x
	A	B	C'	D'	1	1	0	0	12	x
1	A'	B	C	D	0	1	1	1	7	x
	A	B	C'	D	1	1	0	1	13	x
	A	B	C	D'	1	1	1	0	14	x
0	A	B	C	D	1	1	1	1	15	x

1.Iteration:

Gr.	Implikanten				binär				dezimal	
2	A'	B'	-	D	0	0	-	1	1, 3	x
	A'	-	C'	D	0	-	0	1	1, 5	x
	-	B'	C'	D	-	0	0	1	1, 9	x
1	A'	-	C	D	0	-	1	1	3, 7	x
	A'	B	-	D	0	1	-	1	5, 7	x
	-	B	C'	D	-	1	0	1	5, 13	x
	A	-	C'	D	1	-	0	1	9, 13	x
	A	B	C'	-	1	1	0	-	12, 13	x
	A	B	-	D'	1	1	-	0	12, 14	x
0	-	B	C	D	-	1	1	1	7, 15	x
	A	B	-	D	1	1	-	1	13, 15	x
	A	B	C	-	1	1	1	-	14, 15	x

2.Iteration:

Gr.	Implikanten				binär				dezimal	
1	A'	-	-	D	0	-	-	1	1, 3, 5, 7	P_1
	A'	-	-	D	0	-	-	1	1, 3, 5, 7	-
	-	-	C'	D	-	-	0	1	1, 5, 9, 13	P_2
	-	-	C'	D	-	-	0	1	1, 5, 9, 13	-
0	-	B	-	D	-	1	-	1	5, 7, 13, 15	P_3
	-	B	-	D	-	1	-	1	5, 7, 13, 15	-
	A	B	-	-	1	1	-	-	12, 13, 14, 15	P_4
	A	B	-	-	1	1	-	-	12, 13, 14, 15	-

Phase 2: Bilden der Überdeckungsmatrix.

Primimplikant	1	3	5	7	9	12	13	14	15	gestr.
$A'D$ (P_1)	1	1	1	1						
$C'D$ (P_2)	1		1		1		1			
BD (P_3)			1	1			1		1	leer
AB (P_4)						1	1	1	1	
gestr.	3		3	3			9	12	12	

Das Minimalpolynom $\mathcal{F}_{min}$ der Schaltfunktion $\mathcal{F}$ lautet demnach:

$$\mathcal{F}_{min}(A, B, C, D) = AB + A'D + C'D$$

! Berechnungsbeispiel

Zu der Schaltfunktion $\mathcal{G} \colon \underline{2}^5 \to \underline{2}$, welche durch die einschlägigen Indizes 0, 1, 4, 6, 9, 13, 15, 17, 25, 27 und 31 gegeben ist, soll das entsprechende Minimalpolynom $\mathcal{G}_{min}$ konstruiert werden.

Phase 1: Bestimmung aller Primimplikanten von $\mathcal{G}$.

Einteilung der Minterme:

Gr.	Minterme					binär					dezimal	
5	A'	B'	C'	D'	E'	0	0	0	0	0	0	x
4	A'	B'	C'	D'	E	0	0	0	0	1	1	x
	A'	B'	C	D'	E'	0	0	1	0	0	4	x
3	A'	B'	C	D	E'	0	0	1	1	0	6	x
	A'	B	C'	D'	E	0	1	0	0	1	9	x
	A	B'	C'	D'	E	1	0	0	0	1	17	x
2	A'	B	C	D'	E	0	1	1	0	1	13	x
	A	B	C'	D'	E	1	1	0	0	1	25	x
1	A'	B	C	D	E	0	1	1	1	1	15	x
	A	B	C'	D	E	1	1	0	1	1	27	x
0	A	B	C	D	E	1	1	1	1	1	31	x

1.Iteration:

Gr.	Implikanten					binär					dezimal	
4	A'	B'	C'	D'	-	0	0	0	0	-	0, 1	P_1
	A'	B'	-	D'	E'	0	0	-	0	0	0, 4	P_2
3	A'	B'	C	-	E'	0	0	1	-	0	4, 6	P_3
	A'	-	C'	D'	E	0	-	0	0	1	1, 9	x
	-	B'	C'	D'	E	-	0	0	0	1	1, 17	x
2	A'	B	-	D'	E	0	1	-	0	1	9, 13	P_4
	-	B	C'	D'	E	-	1	0	0	1	9, 25	x
	A	-	C'	D'	E	1	-	0	0	1	17, 25	x
1	A'	B	C	-	E	0	1	1	-	1	13, 15	P_5
	A	B	C'	-	E	1	1	0	-	1	25, 27	P_6
0	-	B	C	D	E	-	1	1	1	1	15, 31	P_7
	A	B	-	D	E	1	1	-	1	1	27, 31	P_8

2.Iteration:

Gr.	Implikanten					binär					dezimal	
4	A'	B'	C'	D'	-	0	0	0	0	-	0, 1	P_1
	A'	B'	-	D'	E'	0	0	-	0	0	0, 4	P_2
3	A'	B'	C	-	E'	0	0	1	-	0	4, 6	P_3
2	A'	B	-	D'	E	0	1	-	0	1	9, 13	P_4
	-	-	C'	D'	E	-	-	0	0	1	1, 9, 17, 25	P_9
	-	-	C'	D'	E	-	-	0	0	1	1, 9, 17, 25	-
1	A'	B	C	-	E	0	1	1	-	1	13, 15	P_5
	A	B	C'	-	E	1	1	0	-	1	25, 27	P_6
0	-	B	C	D	E	-	1	1	1	1	15, 31	P_7
	A	B	-	D	E	1	1	-	1	1	27, 31	P_8

Phase 2: Bilden der Überdeckungsmatrix.

Primimplikant	0	1	4	6	9	13	15	17	25	27	31	gestr.
$A'B'C'D'$ (P_1)	1	1										
$A'B'D'E'$ (P_2)	1		1									
$A'B'CE'$ (P_3)			1	1								
$A'BD'E$ (P_4)					1	1						P_5
$A'BCE$ (P_5)						1	1					
$ABC'E$ (P_6)									1	1		P_8
$BCDE$ (P_7)							1				1	leer
$ABDE$ (P_8)										1	1	
$C'D'E$ (P_9)		1			1			1	1			
gestr.		17	6		17	13		17		27		

Das Minimalpolynom $\mathcal{G}_{min}$ der Schaltfunktion $\mathcal{G}$ ist an dieser Stelle nicht eindeutig. Die Primimplikanten P_3, P_5, P_8 und P_9 stellen essentielle Primimplikanten dar und müssen als solches in das Minimalpolnom aufgenommen werden. Da die Primimplikanten P_1 und P_2 jeweils den Minterm m_0 repräsentieren, aber nur einer der beiden ins Minimalpolynom aufgenommen werden darf, resultieren daraus zwei mögliche Minimalpolynome:

$$\mathcal{G}_{min}(A, B, C, D, E) = P_1 + P_3 + P_5 + P_8 + P_9$$
$$oder$$
$$\mathcal{G}_{min}(A, B, C, D, E) = P_2 + P_3 + P_5 + P_8 + P_9$$

?   ## Aufgaben

Aufgabe 3.4.3.1: Es sei die Schaltfunktion $\mathcal{F}_1 \colon \underline{2}^5 \to \underline{2}$ mit ihren einschlägigen Indizes 1, 3, 4, 5, 10, 13, 14, 15, 17, 19, 20, 21, 26, 29, 30 und 31 gegeben. Minimieren Sie die Funktion mithilfe des Verfahrens von Quine und McCluskey und geben Sie das zugehörige Minimalpolynom an (**5P**). Ist dieses eindeutig (**1P**)?

Aufgabe 3.4.3.2: Die Schaltfunktion $\mathcal{F}_2 \colon \underline{2}^5 \to \underline{2}$ sei durch ihre einschlägigen Indizes 1, 3, 5, 7, 9, 11, 13, 15, 21, 28 und 29 gegeben.

a) Minimieren Sie $\mathcal{F}_2$ mithilfe der Methode von Quine und McCluskey (**5P**).

b) Überprüfen Sie Ihr Ergebnis indem Sie die Funktion in einem KV-Diagramm darstellen, alle möglichen Primimplikanten markieren und das Minimalpolynom ablesen (**1P**).

3.5   Fehlerdiagnose und Schaltungshazards

!   ## Berechnungsbeispiel

Es soll geprüft werden, ob die Schaltfunktion $\mathcal{F}(A, B, C, D) = AB + A'C + C'D$ frei von Hazards ist (siehe Gumm/Sommer, Kapitel 5.5.4). Falls Schaltungshazards enthalten sind, sollen die entsprechenden Eingangssignale angegeben werden, bei denen die ungewollten Störungen auftreten. Die Suche nach Hazards kann auf die Signalübergänge beschränkt werden, bei denen sich lediglich ein Bit ändert.

Zunächst empfielt es sich das zugehörige KV-Diagramm aufzustellen und sämtliche Primimplikanten zu markieren. Unter der Voraussetzung, dass sich beim Wechsel der Eingabebelegungen nur ein Bit ändert, sind an den Stellen Hazards zu befürchten, an denen ein Übergang zwischen zwei im KV-Diagramm benachbarten Primimplikanten beschrieben wird. Wird dieser Übergang durch keinen dritten Primimplikant abgedeckt, kann hier eine Schwachstelle in der Schaltung gefunden werden.

Wird die Beispielfunktion in ein KV-Diagramm übertragen, wird ersichtlich, dass es sich hierbei um das Minimalpolynom von $\mathcal{F}$ handelt. Neben den gegebenen Primimplikanten kann ein vierter Primimplikant BD konstruiert werden. Da dieser nicht essentiell (alle 1en werden bereits durch die anderen abgedeckt) ist, taucht dieser auch nicht im Minimalpolynom auf. Wird $\mathcal{F}$ als Logikschaltung umgesetzt, kann an einer Stelle ein

Hazard gefunden werden. Wechseln die Eingangssignale von $A = B = C = D = 1$ auf $A = 0$ und $B = C = D = 1$ findet ein Wechsel zwischen den Primimplikanten AB und $A'D$ statt, welcher durch keinen in der gegebenen Funktion $\mathcal{F}$ enthaltenen Primimplikant abgedeckt wird. Durch die Negation des Bits A wird eine Verzögerung in der Signallaufzeit ausgelöst, durch welche die komplette Schaltung kurzzeitig auf 0 fällt. Um diesen Fehler zu eliminieren, muss der optionale Primimplikant BD in die Schaltung integriert werden, welcher den Übergang zwischen AB und $A'D$ abdeckt.

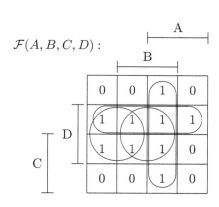

Aufgaben

Aufgabe 3.5.1: Gegeben sei folgendes Schaltbild:

a) Welche Schaltfunktion wird durch dieses Schaltbild realisiert **(1P)**? Ist diese frei von Hazards? Begründen Sie Ihre Antwort **(1P)**.

b) Nehmen Sie an, dass sich in der Schaltung maximal ein gerissener Draht zwischen den einzelnen Logikverknüpfungen befindet. Wie viele mögliche Schaltungsrisse können auftreten? Zeichnen Sie dazu sämtliche Möglichkeiten in das nebenstehende Schaltbild ein und beschriften Sie diese mit s_i, wobei i dem fortlaufenden Fehlerindex entspricht und durch die maximale Anzahl an Leitungsrissen beschränkt ist **(1P)**.

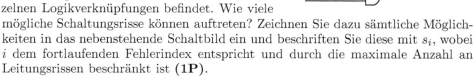

c) Sei S die Menge aller von Ihnen gekennzeichneten Schaltungsrisse. Stellen Sie zu jedem Ihrer gefundenen Risse s_i, die aus dem jeweiligen Leitungsfehler resultierende Schaltfunktion auf. Reduzieren Sie anschließend die Menge S auf die Elemente s_i, welche für einen Leitungstest von Interesse sind, um alle möglichen Fehler ausschließen zu können **(4P)**.

Aufgabe 3.5.2: Es sei nebenstehendes Schaltbild gegeben:

Finden Sie in der gegebenen Schaltung mindestens zwei Hazards oder Glitches. Geben Sie dazu jeweils die entsprechende Eingabebelegung an, bei welcher die Störung auftritt **(2P)**. Beschreiben Sie anschließend, wie die einzelnen Hazards aufgelöst werden können **(1P)**.

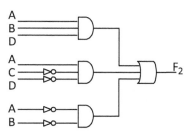

Hinweis: Es müssen lediglich Signalverläufe berücksichtigt werden, bei denen sich ein Bit verändert (z.B. 0100 geht auf 0110). Wenn Sie eine Eingabebelegung gefunden haben, zählt die Rückrichtung nicht zu den Gesuchten.

Aufgabe 3.5.3: Gegeben seien die folgenden Schaltfunktionen:

$$\mathcal{F}_3(A, B, C, D) = (A + D)'(B' + C') + A(BD + B'C'D')$$
$$+ (B' + C' + D')' + AB'CD'$$
$$\mathcal{F}_4(A, B, C, D) = (A + B' + C + D)(ABC'D)'(A' + B + C' + D')$$
$$\cdot (A + B' + C' + D)(A' + B + C + D')(ABCD)'$$

a) Vereinfachen Sie die Funktionen mithilfe der booleschen Umformungsaxiome **(2P)**.

b) Konstruieren Sie die zu den Minimalpolynomen gehörenden Schaltbilder **(2P)** und überprüfen Sie, ob diese Hazards enthalten. Begründen Sie Ihre Antwort und geben Sie ggf. die entsprechenden Eingabebelegungen an, bei welchen die Störungen auftreten **(2P)**. Die Suche nach Hazards kann auf Paare von Eingabebelegungen begrenzt werden, die sich lediglich in einem Bit unterscheiden (z.B. 0100 geht auf 0110).

3.6   Multiplexer und Demultiplexer

Berechnungsbeispiel

Die Funktion $\mathcal{F}(A, B, C, D) = AB + A'D + C'D$ soll mithilfe eines $8 : 1$ Multiplexers umgesetzt werden (siehe Gumm/Sommer, Kapitel 5.3.4). Das Problem besteht darin das $\mathcal{F}$ durch vier Literale repräsentiert wird, mit welchen 16 verschiedene Eingabesignale generiert werden können. Ein $8 : 1$ Multiplexer verfügt jedoch nur über drei Steuersignale, über welche die acht Dateneingänge des Multiplexers angesprochen werden können. Für $\mathcal{F}$ muss also eine geeignete Repräsentation gefunden werden, sodass die Schaltfunktion mit einem $8 : 1$ Multiplexer realisiert werden kann.

$\mathcal{F}(A, B, C, D):$

	A		
	B		
0	0	1	0
1	1	1	1
1	1	1	0
0	0	1	0

(D, C markiert links)

A	B	C	$\mathcal{F}$
0	0	0	?
0	0	1	?
0	1	0	?
0	1	1	?
1	0	0	?
1	0	1	?
1	1	0	?
1	1	1	?

Zu diesem Zweck wird $\mathcal{F}$ auf die drei Literale A, B und C heruntergebrochen und in Abhängigkeit zum vierten Literal D umgeformt. Die Literale A, B und C werden demnach als Steuersignale für den $8 : 1$ Multiplexer angenommen. Zur Bestimmung der zu dem $8 : 1$ Multiplexer gehörenden Eingangssignale, die in Abhängigkeit zu D formuliert werden müssen, sollte zunächst das KV-Diagramm für $\mathcal{F}$ aufgestellt werden. Zusätzlich sollte eine Funktionstabelle angelegt werden, in welcher die gesuchten Belegungen für die acht Dateneingänge des 8 : 1 Multiplexers vermerkt werden können.

Schrittweise werden nun die einzelnen Belegungsmöglichkeiten für die Steuersignale A, B und C angenommen und mithilfe des KV-Diagrammes das entsprechende Verhalten von $\mathcal{F}$ in Abhängigkeit zu D analysiert. Gilt $A = B = 0$ muss die 1. Spalte im KV-Diagramm betrachtet werden. Wenn $C = 0$ ist (entspricht den ersten beiden Zeilen im KV-Diagramm), können für D die Werte 0 oder 1 angenommen werden. Ist $D = 0$ so ist an dieser Stelle auch $\mathcal{F}(A, B, C, D) = 0$. Für $D = 1$ ergibt sich für $\mathcal{F}$ ebenfalls der Wert 1. Gilt $A = B = C = 0$ ist also das Verhalten von $\mathcal{F}$ identisch mit dem von D, sodass die Wertigkeit von D als Eingangssignal für den korrespondierenden Dateneingang des Multiplexers angenommen werden kann. Im Fall von $A = B = C = 1$ gilt immer $\mathcal{F}(A, B, C, D) = 1$, unabhängig davon welchen Wert D annimmt. An den entsprechenden Eingang des Multiplexers kann also direkt die 1 angelegt werden. Wird diese Analyse für jeden Eingang des Multiplexers durchgeführt, lässt sich die Funktionstabelle folglich vervollständigen. Die resultierenden Werte müssen abschließend noch auf den 8 : 1 Multiplexer übertragen werden.

A	B	C	$\mathcal{F}$
0	0	0	D
0	0	1	D
0	1	0	D
0	1	1	D
1	0	0	D
1	0	1	0
1	1	0	1
1	1	1	1

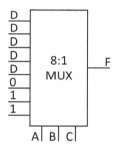

Aufgaben

Aufgabe 3.6.1: Es sei die Schaltfunktion $\mathcal{F}_1: \underline{2}^4 \to \underline{2}$ mit den einschlägigen Indizes 0, 1, 4, 5, 9, 11, 13, 14, und 15 gegeben.

a) Minimieren Sie $\mathcal{F}_1$ mithilfe des Verfahrens von Karnaugh und Veitch **(1P)**.

b) Realisieren Sie das Minimalpolynom von $\mathcal{F}_1$ mithilfe eines 8 : 1 Multiplexers **(2P)**.

Aufgabe 3.6.2: Es sei die Schaltfunktion $\mathcal{F}_2: \underline{2}^4 \to \underline{2}$ mit den einschlägigen Indizes 1, 3, 4, 6, 7, 9, 11, 14 und 15 gegeben.

a) Minimieren Sie $\mathcal{F}_2$ mithilfe des Verfahrens von Quine und McCluskey **(4P)**.

b) Nutzen Sie einen Demultiplexer um die minimierte Schaltfunktion als Logikschaltung umzusetzen **(1P)**.

c) Stellen Sie das Minimalpolynom von $\mathcal{F}_2$ mit einem Multiplexer dar, welcher über 8 Dateneingänge und 3 Steuersignale verfügt **(2P)**.

Aufgabe 3.6.3: Die Funktion $\mathcal{F}_3$ sei durch folgendes Konstrukt gegeben:

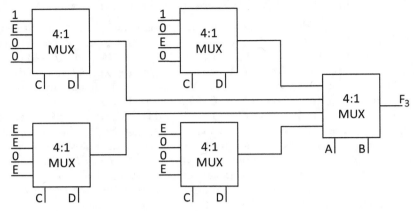

a) Übertragen Sie die Funktion in ein KV-Diagramm und gegeben Sie das Minimalpolynom an **(2P)**. Ist dieses eindeutig **(1P)**?

b) Bauen Sie $\mathcal{F}_3$ mit DEC-Bausteinen nach. Es stehen Ihnen dabei lediglich vier $3:8$
   und ein $2:4$ Demultiplexer zur Verfügung **(2P)**.

3.7   Logik-Gitter

!   **Berechnungsbeispiel**

Für ein PLA (siehe Gumm/Sommer, Kapitel 5.3.9) seien folgende Gitterbausteine mit
der entsprechenden Kennung definiert:

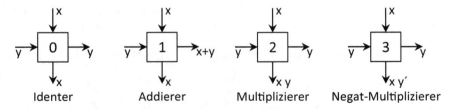

Zudem gilt, dass in der UND-Ebene eines PLAs ausschließlich Identer und Multiplizierer (die Bausteine 0, 2 und 3) und in der $ODER$-Ebene lediglich Identer und Addierer
(die Bausteine 0 und 1) verwendet werden dürfen.

In diesem Beispiel soll ein PLA konstruiert werden, welches die folgenden Schaltfunktionen realisiert:

$$\mathcal{F}(A, B, C, D, E) = A'CDE' + BE' + ACD' + BC'D$$
$$\mathcal{G}(A, B, C, D, E) = ABC'DE' + AD + B'C'E' + B'DE'$$

In der UND-Ebene müssen zunächst sämtliche Implikanten gebildet werden. Exemplarisch soll dies anhand des Terms $A'CDE'$ beschrieben werden. Da das Literal A und E für diesem Term negiert werden muss, muss hier jeweils der Negat-Multiplizierer (3) im PLA platziert werden. Das Literal B kommt in diesem Term nicht vor, wodurch der Identer (0) verwendet werden muss. Für die beiden Literale C und D kommt der einfache Multiplizierer (2) infrage, da diese nicht negiert werden müssen. Da der Term $A'CDE'$ nur in $\mathcal{F}$ vorkommt, muss in der $ODER$-Ebene an entsprechender Stelle ein Addierer (1) gesetzt werden. In der Zeile, welche die Funktion $\mathcal{G}$ repräsentiert, muss ein Identer (0) eingefügt werden, da dieser Term in $\mathcal{G}$ nicht enthalten ist. Die anderen Funktionsterme müssen nach dem gleichen Prinzip umgesetzt werden. Insgesamt lässt sich so folgenden PLA konstruieren:

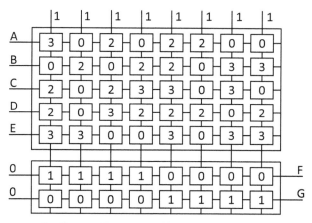

Aufgaben

Aufgabe 3.7.1: Die Schaltfunktionen $\mathcal{F}_1$ und $\mathcal{F}_2$ seien durch folgendes PLA gegeben:

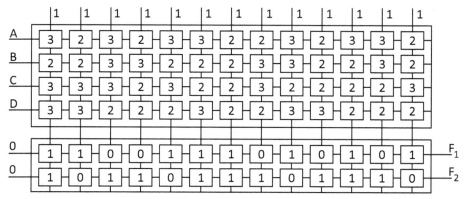

Lesen Sie die einzelnen Funktionsterme ab und minimieren Sie diese mithilfe der booleschen Umformungsaxiome soweit wie möglich (**2P**). Geben Sie zu jedem Umformungsschritt die jeweils verwendete Umformungsregel an. Überprüfen Sie im Anschluss Ihre Ergebnisse, indem Sie die Funktionen in jeweils einem KV-Diagramm eintragen (**2P**).

Aufgabe 3.7.2: Bestimmen Sie mit dem Verfahren von Quine und McCluskey ein Minimalpolynom für die Schaltfunktion $\mathcal{F}_3\colon \underline{2}^5 \to \underline{2}$ mit den einschlägigen Indizes 1, 3, 11, 16, 17, 23, 27 und 31 **(3P)**. Stellen Sie das Minimalpolynom als PLA dar **(1P)**.

Aufgabe 3.7.3: Programmieren Sie ein PLA, welches zu dem Gray-Code einer 4-stelligen Binärzahl N, den 4-stelligen Gray-Code von $N+1$ liefert. Bei der Eingabe des zu der Zahl 15 gehörenden Gray-Codes, soll der von 0 ausgegeben werden. Der Gray-Code für die Zahlen 0 bis 15 sei wie folgt definiert:

	0	1	2	3	4	5	6	7	8	9	10	11	12	13	14	15
A	0	0	0	0	0	0	0	0	1	1	1	1	1	1	1	1
B	0	0	0	0	1	1	1	1	1	1	1	1	0	0	0	0
C	0	0	1	1	1	1	0	0	0	0	1	1	1	1	0	0
D	0	1	1	0	0	1	1	0	0	1	1	0	0	1	1	0

a) Vereinfachen Sie die Ausgabefunktionen soweit wie möglich. Verwenden Sie dazu KV-Diagramme und geben Sie die entsprechenden Minimalpolynome an **(4P)**.

b) Stellen Sie die minimierten Funktionsausdrücke in einem PLA dar **(1P)**.

Aufgabe 3.7.4: Mithilfe eines PLAs soll eine 7-Segment-Anzeige programmiert werden, sodass diese in der Lage ist 10 verschiedene Buchstaben darzustellen. Die jeweiligen Buchstaben können über die vorgegebene 4-Bit-Kodierung ausgewählt werden:

A (0000), C (0001), E (0010), F (0011), H (0100),
I (0101), L (0110), O (0111), P (1000), U (1001).

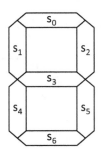

a) Leiten Sie für die einzelnen Segmente der Leuchtanzeige (S_0 bis S_6) die jeweilige Schaltfunktion her und minimieren Sie diese mittels des Verfahrens von Karnaugh und Veitch **(6P)**.

b) Tragen Sie die bestimmten Minimalpolynome in einem PLA ein **(1P)**. Versuchen Sie dabei das PLA möglichst kompakt zu gestalten, sodass die in der UND-Ebene erzeugten Terme optimal für die Repräsentation der einzelnen Schaltfunktionen ausgenutzt werden **(1P)**.

3.8   CMOS Schaltungen

!   Berechnungsbeispiel

Zu der Schaltfunktion $\mathcal{F}\colon \underline{2}^4 \to \underline{2}$, welche durch die einschlägigen Indizes 1, 3, 5, 7, 9, 12, 13, 14 und 15 gegeben ist, soll eine kostengünstige CMOS-Schaltung (siehe Gumm/Sommer, Kapitel 5.4) entwickelt werden.

Für die Konstruktion einer kostengünstigen CMOS-Schaltung muss die Schaltfunktion $\mathcal{F}$ zunächst minimiert werden (siehe Abschnitt 3.4). Das zugehörige Minimalpolynom

$$\mathcal{F}_{min}(A,B,C,D) = AB + A'D + C'D$$

bildet den Ausgangspunkt für die Realisierung der geforderten CMOS-Schaltung. Hierfür müssen zunächst die Funktionsterme für den *pull-up* (*p*-MOS) und *pull-down* Teil (*n*-MOS) aufgestellt werden. Für $\mathcal{F}_{pmos}(A,B,C,D)$ muss lediglich eine Invertierung der einzelnen in $\mathcal{F}_{min}$ enthaltenden Literale vollzogen werden. Für $\mathcal{F}_{nmos}(A,B,C,D)$ muss der gesamte Funktionsterm $\mathcal{F}_{min}$ negiert werden. Somit ergeben sich folgende Funktionen:

$$\begin{aligned}
\mathcal{F}_{pmos}(A,B,C,D) &= \mathcal{F}_{min}(A',B',C',D') \\
&= A'B' + AD' + CD' \\
\mathcal{F}_{nmos}(A,B,C,D) &= \mathcal{F}_{min}(A,B,C,D)' \\
&= (AB + A'D + C'D)' \\
&= (A'+B')(A+D')(C+D'),
\end{aligned}$$

aus welchen die CMOS-Schaltung in Abbildung 3.1a mit insgesamt 18 Transistoren hervorgeht.

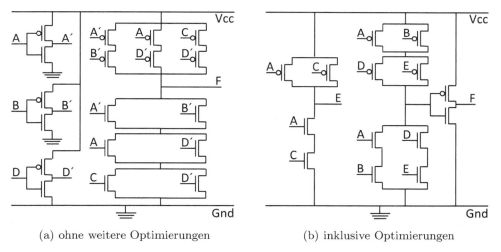

(a) ohne weitere Optimierungen   (b) inklusive Optimierungen

Abb. 3.1: Die Umsetzung der Beispielfunktion als kostengünstige CMOS-Schaltung.

Doch ist diese Schaltung kostengünstig? In vielen Fällen können durch

- die Anwendung der Distributivregel

- das Filtern von NAND- und NOR-Termen sowie

- durch die Umsetzung von $\mathcal{F}_{min}'$

weitere Optimierungen am Schaltbild vorgenommen bzw. Transistoren eingespart werden, was anhand des Beispiels veranschaulicht werden soll.

Zunächst kann das Minimalpolnom von $\mathcal{F}$ mithilfe der Distributivität zu

$$\mathcal{F}_{min}(A, B, C, D) = AB + D(A' + C')$$

umgeformt werden. Wird die Negation aus dem Term $E = (A' + C') = (AC)'$ herausgezogen, kann dieser durch ein NAND dargestellt werden. $\mathcal{F}_{min}$ ist nun von der Form

$$\mathcal{F}_{min}(A, B, C, D) = AB + DE.$$

Die Umsetzung des *pull-up* und *pull-down* Anteils erfordert die Invertierung der einzelnen Literale sowie die Negation der gesamten Funktion. Daher sind Inverter für A, B, D und E vonnöten. Um die Anzahl der Inverter zu minimieren, sollte hier anstatt $\mathcal{F}_{min}$ die Funktion $\mathcal{F}_{min}'$ als CMOS-Schaltung realisiert und ein Inverter nachgeschaltet werden, sodass wir letztlich wieder $\mathcal{F}_{min}$ erhalten. Allgemein kann festgehalten werden, dass wenn ein Funktionsterm mehr positive Literale als negative beinhaltet, sich die Negation der Funktion und deren Umsetzung lohnt. Im vorliegenden Beispiel ergeben sich nun folgende Terme für die CMOS-Schaltung:

$$\begin{aligned}
\mathcal{F}_{pmos}(A, B, C, D)' &= \mathcal{F}_{min}(A', B', C', D')' \\
&= (A'B' + D'E')' \\
&= (A + B)(D + E) \\
\mathcal{F}_{nmos}(A, B, C, D)'' &= \mathcal{F}_{min}(A, B, C, D)'' \\
&= (AB + DE)'' \\
&= (AB + DE).
\end{aligned}$$

Abbildung 3.1b zeigt die optimierte und damit kostengünstigste CMOS-Variante zur Schaltfunktion $\mathcal{F}$, bei welcher zusätzlich 4 Transistoren eingespart werden konnten.

? Aufgaben

Aufgabe 3.8.1: Geben Sie einen CMOS-Schaltkreis an, welcher die XOR-Verknüpfung realisiert **(2P)**.

Aufgabe 3.8.2: Es sei die Schaltfunktion $\mathcal{F}_1(A, B, C, D) = A'BC'D' + A'C'D + B'C'D' + A'BC' + AB'C'D$ gegeben. Vereinfachen Sie $\mathcal{F}_1$ mittels des Verfahrens von Karnaugh und Veitch und setzen Sie das Minimalpolynom von $\mathcal{F}_1$ als CMOS-Schaltung um **(3P)**.

Aufgabe 3.8.3: Gegeben sei die Funktion $\mathcal{F}_2 : \underline{2}^5 \to \underline{2}$ mit den einschlägigen Indizes 1, 3, 7, 9, 13, 17, 21, 23, 25, 29 und 31.

a) Minimieren Sie die Funktion mithilfe des Verfahrens von Quine und McCluskey soweit wie möglich **(2P)**.

b) Überprüfen Sie Ihr berechnetes Minimalpolynom, indem Sie die gegebene Schaltfunktion in einem KV-Diagramm darstellen und sämtliche Primimplikanten markieren **(2P)**.

c) Geben Sie eine kostengünstige CMOS-Variante an **(3P)**.

Aufgabe 3.8.4: Es sei die Schaltfunktion $\mathcal{F}_3(A, B, C, D) = A'B'C + ACD + ABC' + BC + A'BC'D'$ gegeben. Vereinfachen Sie diese Funktion soweit wie möglich und setzen Sie das Minimalpolynom als CMOS-Schaltung (die Angabe der entsprechenden Terme genügt) um (**2P**). Versuchen Sie dabei möglichst viele Transistoren einzusparen (**1P**).

Aufgabe 3.8.5: Es seien die Schaltfunktionen $\mathcal{F}_4(A, B, C, D) = B'CD' + A'B'(C + D) + AB'CD' + C'(A'B + (B + D)')$ und $\mathcal{F}_5 : \underline{2}^4 \to \underline{2}$ mit den einschlägigen Indizes 0, 1, 4, 6, 7, 8, 9, 14 und 15 gegeben.

a) Minimieren Sie die Schaltfunktionen $\mathcal{F}_4$ und $\mathcal{F}_5$ soweit wie möglich mithilfe eines Verfahrens Ihrer Wahl und geben Sie das entsprechende Minimalpolynom an (**2P**).

b) Stellen Sie das Minimalpolynom von $\mathcal{F}_4$ und $\mathcal{F}_5$ jeweils mittels einer CMOS-Schaltung (die Angabe der entsprechenden Terme genügt) dar (**4P**). Versuchen Sie dabei pro Schaltung möglichst viele Transistoren einzusparen (**2P**).

Aufgabe 3.8.6: Es sei die Funktion $\mathcal{F}_6 : \underline{2}^4 \to \underline{2}$ durch ihre einschlägigen Indizes 1, 3, 5, 7, 9, 10, 11, 14 und 15 gegeben.

a) Stellen Sie die zu $\mathcal{F}_6$ gehörige Schalttabelle auf und leiten Sie daraus die disjunktive Normalform (DNF) für $\mathcal{F}_6$ ab (**1P**).

b) Vereinfachen Sie die DNF mithilfe der booleschen Umformungsaxiome soweit wie möglich (**2P**). Geben Sie zu jedem Schritt die jeweils verwendete Umformungsregel an. Überprüfen Sie Ihr Ergebnis indem Sie $\mathcal{F}_6$ in ein KV-Diagramm überführen.

c) Konstruieren Sie ein minimales Schaltbild mit binären Logikgattern, welches $\mathcal{F}_6$ repräsentiert (**1P**).

d) Erstellen Sie für $\mathcal{F}_6$ einen kostengünstigen CMOS-Schaltkreis (**2P**).

Aufgabe 3.8.7: Für einen Baustein, der über insgesamt vier Eingänge (A, B, S, T) und zwei Ausgänge (U, V) verfügt, soll eine Schaltung entworfen werden, welche nebenstehende Funktionalitäten erfüllt.

S	T	U	V
0	0	A	$A \text{ or } B$
0	1	$A \text{ and } B'$	$A \text{ nor } B$
1	0	$A' \text{ nand } B$	$A' \text{ xor } B$
1	1	A'	$A \text{ nxor } B$

a) Geben Sie die zugehörige, vollständige Schalttabelle an (**1P**).

b) Lesen Sie jeweils die zu U und V gehörende disjunktive (DNF) und konjunktive Normalform (KNF) ab (**1P**).

c) Minimieren Sie die Funktionen U und V mithilfe des Verfahrens von Karnaugh und Veitch. Nennen und markieren Sie alle möglichen Primimplikanten (**1P**) und geben Sie das Minimalpolynom an (**1P**).

d) Realisieren Sie das Minimalpolynom von U und V jeweils mithilfe einer CMOS-Schaltung (**2P**). Achten Sie darauf die Schaltungen möglichst kostensparend umzusetzen (**1P**). An dieser Stelle genügt die Angabe der jeweiligen CMOS-Terme.

3.9   Sequentielle Schaltungen

Berechnungsbeispiel

Die nebenstehende Hardware-Schaltung stellt eine Implementierung eines AB-Flip-Flops auf der Basis eines RS-Flip-Flops (siehe Gumm/Sommer, Kapitel 5.5) dar. Über eine Schaltungsanalyse soll die zugehörige Funktionstabelle aufgestellt und die Unterschiede zum RS-Flip-Flop herausgearbeitet werden. Über A und B können insgesamt 4

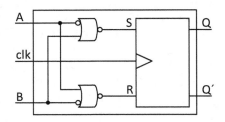

verschiedene Signaleingaben generiert werden. Gilt $A = 0$, wird dieser Wert am oberen NOR-Gatter negiert. Egal welchen Wert B annimmt, solange $A = 0$ gilt, wird an an den Eingang S der Wert 0 geliefert. Der Wert von S geht nur auf 1, wenn $A = 1$ und $B = 0$. Ähnliches ergibt sich für die Belegung von R. Die Änderungen im Schaltbild sind nur aktiv, wenn das clk-Signal auf 1 gesetzt ist. Entspricht dieses dem Wert 0, wird im AB-Flip-Flop der Wert von Q gehalten. Das Flip-Flop befindet sich demnach im Speichermodus. Folgende Tabelle gilt für $clk = 1$:

A	B	Q^{n+1}	
0	0	Q^n	(Speichern/Halten)
0	1	0	(Reset)
1	0	1	(Set)
1	1	Q^n	(Speichern/Halten)

Der Unterschied zum einfachen RS-Flip-Flop besteht darin, dass für $A = B = 1$ der Zustand des Speicherns definiert ist und kein illegales Verhalten hervorgerufen wird.

Berechnungsbeispiel

Es soll ein 3-Bit Binärzähler entworfen werden, welcher die Zahlenfolge 0, 1, 3, 7, 6, 5 zyklisch wiedergibt. Die Schaltung des 3-Bit Binärzählers soll mithilfe von 3 D-Flip-Flops realisiert werden. Für die Umsetzung soll zunächst die Zustandsübergangstabelle angegeben und daraus die einzelnen minimalen Funktionsterme für die Ausgänge der Flip-Flops hergeleitet werden.

Mithilfe von 3 Bits könnten auch die Zahlen 2 und 4 dargestellt werden. Da diese Werte in der gegebenen Zahlenfolge nicht vorkommen, können die entsprechenden Signaleingaben in der Zustandsübergangstabelle vernachlässigt und bei der Minimierung der Schaltungsterme als *don't care*-Einträge gekennzeichnet werden. Es ergibt sich also folgende Funktionstabelle, aus welcher die gesuchten Schaltfunktionen abgeleitet und mittels KV-Diagrammen minimiert werden können (Q_0, Q_1 und Q_2 entsprechen dabei den einzelnen Zustandsmöglichkeiten der zur Verfügung stehenden D-Flip-Flops):

Q_0^n	Q_1^n	Q_2^n	Q_0^{n+1}	Q_1^{n+1}	Q_2^{n+1}	
0	0	0	0	0	1	(Wechsel von 0 auf 1)
0	0	1	0	1	1	(Wechsel von 1 auf 3)
0	1	1	1	1	1	(Wechsel von 3 auf 7)
1	1	1	1	1	0	(Wechsel von 7 auf 6)
1	1	0	1	0	1	(Wechsel von 6 auf 5)
1	0	1	0	0	0	(Wechsel von 5 auf 0)

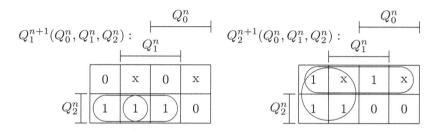

$$Q_0^{n+1}(Q_0^n, Q_1^n, Q_2^n) = Q_1^n \text{(kann dirket aus der Tabelle abgelesen werden)}$$
$$Q_1^{n+1}(Q_0^n, Q_1^n, Q_2^n) = Q_0^{n\prime}Q_2^n + Q_1^n Q_2^n = Q_2^n(Q_0^{n\prime} + Q_1^n)$$
$$Q_2^{n+1}(Q_0^n, Q_1^n, Q_2^n) = Q_0^{n\prime} + Q_2^{n\prime} = (Q_0^n Q_2^n)^\prime$$

? Aufgaben

Aufgabe 3.9.1: Die folgende Schaltung zeigt eine 1-Bit-Speicherzelle, wie sie in größeren Speichermatrizen vorkommt.

a) Stellen Sie die zum Schaltbild gehörende Funktionstabelle auf, aus welcher hervorgeht, für welche Zustände von X, Y und D der Ausgang des RS-Flip-Flops logisch gesehen auf 0 bzw. auf 1 gesetzt wird **(2P)**.

b) Über welche Leitung wird der zu speichernde Wert an die Speicherzelle übertragen und über welche kann dieser ausgelesen werden? Welche Bedingung muss erfüllt sein, damit die Speicherzelle beschrieben werden kann **(1P)**?

Aufgabe 3.9.2: Erweitern Sie ein RS-Flip-Flop, welches aus NAND-Gattern besteht, sodass beim Erreichen des illegalen Zustands das RS-Flip-Flop zurückgesetzt wird.

a) Geben Sie die zu der geforderten Modifikation gehörende Schalttabelle an **(1P)** und leiten Sie daraus das entsprechend abgeänderte Schaltbild her **(2P)**.

b) Versuchen Sie Ihren Schaltungsentwurf dahingehend umzubauen, dass dieser nur noch NOR-Gatter enthält **(2P)**.

Aufgabe 3.9.3: Gegeben sei die folgende Schaltung mit getakteten RS-Flip-Flops.

Die Ausgänge Q_2 und Q_3 werden über ein XOR-Gatter auf das erste RS-Flip-Flop zurückgeführt. Als Ausgangssituation gilt:

$$Q_1 = 1 \text{ und } Q_2 = Q_3 = 0$$

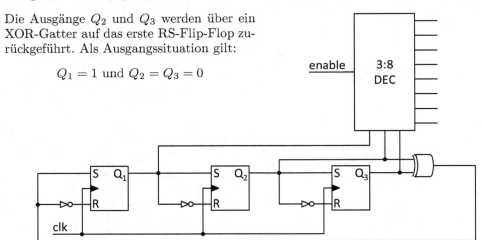

Analysieren Sie die Schaltung und zeichnen Sie die zeitlichen Signalverläufe für Q_1, Q_2 und Q_3 für die ersten 10 Takte im nachfolgenden Zeitdiagramm ein (**4P**). Die Signallaufzeiten der einzelnen Bauelemente dürfen dabei vernachlässigt werden. Geben Sie ferner die korrekte Reihenfolge der Ausgänge des $3:8$-Decoders an, in welche diese freigeschaltet werden (**1P**).

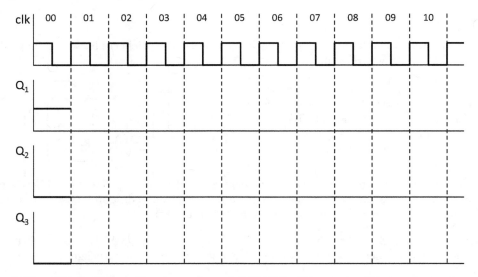

Aufgabe 3.9.4: Bauen Sie ein gesteuertes RS-Flip-Flop unter Verwendung eines D-Flip-Flops nach. Geben Sie zunächst die Schalttabelle an, durch welche die entsprechende Funktionalität wiedergegeben wird (**1P**). Minimieren Sie anschließend die Eingangsfunktion des D-Flip-Flops soweit wie möglich (**1P**) und zeichnen Sie die resultierende Schaltung für das gesteuerte RS-Flip-Flop (**2P**).

Aufgabe 3.9.5: Es sei folgender Baustein mit zugehöriger Schalttabelle gegeben:

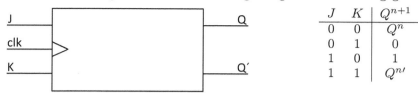

J	K	Q^{n+1}
0	0	Q^n
0	1	0
1	0	1
1	1	$Q^{n\prime}$

a) Geben Sie die vollständige Schalttabelle zum gegebenen Baustein sowie die zu Q^{n+1} gehörende disjunktive (DNF) und konjunktive Normalform (KNF) an **(1P)**.

b) Wie lauten die Minimalpolynome von Q^{n+1} und $Q^{(n+1)\prime}$ **(1P)**?

c) Geben Sie die interne Schaltung des Bausteins unter Verwendung von elementaren Logikgattern mit maximal 2 Signaleingängen wieder **(1P)**.

d) Stellen Sie die Funktionalität des Bausteins mithilfe eines RS-Flip-Flops dar **(1P)**. Versuchen Sie die Schaltung auf das Notwendigste zu beschränken **(1P)**. Beschreiben Sie Ihre Herangehensweise **(1P)**.

3.10   Zustandsautomaten

Berechnungsbeispiel

Bevor eine Schaltung, die bei Eingabe einer Binärzahl entscheidet, ob es sich dabei um eine positive, durch 4 teilbare Dezimalzahl handelt, realisiert wird, soll ein entsprechender Zustandsautomat (siehe Gumm/Sommer, Kapitel 5.5.7) konstruiert werden.

Ganz allgemein empfielt es sich bei derartigen Aufgabenstellungen zunächst die ersten Minimalwörter, also die Bitfolgen, die von dem zu erstellenden Automaten akzeptiert werden sollen, aufzulisten. Hinsichtlich der Beispielaufgabe ergeben sich folgende Minimalwörter:

$$(100)_2 = (4)_{10}$$
$$(1000)_2 = (8)_{10}$$
$$(1100)_2 = (12)_{10}$$
$$(10000)_2 = (16)_{10}$$
$$(10100)_2 = (20)_{10}$$
$$(11000)_2 = (24)_{10}$$
$$(11100)_2 = (28)_{10}$$

Da die Wertigkeiten der einzelnen Bits innerhalb einer Bitfolge auf eine Zweierpotenz 2^n mit $n \in \mathbb{N}$ zurückgeführt werden können und für alle Zweierpotenzen mit $n \geq 2$ die Teilbarkeit durch 4 gegeben ist (es gilt $2^n = 2^{n-2} \cdot 2^2 = 2^{n-2} \cdot 4$), müssen alle vom Automat zu akzeptierenden Binärwörter auf 00 enden. Aus der Binärdarstellung der

Dezimalzahl 4 wird ersichtlich, dass der Automat mindestens drei Zustände enthält. Ein vierter Zustand wird benötigt, um eine beliebig lange Aneinanderreihung von 1en (siehe Binärdarstellung von 12 und 28) oder eine alternierende Folge von 0en und 1en (siehe Binärdarstellung der Dezimalzahl 20) erkennen zu können. Es läßt sich also folgender endlicher Automat konstruieren:

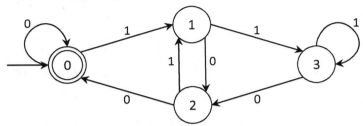

Besteht die Aufgabe darin einen Automaten zu generieren, welcher die Teilbarkeit bzgl. einer natürlichen Zahl n feststellt, kann auch die Betrachtung der Restklassen nützlich sein. Die Anzahl der im Automaten befindlichen Zustände ist dabei durch den Teiler n definiert. Jeder einzelne Zustand entspricht einer Restklasse, welche sich aus der Berechnung von m *modulo* n ergibt, wobei m einer beliebigen Zahl entspricht. Dieser Ansatz würde ebenfalls zu obigen Ergebnis führen.

Um Verwirrung zu stiften wird bei derartigen Aufgabenstellung die Bedingung für das Akzeptieren eines Eingabewortes oft so formuliert, dass imgrunde genau das Gegenteil vom Automaten erkannt werden soll. Als Beispiel sei hier die Suche nach einem Automaten genannt, welcher alle Binärzahlen akzeptiert, die *nicht* durch 4 teilbar sind. In einem solchen Fall müssen lediglich die Endzustände invertiert werden. Bezogen auf das Beispiel bedeutet dies, dass der Automat für die Teilbarkeit durch 4 aufgestellt und die Zustände 1, 2 und 3 als Endzustände deklariert werden müssten. Der Startzustand 0 ist in diesem Fall kein Endzustand, da hier alle Binärwörter hinführen, die eine durch 4 teilbare Dezimalzahl repräsentieren.

? Aufgaben

Aufgabe 3.10.1: Gesucht ist ein endlicher Automat, welcher alle Wörter über dem Alphabet $\mathcal{A} = \{0,\ 1\}$ akzeptiert, ...

a) ... in denen 00 als Teilwort enthalten ist **(1P)**.

b) ... die entweder nur 0-en oder 1-en enthalten **(1P)**.

c) ... die 11 oder 00 als Teilwort enthalten und auf 10 enden **(2P)**.

d) ... die der Binärdarstellung einer durch sechs teilbaren positiven Zahl entsprechen **(3P)**.

Aufgabe 3.10.2: Entwerfen Sie einen Zustandsautomaten für einen 2-Bit-Gray-Code-Zähler mit einem Steuersignal A. Für $A = 0$ soll der Zähler taktweise, zyklisch die Folge $00, 01, 11, 10$ und für $A = 1$ die Binärfolge $00, 10, 11, 01$ ausgeben **(2P)**. Berücksichtigen Sie bei der Umsetzung das Taktsignal T **(1P)**.

3.11   Assemblerprogrammierung

!

Berechnungsbeispiel

Zur Orientierung soll an dieser Stelle lediglich ein Codefragment zur Berechnung des *größten, gemeinsamen Teilers* (ggT) zwischen zwei Dezimalzahlen aufgeführt werden. Auf nähere Erläuterungen (siehe Gumm/Sommer, Kapitel 5.7) wird dabei verzichtet. Im Beispiel wird der ggT zwischen den Zahlen 504 und 210 bestimmt, welche in den Registern EAX bzw. EBX zu finden sind.

```
                        ...
   start:                                     ; ggT von 504 und 210
                   MOV    EAX, 504            ; Anfangswert
                   MOV    EBX, 210            ; Anfangswert
   schleife:
                   CMP    EAX, EBX            ; Vergleich
                   JZ     ausgabe            ; Bedingter Sprung (wenn gleich)
                   JB     EAX_below_EBX      ; Bedingter Sprung (EAX < EBX)
                   SUB    EAX, EBX            ; EAX = EAX - EBX
                   JMP    schleife           ; Unbedingter Sprung
   EAX_below_EBX:
                   SUB    EBX, EAX            ; EBX = EBX - EAX
                   JMP    schleife           ; Unbedingter Sprung
   ausgabe:
                        ...
```

?

Aufgaben

Aufgabe 3.11.1: Im Folgenden sollen von Ihnen Assembler-Codefragmente entwickelt werden, mit denen ...

a) ... eine im Register *AX* befindliche Zahl mit 3 multipliziert werden kann, ohne dabei die Befehle *MUL* oder *IMUL* zu verwenden. Versuchen Sie dies so umzusetzen, dass Sie lediglich ein zusätzliches Register zu Ihren Berechnungen heranziehen und alle anderen Register unberührt lassen (**1P**). Halten Sie Ihr Codefragment so kurz wie möglich und schreiben Sie am Ende der Berechnungen, den ursprünglichen Wert in das von Ihnen verwendete Hilfsregister zurück (**1P**).

b) ... die Modulo-Berechnung (über die ganzzahligen Werte in den registern *EAX* und *ECX*) nachempfunden werden kann. Das Ergebnis soll in *EAX* geschoben werden (**2P**). Achten Sie darauf relevante Register, die für die Berechnungen benötigt werden, auf geeignete Art und Weise zu initialisieren. Alle verwendeten Register (ausgenommen *EAX* und *ECX*) sollen am Ende wieder mit ihren ursprünglichen Werten belegt werden (**1P**).

c) ... der Satz des Pythagoras auf die in den Registern *AX* und *BX* befindlichen Werte angewendet werden kann. Das Resultat soll im Register *AX* gespeichert werden. Alle anderen Register sollen nach den Berechnungen mit ihren ursprünglichen Werten versehen werden (**2P**).

d) ... zwei gegebene 32-Bit-Zahlen addiert werden können. Setzen Sie die Addition mithilfe einer Prozedur um. Die zu addierenden Zahlen stehen in den Registern $AX : BX$ und $CX : DX$. Das Additionsergebnis soll in $AX : BX$ abgelegt werden. Alle übrigen Register befinden sich nach der Ausführung in Ihrem Ausgangszustand (**1P**).

e) ... eine im Register AX befindliche Zahl quadriert werden kann. Dies soll ohne die Verwendung der Befehle MUL bzw. $IMUL$ und innerhalb einer Prozedur erfolgen. Nach der Ausführung sollen alle anderen Register ihre ursprünglichen Werte erhalten (**3P**).

Kommentieren Sie Ihre Codefragmente und geben Sie jeweils ein geeignetes Berechnungsbeispiel an (**1P**).

Aufgabe 3.11.2: Erläutern Sie was mit dem folgenden Programmfragment berechnet wird, indem Sie die einzelnen Anweisungen mit entsprechenden Kommentaren versehen und am Ende das berechnete Ergebnis sowie die Berechnungsformel in einer allgemeinen Form angeben (**3P**). Könnte das Programm optimiert werden? Geben Sie ggf. den verbesserten Assembler-Code an (**1P**).

```
            MOV   ECX, 3
            MOV   EBX, 4
            MOV   EAX, 1
loop1:
            CMP   ECX, 0
            JE    loop2
            MUL   EBX
            DEC   ECX
            JMP   loop1
loop2:
            SAR   EAX, 1
```

Aufgabe 3.11.3: Schreiben Sie ein gut kommentiertes Assembler-Programm, welches zu einem gegebenen Parameter n das Ergebnis folgender Zahlenfolge ermittelt:

$$\mathcal{F}(n) = \begin{cases} 0, & \text{falls } n < 0, \\ 1, & \text{falls } 0 \leq n \leq 2, \\ \mathcal{F}(n-1) + \mathcal{F}(n-2) + \mathcal{F}(n-3), & \text{falls } n > 2 \end{cases}$$

Legen Sie dazu eine Variable names $PARAM$ an, welche Sie mit einem Defaultwert initiieren. Geben Sie das entsprechende Resultat in einem Fenster aus. Sämtliche Register sollen bei Programmende wieder auf ihre ursprünglichen Werte zurückgesetzt werden (**5P**).

Aufgabe 3.11.4: Der *Binomialkoeffizient (n über m)* ist folglich definiert:

$$\binom{n}{m} = n \cdot (n-1) \cdot \ldots \cdot (n-m-1)/1 \cdot 2 \cdot \ldots \cdot m$$

Im nachfolgenden Programm wird der *Binomialkoeffizient* in der Variablen *ko* berechnet. Schreiben Sie ein äquivalentes Assembler-Programm, welches die Berechnungen in einer Prozedur durchführt. Berücksichtigen Sie, dass sich nach Programmablauf sämtliche Register wieder im Ausgangszustand befinden. Das Resultat soll in einem Fenster ausgegeben werden. Versehen Sie Ihr Programm mit aussagekräftigen Kommentaren (**5P**).

```
public int binomialkoeffizient(int n, int m) {
    int cnt = n-1;
    int ko = n;
    int i = 2;
    while (i <= m) {
        ko = (ko * cnt) div i;
        i++;
        cnt–;
    }
    return ko;
}
```

Aufgabe 3.11.5: Konzipieren Sie ein Assembler-Programm, mit welchem das kleinste gemeinsame Vielfache (*kgV*) zweier Zahlen ermittelt werden kann. Folgendes soll dabei von Ihnen beachtet und gelöst werden:

a) Geben Sie eine Berechnungsvorschrift an, aus welcher hervorgeht, wie das *kgV* vom *größten gemeinsamen Teiler* (*ggT*) zweier Zahlen abgeleitet werden kann (**1P**).

b) Setzen Sie die in Aufgabenteil a) vermerkte Berechnungsvorschrift des *kgV* mithilfe einer Prozedur um, an welche die beiden Zahlenwerte übergeben werden. Eine entsprechende Ausgabe soll mittels eines Ausgabefensters generiert werden (**1P**). Achten Sie auf alle relevanten Abfragen und Bedingungen, die für die Berechnungen des *kgV* abgefangen werden müssen (**2P**) und versehen Sie Ihr Programm mit nachvollziehbaren Kommentaren (**1P**).

Aufgabe 3.11.6: Implementieren Sie das Skalarprodukt zwischen zwei dreidimensionalen Vektoren. Legen Sie dazu in Ihrem Assembler-Programm zwei Felder an, welche die beiden Vektoren repräsentieren und die Sie mit Defaultwerten initiieren können. Für das Ergebnis sollte ebenfalls ein entsprechendes Feld angelegt werden. Geben Sie das Resultat in einem Fenster aus und kommentieren Sie Ihren SourceCode ausführlich. Nach den Berechnungen sollten alle verwendeten Register auf ihren Ausgangszustand zurückgeführt werden (**5P**).

3.12 Klausuraufgaben zur Technischen Informatik

Aufgabe 3.12.1 (Zeitlimit: 30 Min.): Es sei folgende Schaltfunktion gegeben:

$$\begin{aligned}
\mathcal{F}_1(A, B, C, D) = \ & A(B(C'D + CD')' + D(B'C + BC') \\
& + D'(BC + B'C') + B'(C'D + CD')) \\
& + B'D(AC + A'C') + (B + D')(A'C + AC')
\end{aligned}$$

a) Geben Sie das zur Schaltfunktion $\mathcal{F}_1$ gehörende Schaltbild, unter Verwendung von binären Logikgattern (mit 2 Dateneingängen), an (**1P**). Versuchen Sie mit so wenig Gattern wie möglich auszukommen (**3P**). Für die Umsetzung soll $\mathcal{F}_1$ nicht minimiert werden! Wenn Sie Umformungen vornehmen, sollten sich diese auf die Verwendung der *DeMorgan-Regel* beschränken.

b) Minimieren Sie $\mathcal{F}_1$ mithilfe der booleschen Umformungsaxiome (**6P**). Geben Sie zu jedem Umformungsschritt die entsprechend verwendete Regel an (**1P**).

c) Überprüfen Sie Ihr Ergebnis mithilfe eines KV-Diagrammes (**1P**).

Aufgabe 3.12.2 (Zeitlimit: 20 Min.): Gegeben sei die Schaltfunktion:

$$\mathcal{F}_2(A, B, C, D) = BC'D' + A'C'D + A'B'C + ACD'$$

a) Stellen Sie $\mathcal{F}_2$ in einem KV-Diagramm dar (**1P**) und geben Sie alle möglichen Primimplikanten an (**2P**).

b) Finden Sie im zugehörigen Schaltbild mindestens drei Hazards. Geben Sie dazu die entsprechenden Signalverläufe an, bei welchen die Störungen auftreten (**3P**). Begründen bzw. veranschaulichen Sie in einem Schaltbild wie und wo die Verzögerungen und die damit im Zusammenhang stehenden Störungen auftreten (**3P**). Wie können die gefundenen Hazards aufgelöst werden (**1P**)?

Hinweis: Betrachten Sie nur Signalübergänge, bei denen sich lediglich ein Bit ändert (z.B. 0001 geht auf 0000). Wurde von Ihnen ein Hazards gefunden, darf die Rückrichtung nicht als weitere Störungsquelle angesehen werden.

Aufgabe 3.12.3 (Zeitlimit: 30 Min.): Es sei die Schaltfunktion $\mathcal{F}_3 \colon \underline{2}^5 \to \underline{2}$ mit den einschlägigen Indizes 0, 1, 4, 6, 9, 14, 17, 19, 25, 27 und 31 gegeben.

a) Stellen Sie $\mathcal{F}_3$ in einem KV-Diagramm dar (**1P**).

b) Minimieren Sie $\mathcal{F}_3$ mithilfe des Verfahrens von Quine und McCluskey und geben sie das entsprechenden Minimalpolynom an (**10P**).

c) Realisieren Sie das Minimalpolynom mit einem Dekoder. Als Bausteine stehen Ihnen lediglich ein $2 : 4$- und vier $3 : 8$-Demultiplexer zur Verfügung (**4P**).

Aufgabe 3.12.4 (Zeitlimit: 20 Min.): Geben Sie den Zustandsautomaten an,

a) ... welcher alle Binärwörter akzeptiert, die mit 10 beginnen oder aufhören (**6P**).

b) ... der alle positiven, natürlichen Zahlen (in Binärdarstellung) akzeptiert, die nicht durch 5 teilbar sind (**5P**).

Geben Sie zusätzlich jeweils eine kurze Beschreibung an, aus welcher die Funktionsweise des Automaten hervorgeht.

Aufgabe 3.12.5 (Zeitlimit: 15 Min.):

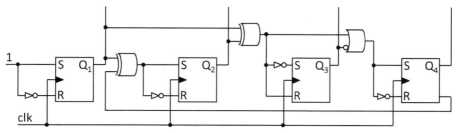

Analysieren Sie obige Schaltung und zeichnen Sie für die ersten zehn Takte die zeitlichen Signalverläufe für Q_1, Q_2, Q_3 und Q_4 im nachfolgenden Zeitdigramm ein (**5P**). Die Signallaufzeiten der einzelnen Bauelemente dürfen dabei vernachlässigt werden. Als Ausgangssituation gilt: $Q_1 = Q_3 = 1$ und $Q_2 = Q_4 = 0$. Geben Sie im Anschluss den zugehörigen Zustandsautomaten an (**2P**).

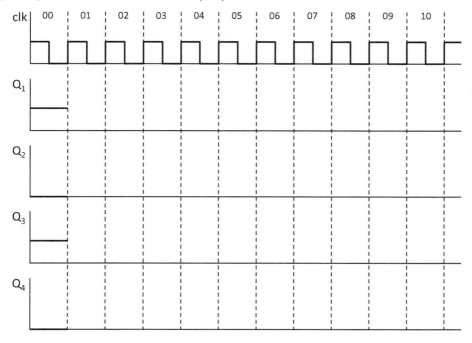

Aufgabe 3.12.6 (Zeitlimit: 30 Min.): Gegeben sei folgendes Zeitdiagramm:

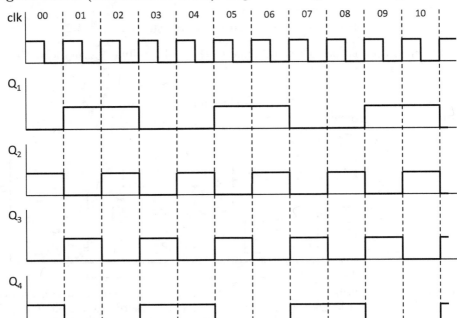

a) Geben Sie den zugehörigen Zustandsautomaten an **(1P)**.

b) Vervollständigen Sie das nachfolgende Schaltbild, sodass dieses der Funktionalität des gegebenen Zeitdiagrammes entspricht **(2P)**. Geben Sie ferner die zugehörige Schalttabelle **(1P)** und die entsprechenden Funktionsterme für die jeweiligen Ausgänge der RS-Flip-Flops an **(1P)**. Versuchen Sie die Schaltung auf das Notwendigste zu reduzieren **(4P)**.

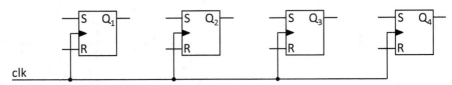

Aufgabe 3.12.7 (Zeitlimit: 20 Min.): Es sei folgende Schaltfunktion gegeben:

$$\mathcal{F}_4(A, B, C, D) = AB(C + D') + BD + D'(AB + C)$$

a) Minimieren Sie $\mathcal{F}_4$ mithilfe eines KV-Diagrammes **(1P)**. Nennen Sie alle möglichen Primimplikanten sowie das zugehörige Minimalpolynom **(1P)**.

b) Setzen Sie das resultierende Minimalpolynom in einer CMOS-Schaltung um **(3P)**. Versuchen Sie die Anzahl der darin befindlichen Transistoren auf ein Minimum zu reduzieren **(2P)**. Denken Sie daran alle notwendigen Schaltungselemente zu berücksichtigen.

c) Geben Sie die Eingangsbelegungen für einen 8 : 1 Multiplexer an, welcher A, B und C als Steuersignale verwendet und $\mathcal{F}_4$ repräsentiert (**1P**).

Aufgabe 3.12.8 (Zeitlimit: 30 Min.):

a) Beschreiben Sie was in der folgenden Assembler-Prozedur berechnet und in der Variable *value* gespeichert wird. Geben Sie ergänzend ein Berechnungsbeispiel an (**4P**).

```
Aufg08a              PROC n: DWORD
              MOV    EAX, n
              MOV    EBX, 0
              MOV    ECX, 10
loop_mark:
              CMP    EAX, ECX
              JL     end_mark
              XOR    EDX, EDX
              DIV    ECX
              ADD    EBX, EDX
              JMP    loop_mark
end_mark:
              ADD    EBX, EAX
              MOV    value, EBX
              RET
Aufg08a              ENDP
```

b) Implementieren Sie eine parametrisierte Prozedur *vLen(x, y)*, welche die Länge eines Vektors berechnet, der durch *(x, y)* definiert ist. Das Resultat soll im Register EDX gesichert werden. Die Werte von x und y seien dabei 32-Bit-Zahlen, die als Parameter an die Prozedur übergeben werden sollen (**5P**). Versuchen Sie redundante Berechnungsabläufe zu vermeiden oder in gesonderten Prozeduren auszulagern (**3P**). Des Weiteren soll auf die Verwendung des Befehls MUL bzw. IMUL verzichtet werden. Kommentieren Sie Ihre Prozedur ausführlich (**1P**).

Hinweis: Für die Umsetzung darf die Prozedur SQRT(X :DWORD) vorausgesetzt werden. Diese bestimmt die Wurzel aus X und speichert das Ergebnis im Register EDX.

c) Entwickeln Sie eine parametrisierte Prozedur mit deren Hilfe überprüft werden kann, ob es sich bei einer gegebenen Zahl n, um eine Primzahl handelt oder nicht. Die Prozedur soll als Ergebnis 1 im Register EDX ablegen, falls n eine Primzahl ist, andernfalls 0 (**8P**). Kommentieren Sie Ihre Umsetzung (**1P**).

Aufgabe 3.12.9 (Zeitlimit: 30 Min.):

a) Beschreiben Sie was die folgende Assembler-Prozedur berechnet und in der Variablen *value* speichert (**2P**). Geben Sie ergänzend ein Berechnungsbeispiel an, sodass der Programmablauf nachvollziehbar wird (**1P**).

```
            Aufg09a              PROC n: DWORD
                         MOV     EAX, 1
                         MOV     ECX, n
         loop_mark:
                         MUL     ECX
                         LOOP    loop_mark
                         MOV     value, EAX
                         RET
            Aufg09a              ENDP
```

b) Das nachfolgende Assembler-Programm soll dazu dienen das quadratische Polynom $Y = (AX^2 + BX + C)/2$ zu lösen. Dazu werden die Werte A, B, C und X an eine Prozedur übergeben, welche den ganzzahligen Wert für Y ermittelt. Das Resultat wird in der Variable *value* gesichert. Doch leider haben sich bei der Umsetzung *sechs Fehler* eingeschlichen. Finden (**3P**) und korrigieren Sie die Fehler bzw. begründen Sie warum es sich dabei um einen Fehler handelt (**6P**). Aus den Fehlern resultierende Folgefehler müssen nicht berücksichtigt werden. Zudem können Sie davon ausgehen, dass Multiplikationsergebnisse klein genug sind und keinen Überlauf produzieren.

```
    include              \masm32\include\masm32rt.inc
    .DATA
    value                DD ?
    wTitle               DB "Quadratisches Polynom", 0
    wText                DB "Das Ergebnis lautet: "
    wResult              DB 5 DUP (0)

    .CODE
    polyAusw             PROC a:DWORD, b:DWORD, cp:DWORD, x:DWORD
                 MOV     EAX, a
                 MUL     x
                 ADD     EAX, cp
                 MUL     x
                 ADD     EAX, b
                 SHL     EAX, 2
                 MOV     value, EAX
    polyAusw             ENDP

    start:
                 PUSH    2
                 PUSH    3
                 PUSH    4
                 CALL    polyAuw

                 Invoke  dwtoa, value, ADDR wResult
                 Invoke  MessageBox, 0, ADDR wText, ADDR wTitle, MB_OK
                 Invoke  ExitProcess, NULL
    END          start
```

c) Wandeln Sie folgendes Code-Fragment in eine Assembler-Code-Sequenz um. Verwenden Sie für die Variable n das Register EAX (**7P**). Kommentieren Sie Ihre Umsetzung (**1P**).

```
int n = 1;
while (n < 50) {
    n = 3 * n + 2;
    if (n > 50) n = n - 3;
}
```

Aufgabe 3.12.10 (Zeitlimit: 30 Min.): Entwerfen Sie ein Schaltnetz, welches zwei positive 2-Bit-Zahlen $A = A_1 A_0$ und $B = B_1 B_0$ subtrahiert $(A - B)$. Dabei stellen A_1 und B_1 die höherwertigen Bits dar. Als Ausgabe soll die Zahl $D = D_1 D_0$ und der mögliche Übertrag C geliefert werden.

a) Stellen Sie die zum 2-Bit-Subtrahierer gehörende Funktionstabelle auf (**3P**).

b) Geben Sie die konjunktive Normalform zu den Funktionen D_1, D_0 und C an (**3P**).

c) Minimieren Sie die Funktionen von D_1, D_0 und C mithilfe von KV-Diagrammen und stellen Sie die jeweiligen Minimalpolynome auf (**6P**).

d) Realisieren Sie die Funktionalität des 2-Bit-Subtrahierers mittels eines PLAs. Achten Sie darauf dieses sooptimal wie möglich zu gestalten (**2P**).

Aufgabe 3.12.11 (Zeitlimit: 30 Min.): Geben Sie den Zustandsautomaten an,

a) ... welcher alle Binärwörter akzeptiert, in denen sowohl die 0 als auch die 1 mit gerader Häufigkeit vorkommt (**3P**).

b) ... der alle Binärwörter akzeptiert, in denen das Teilwort 00 mindestens einmal vorkommt und auf 1 endet (**4P**).

c) ... der alle Vielfachen von 3 (> 0) akzeptiert, die nicht durch 5 teilbar sind (**5P**).

Geben Sie zusätzlich jeweils eine kurze Beschreibung an, aus welcher die Funktionsweise des Automaten hervorgeht.

Aufgabe 3.12.12 (Zeitlimit: 15 Min.): Gegeben sei folgender Funktionsterm:

$$\mathcal{F}_5(A, B, C, D) = B(C'D' + A'D) + C(D + B(D' + A))$$

a) Minimieren Sie $\mathcal{F}_5$ soweit wie möglich und setzen Sie das Minimalpolynom mithilfe eines PLAs um (**3P**).

b) Setzen Sie die gegebene Funktion mithilfe von fünf 2 : 4-Demultiplexern um. Kennzeichnen Sie die Verbindung zwischen den Bausteinen und geben Sie deren Eingangs- sowie deren aktive Ausgangsbelegungen an (**3P**).

Aufgabe 3.12.13 (Zeitlimit: 30 Min.): Es sei folgendes Schaltbild gegeben:

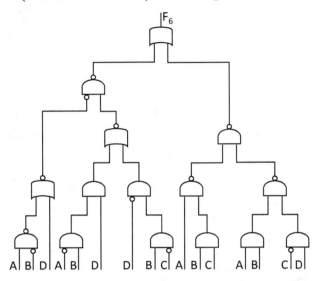

a) Wie lautet die Schaltfunktion $\mathcal{F}_6$, die durch das obige Schaltbild realisiert wird **(1P)**? Entfernen Sie dazu zunächst alle NAND- und NOR-Gatter aus dem Schaltbild (keine Umformung über die booleschen Axiome) und lesen Sie anschließend den Funktionsterm ab **(3P)**.

b) Minimieren Sie die Schaltfunktion mithilfe der booleschen Umformungsaxiome **(5P)**. Denken Sie daran, zu jedem Umformungsschritt die entsprechend verwendete Regel anzugeben.

c) Stellen Sie die Schaltfunktion in einem KV-Diagramm dar **(1P)**. Geben Sie alle möglichen Primimplikanten an **(2P)**. Welches sind die essentiellen Primimplikanten **(1P)**? Begründen Sie Ihre Antwort **(1P)**.

d) Geben Sie das zu Ihrem Minimalpolynom gehörige Schaltbild an **(1P)**. Formen Sie das Schaltbild so um, dass dieses nur noch NAND-Gatter enthält **(1P)**.

Aufgabe 3.12.14 (Zeitlimit: 20 Min.): Sei $\mathcal{B}_1 = <B, \{+, \cdot, '\}, \{0,1\}>$ eine beliebige boolesche Algebra mit $x \sim y = x' + y$. Beweisen oder widerlegen Sie folgende Aussagen mittels der booleshen Umformungsaxiome:

a) $xz((x \sim z') \sim y) = xz$

b) $x \sim (y \sim z) = (xy) \sim z$

c) $(x \sim y) \sim (z \sim y) = (x \sim z) \sim y$

Aufgabe 3.12.15 (Zeitlimit: 30 Min.):

a) Füllen Sie die nachfolgende Tabelle aus. Dabei soll pro Zeile die jeweilige gegebene Zahl in die anderen Zahlendarstellungen überführt werden (**4P**).

dezimal	binär	oktal	hexadezimal
1998			
		125715	
			167
	1110 0111 0001 1000		

b) Stellen Sie die Oktalzahlen $(263)_8$ und $-(105)_8$ als Zweierkomplementzahlen mit 9 Bits dar. Führen Sie anschließend eine Addition der beiden Zweierkomplementzahlen durch. Ist das Ergebnis eine gültige Zahl? Begründen Sie Ihre Antwort. Geben Sie ferner die zugehörigen Dezimalzahlen an (**5P**).

c) Addieren Sie die folgenden 14-Bit-Gleitkommazahlen (nicht im Dezimalsystem) und geben Sie das Resultat wieder in dieser Form an. Wie lauten die jeweiligen Dezimalzahlen (**5P**)?

V_1	E_1	M_1
1	1100	1111 1010 0

V_2	E_2	M_2
1	1110	0000 1010 0

d) Es sei eine Zahl in der 32-Bit-Gleitkommazahlendarstellung gegeben. Welche Dezimalzahl verbirgt sich hinter dieser Darstellung:

V_3	E_3	M_3
1	1000 0110	0101 1010 1000 ... 0

Wandeln Sie anschließend die Zahl -5.5 in die 32-Bit-Gleitkommadarstellung um und multiplizieren Sie die beiden Gleitkommazahlen (nicht im Dezimalsystem). Stellen Sie das Ergebnis als Gleitkommazahl dar (**9P**).

Aufgabe 3.12.16 (Zeitlimit: 20 Min.): Gegeben sei folgender Zustandsautomat:

Die durch den Automaten vorgegebene Funktionalität (die Beschriftung der Zustände entspricht den Ein- bzw. Ausgabebelegungen) soll von Ihnen mittels eines PLAs umgesetzt werden.

Leiten Sie dazu zunächst die entsprechende Funktionstabelle aus der Darstellung ab (**1P**). Minimieren Sie im Anschluss die jeweiligen Ausgangsfunktionen (**3P**) und realisieren Sie diese mithilfe eines PLAs (**2P**).

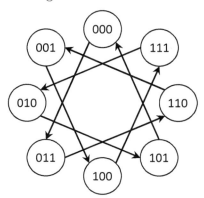

Aufgabe 3.12.17 (Zeitlimit: 20 Min.): Im Folgenden sind Ihnen die Funktionen $\mathcal{F}_7$ und $\mathcal{F}_8$ durch eine CMOS-Schaltung vorgegeben. Ihre Aufgabe besteht darin, die entsprechenden Funktonsterme abzuleiten (**2P**). Geben Sie dazu auch die jeweiligen PMOS- (*pull-up*) und NMOS-Terme (*pull-down*) an (**2P**). Könnten die CMOS-Schaltungen für $\mathcal{F}_7$ und $\mathcal{F}_8$ (einzeln betrachtet) in eine kostengünstigere Variante überführt werden? Begründen Sie Ihre Antwort und geben Sie ggf. die möglichen Optimierungen an (**2P**).

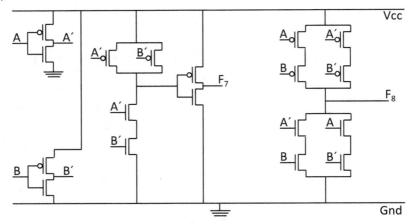

Aufgabe 3.12.18 (Zeitlimit: 30 Min.): Es sei folgendes Schaltbild gegeben:

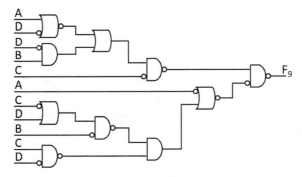

a) Entfernen Sie sämtliche NAND- und NOR-Gatter aus obiger Schaltung (**3P**).

b) Lesen Sie die Schaltfunktion aus Ihrem umgeformten Schaltbild ab und überführen Sie diese in ein KV-Diagramm (**2P**).

c) Geben Sie alle zur Schaltung gehörenden Primimplikanten an (**1P**). Wie lautet das Minimalpolynom (**1P**)?

d) Arbeitet die gegebene Schaltung störungsfrei? Analysieren Sie dazu das entsprechende KV-Diagramm, unter Berücksichtigung der durch die Schaltung umgesetzten Implikanten. Begründen Sie Ihre Antwort und geben Sie ggf. Signalverläufe an, bei denen die Störungen auftreten können (**2P**).

e) Entwickeln Sie eine kostengünstige CMOS-Schaltung, welche die gegebene Funktion repräsentiert. Optimieren Sie dazu den Schaltungsterm soweit wie möglich (**3P**). Geben Sie den entsprechenden PMOS- (*pull-up*) bzw. NMOS-Term (*pull-down*) an (**1P**). An dieser Stelle genügt die Angabe der Schaltungsterme. Das Zeichnen der Schaltung darf vernachlässigt werden.

Aufgabe 3.12.19 (Zeitlimit: 30 Min.): Gegeben sei folgendes Schaltwerk:

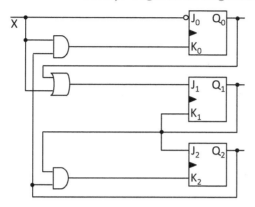

a) Bestimmen Sie die Funktionsterme für die Eingänge J_0, J_1, J_2, K_0, K_1 und K_2 der drei JK-Flip-Flops in Abhängigkeit zu Q_0, Q_1, Q_2 und X (**3P**).

b) Stellen Sie die zugehörige Zustandstabelle auf. Zustände, welche von dem Schaltwerk nicht angenommen werden, sollten von Ihnen als *don't care*-Einträge gekennzeichnet werden (**5P**).

c) Zeichnen Sie den zugehörigen Zustandaustomaten, ausgehend vom Startzustand $Q_0 = Q_1 = Q_2 = 0$, jeweils für $X = 0$ und $X = 1$ (**2P**).

d) Minimieren Sie die Schaltfunktionen für Q_0^{n+1}, Q_1^{n+1} und Q_2^{n+1} (**3P**).

Teil II

Lösungen

1 Grundlagen der Programmierung

1.1 Einführung in die Konzepte der Programmiersprachen

Aufgabe 1.1.2:

1. Schritt: Betrete das Labyrinth, befestige den Faden und wickle diesen beim Gehen ab.

2. Schritt: Gehe vorwärts, dem Gang folgend, bis zu einer Gabelung oder Kreuzung. Falls du den Ausgang erreichst, gehe zu Schritt 6.

3. Schritt: Nimm einen Gang, in dem noch kein Faden liegt und der noch nicht mit der Kreide markiert wurde und wiederhole Schritt 2. Falls kein entsprechender Gang gefunden werden kann, gehe zu Schritt 4.

4. Schritt: Gehe den Weg zurück (Faden wieder aufwickeln) bis zur letzten Gabelung oder Kreuzung, markiere den soeben zurückgelaufenen Weg mit der Kreide und wiederhole Schritt 3. Bist du wieder am Eingang angekommen und es existiert kein weiterer Weg, der nicht markiert wurde, gehe zu Schritt 5.

5. Setz dich auf den Boden und sinniere über die Gemeinheiten des Lebens. Der Algorithmus endet mit der Erkenntnis, dass kein Weg zum Ausgang führt.

6. Freue dich des Lebens. Der Ausgang wurde erreicht und der Algorithmus endet.

Aufgabe 1.1.3:

```
Solange sich noch Klammern in der gegebenen Zeichenkette befinden {
    Entferne das Zeichen k an vorderster Stelle
    Falls k eine öffnende Klammer ist {
        Schreibe k auf das Papier
    }
    Falls k eine schließende Klammer ist (überprüfe das Papier) {
        Falls das Papier leer ist {
            Abbruch! Die gegebene Zeichenkette ist nicht wohlgeformt.
        }
```

Falls etwas auf dem Papier steht (nimm das letzte Zeichen vom Papier) {
 Wenn das letzte Zeichen die zu k gehörende öffnende Klammer ist {
  Radiere das letzte Zeichen auf dem Papier weg
 } andernfalls ist die Zeichenkette nicht wohlgeformt (Abbruch)
  }
 }
}
Wenn noch etwas auf dem Papier steht {
 Abbruch! Die gegebene Zeichenkette ist nicht wohlgeformt.
} andernfalls ist die Zeichenkette wohlgeformt.

Aufgabe 1.1.4: Die folgende Beschreibung stellt lediglich einen Lösungsansatz dar, keine vollständige Lösung.

Durchlaufe das Array von oben links nach unten rechts. Prüfe für jedes einzelne Element:

1. Schritt: Ist der betrachtete Buchstabe ein s, t, k oder i? Wenn nicht, überprüfe den nächsten Buchstaben, andernfalls merke dir die derzeitige Array-Position und gehe zu Schritt 2.

2. Schritt: (*horizontal - vorwärts*) Überprüfe ob das vollständige Wort gefunden wurde. Falls ja, gib dieses aus und brich ab. Wenn nicht, kontrolliere ob in der aktuellen Zeile noch ein Element rechts vom aktuellen Buchstaben existiert. Falls dem so ist, überprüfe ob dieser Buchstabe zu dem zuvor gefundenen passt. Wenn ja, wiederhole diesen Schritt. Falls der Buchstabe nicht passt oder das Ende der Zeile erreicht wurde (ohne das komplette Wort gefunden zu haben) gehe zurück zur gemerkten Array-Position und gehe zu Schritt 3.

3. Schritt: (*horizontal - rückwärts*) Überprüfe ob das vollständige Wort gefunden wurde. Falls ja, gib es aus und beende die Suche. Wenn nicht, prüfe ob man in der aktuellen Zeile noch nach links gehen kann. Wenn nicht, gehe zur gemerkten Array-Position zurück und fahre mit Schritt 4 fort. Andernfalls kontrolliere ob der Buchstabe ein gesuchter ist. Wenn ja, wiederhole diesen Schritt, ansonsten gehe zur gemerkten Array-Position zurück und gehe zu Schritt 4 über.

4. Schritt: (*vertikal - vorwärts*) Überprüfe ob man in der aktuellen Spalte nach unten gehen kann. Falls dem so ist, prüfe ob das entsprechende Element ein gesuchter Buchstabe ist. Wenn ja, kontrolliere ob das vollständige Wort gefunden wurde. Gib im positiven Fall das Wort aus und beende die Suche. In allen negativen Abfragefällen, gehe zurück zur gemerkten Array-Position und fahre mit Schritt 5 fort.

5. Schritt: ... (*die Folgeschritte laufen nach einem ähnlichen Prinzip ab. Es müssen lediglich noch die Fälle vertikal-rückwärts, diagonal-links unten nach rechts oben, diagonal-links oben nach rechts unten, diagonal-rechts oben nach links unten und diagonal-rechts unten nach links oben betrachtet werden. Insgesamt müssen demnach acht Fälle unterschieden und analysiert werden.*)

1.2 Arrays

Lösungen

Aufgabe 1.2.1:

a)
```java
public static int[][] generateAndInitializeMatrix(int m, int n) {
    if((m < 10) || (n < 10)) return null;
    int[][] result = new int[m][n];
    for(int i = 0; i < m; i++)
        for(int j = 0; j < n; j++)
            result[i][j] = (i * n) + j + 1;
    return result;
}
```

b)
```java
public static void computeSumOfColumnValues(int[][] mat) {
    if(mat == null) return;
    System.out.println("Eingabematrix:");
    int[] sum = new int[mat[0].length];
    for(int i = 0; i < mat.length; i++) {
        for(int j = 0; j < mat[i].length; j++) {
            System.out.print("| "+mat[i][j]+"\t");
            sum[j] += mat[i][j];
        }
        System.out.println(" |");
    }
    System.out.println("Spaltensummen:");
    generateArrayOutput(sum);
}

private static void generateArrayOutput(int[] arr) {
    if(arr == null) return;
    for(int i = 0; i < arr.length; i++) {
        System.out.print("| "+arr[i]+"\t");
    System.out.println(" |");
}
```

c)
```java
public static int[] getRandomArray(int n) {
    if(n < 10) return null;
    int[] result = new int[n];
    for(int i = 0; i < n; i++)
        result[i] = getRandomNumber(100);
    return result;
}

private static int getRandomNumber(int limit) {
    return (int)(Math.random() * limit + 1);
}
```

d)
```
public static boolean checkAscendingOrder(int[] arr) {
    if(arr == null) return false;
    for(int i = 0; i < arr.length-1; i++)
        if(arr[i] > arr[i+1]) return false;
    return true;
}
```

e)
```
public static void swapRandomElements(int[] arr) {
    if(arr == null) return;
    int tmp;
    int len = arr.length;
    int id1 = getRandomNumber(len)-1;
    int id2 = getRandomNumber(len)-1;
    if(id1 > id2) {
        tmp = id2;
        id2 = id1;
        id1 = tmp;
    }
    if((id1 != id2) && (arr[id1] > arr[id2])) {
        tmp = arr[id2];
        arr[id2] = arr[id1];
        arr[id1] = tmp;
    }
}
```

f)
```
public static void randomSortArray(int[] arr) {
    if(arr == null) return;
    System.out.println("Array unsortiert:");
    generateArrayOutput(arr);
    while(!checkAscendingOrder(arr))
        swapRandomElements(arr);
    System.out.println("Array aufsteigend sortiert:");
    generateArrayOutput(arr);
}
```

g)
```
public static void main(String[] args) {
    int[][] test = generateAndInitializeMatrix(10, 12);
    computeSumOfColumnValues(test);
    int[] sort = getRandomArray(10);
    randomSortArray(sort);
}
```

Aufgabe 1.2.2:

a)
```
public static int[] siebDesEratosthenes(int n) {
    int count = n;
    boolean temp[] = new boolean[n];
    for(int i = 2; i < Math.sqrt(n); i++)
        if(!temp[i-1])
            for(int j = i*i; j <= n; j += i)
                if(!temp[j-1]) {
                    temp[j-1] = true;
                    count--;
                }
    int[] moeglichePrimzahlen = new int[count];
    for(int i = n-1; i >= 0; i--)
        if(!temp[i]) {
            count--;
            moeglichePrimzahlen[count] = i+1;
        }
    return moeglichePrimzahlen; }
```

c)
```
public static void primfaktorZerlegung(int n) {
    int[] prim = siebDesEratosthenes(n);
    System.out.println("Primfaktor-Zerlegung von:");
    System.out.print(n+" = ");
    for(int i = prim.length-1; n > 1; i--)
        while(n % prim[i] == 0) {
            n /= prim[i];
            System.out.print(prim[i]+" · ");
        }
    System.out.println("1");
}
```

1.3 Stringverarbeitung

Lösungen

Aufgabe 1.3.1:

```
public static void checkWohlgeformtheit(String str) {
    char c1, c2;
    int pos = 0;
    boolean error = false;
    while((str.length() > 0) && (pos < str.length()) && !error) {
        c1 = str.charAt(pos);
        if((c1 == ')') || (c1 == '}') || (c1 == ']')) {
            pos--;
```

```
            if(pos >= 0) {
                c2 = str.charAt(pos);
                if(((c1 == ')') && (c2 == '(')) || ((c1 == '}') && (c2 == '{'))
                   || ((c1 == ']') && (c2 == '['))) {
                    str = str.substring(0, pos) + str.substring(pos+2);
                } else error = true;
            } else error = true;
        } else pos++;
    }
    if((str.length() == 0) && !error)
        System.out.println("Der Ausdruck ist wohlgeformt!");
    else System.out.println("Der Ausdruck ist NICHT wohlgeformt!");
}
```

Aufgabe 1.3.2:

a)
```
public static String searchAndReplace(String src, String sea, String rpl) {
    if((src == null) || (sea == null) || (rpl == null) || (sea.length() == 0))
        return src;
    boolean found;
    int lenS = sea.length()-1;
    StringBuilder result = new StringBuilder();
    int i = 0;
    while(i < src.length()-lenS) {
        if(sea.charAt(0) == src.charAt(i)) {
            found = true;
            for(int j = 1; ((j <= lenS) && found); j++)
                found = (src.charAt(i+j) == sea.charAt(j));
            if(found) {
                result.append(rpl);
                i += lenS;
            }
        } else result.append(src.charAt(i));
        i++;
    }
    return (result.toString() + src.substring(i));
}
```

b)
```
public static String intToRom(int n) {
    String result = " ";
    while(n >= 1000) {
        result += "M";
        n -= 1000;
    }
    while(n >= 500) {
        result += "D";
        n -= 500;
    }
```

```
        while(n >= 100) {
            result += "C"; n -= 100;
        }
        while(n >= 50) {
            result += "L"; n -= 50;
        }
        while(n >= 10) {
            result += "X"; n -= 10;
        }
        while(n >= 5) {
            result += "V"; n -= 5;
        }
        while(n >= 1) {
            result += "I"; n--;
        }
        result = result.replaceAll("VIIII", "IX");
        result = result.replaceAll("IIII", "IV");
        result = result.replaceAll("LXXXX", "XC");
        result = result.replaceAll("XXXX", "XL");
        result = result.replaceAll("DCCCC", "CM");
        result = result.replaceAll("CCCC", "CD");
        return result;
    }
```

c)
```
    public static int romToInt(String str) {
        str = str.replaceAll("CD", "CCCC");
        str = str.replaceAll("CM", "DCCCC");
        str = str.replaceAll("XL", "XXXX");
        str = str.replaceAll("XC", "LXXXX");
        str = str.replaceAll("IV", "IIII");
        str = str.replaceAll("IX", "VIIII");
        char c;
        int result = 0;
        for(int i = 0; i < str.length(); i++) {
            c = str.charAt(i);
            switch(c) {
                case 'M': result += 1000; break;
                case 'D': result += 500; break;
                case 'C': result += 100; break;
                case 'L': result += 50; break;
                case 'X': result += 10; break;
                case 'V': result += 5; break;
                case 'I': result++; break;
                default: ;
            }
        }
        return result;
    }
```

d)
```java
public static double[] filterNumbers(String str) {
    double[] result = null;
    String tmp;
    String reg = "(\\+|\\-)?\\d+((,|\\.)\\d+)?";
    Pattern p = Pattern.compile(reg);
    Matcher m = p.matcher(str);
    while(m.find()) {
        if(result == null) result = new double[1];
        else result = java.util.Arrays.copyOf(result, result.length+1);
        tmp = m.group().replace(',', '.');
        result[result.length-1] = Double.parseDouble(tmp);
    }
    return words;
}
```

e)
```java
public static String[] filterWords(String str) {
    String[] words = null;
    String reg = "\\b[a-zA-ZäöüßÄÖÜ]+(\\-?[a-zA-ZäöüßÄÖÜ]+)*\\b";
    Pattern p = Pattern.compile(reg);
    Matcher m = p.matcher(str);
    while(m.find()) {
        if(words == null) words = new String[1];
        else words = java.util.Arrays.copyOf(words, words.length+1);
        words[words.length-1] = m.group();
    }
    return words;
}
```

f)
```java
public static String setPrecedenceBrackets_Arithmetic(String str) {
    if(str == null) return null;
    char c;
    int begID = 0, endID = 0, curID = 0;
    StringBuilder sub = new StringBuilder();
    StringBuilder fin = new StringBuilder();
    while(curID < str.length()) {
        c = str.charAt(curID);
        if(isOperator(c)) {
            endID = curID + 1;
            while((endID < str.length())
            && !isOperator(str.charAt(endID)))
                endID++;
            if(endID < str.length()) {
                if(!isAdditiveOperator(c) ||
                hasSamePrecedence(c, str.charAt(endID))) {
                    sub.append(str.substring(begID, endID)+")");
                    sub.insert(0, '(');
```

```
            } else {
                fin.append(sub.toString());
                fin.append(str.substring(begID, curID+1));
                sub.delete(0, sub.length());
                begID = curID+1;
            }
        }
        curID = endID-1;
    }
    curID++;
    }
    if(begID >= curID) return (fin.toString() + sub.toString());
    else return (fin.toString()+"("+sub.toString()+str.substring(begID)+")");
}

private static boolean isOperator(char c) {
    return ((c == '+') || (c == '-') || (c == '*') || (c == '/') || (c == '%'));
}

private static boolean isAdditiveOperator(char c) {
    return ((c == '+') || (c == '-'));
}

private static boolean hasSamePrecedence(char c1, char c2) {
    return !(isAdditiveOperator(c1) ∧ isAdditiveOperator(c2));
}
```

Aufgabe 1.3.3:

```
public static String doCaesarEncoding(String str, int n) {
    int m, c_value;
    if(n > 0) m = n % 26;
    else m = 26 + (n % 26);
    char[] temp = new char[str.length()];
    char c;
    for(int i = 0; i < str.length(); i++) {
        c = str.charAt(i);
        if(Character.isLetter(c)) {
            c_value = Character.toLowerCase(c);
            c = (char)(((c_value - 'a' + m) % 26) + 'a');
        }
        temp[i] = c;
    }
    return new String(temp);
}

public static String doCaesarDecoding(String str, int n) {
    return doCaesarEncoding(str, (26 - (n % 26)));
}
```

```
public static String doCaesarDecoding_FindIndex(String str) {
    int[] count = new int[26];
    int index;
    char temp;
    for(int i = 0; i < str.length(); i++) {
        temp = str.charAt(i);
        if(Character.isLetter(temp)) {
            index = Character.toLowerCase(temp) - 'a';
            count[index]++;
        }
    }
    index = 0;
    for(int i = 0; i < 26; i++)
        if(count[i] > count[index]) index = i;
    return doCaesarEncoding(str, (index + 'a' - 'e'));
}
```

1.4   Rekursive Methoden

Lösungen

Aufgabe 1.4.1:

a)
```
public static String reverseString(String s) {
    return (s.length()>1) ? (reverseString(s.substring(1))+s.charAt(0)) : s;
}
```

b)
```
public static int reverseNumber(int num) {
    return reverseNumber_rec(num, 0);
}

private static int reverseNumber_rec(int num, int result) {
    int tmp1 = (10 * result) + (num % 10);
    int tmp2 = (10 * result) + num;
    return (n > 9) ? (reverseNumber_rec((num / 10), tmp1)) : tmp2;
}
```

c)
```
public static String getBinaryNumber(int dec) {
    String tmp = Integer.toString(dec % 2);
    return (dec > 1) ? (getBinaryNumber(dec / 2) + tmp) : tmp;
}
```

d)
```
public static int getDecimalNumber(String bin) {
    int len = bin.length();
    return (len > 0) ? (2 * getDecimalNumber(bin.substring(0, len-1))
        + ((bin.charAt(len-1) == '1') ? 1 : 0)) : 0;
}
```

Aufgabe 1.4.2:

```java
public class ChinesischeRinge {
    private boolean[] stab;
    public ChinesischeRinge(int size) {
        stab = new boolean[size];
        generateOutput();
        solve(stab.length-1);
    }
    private void solve(int i) {
        if(i >= 2) solve(i-2);
        if(canMove(i)) {
            stab[i] = true;
            generateOutput();
            if(i >= 2) unsolve(i-2);
            if(i >= 1) solve(i-1);
        } else System.out.println("Ring nicht abnehmbar!");
    }
    private void unsolve(int i) {
        if(i >= 1) unsolve(i-1);
        if(i >= 2) solve(i-2);
        if(canMove(i)) {
            stab[i] = false;
            generateOutput();
            if(i >= 2) unsolve(i-2);
        } else System.out.println("Ring nicht abnehmbar!");
    }
    private boolean canMove(int pos) {
        if(pos == 0) return true;
        for(int i = 0; i < pos-1; i++)
            if(!stab[i]) return false;
        return (!stab[pos-1]);
    }
    private void generateOutput() {
        for(boolean b : stab) System.out.print(b ? 'T' : 'F');
        System.out.println();
    }
    public static void main(String[] args) {
        new ChinesischeRinge(6);
    }
}
```

Aufgabe 1.4.3:

a)
```java
public static boolean canEvaluateArithmeticTerm(String term) {
    if((term == null) || (term.length() == 0)) return false;
    return canEvaluateArithmeticTerm_rec(term.replaceAll(" ", ""));
}
```

```
private static boolean canEvaluateArithmeticTerm_rec(String term) {
    if((term == null) || (term.length() == 0)) return false;
    int pos = 0, start = 0, len = term.length();
    while((star < len) && !isBracket_Open(term.charAt(start)))
        start++;
    if(start >= len) {
        for(int i = 0; i < len; i++)
            if(isOperator(term.charAt(i)))
                return ((isSubstringANumber(term, 0, i))
                && (isSubstringANumber(term, i+1, len)));
        return isSubstringANumber(term, 0, len);
    } else {
        pos = getIndexOfCorrespondingClosingBracket(term, start+1);
        if(pos < 0) return false;
        if((start > 0) || (pos < len-1)) {
            if((pos == len-1) && ((start-1) > 0)
            && isOperator(term.charAt(start-1))) {
                if(!isSubstringANumber(term, 0, start-1)) return false;
            } else if((start == 0) && ((pos+2) < len)
            && (isOperator(term.charAt(pos+1)))) {
                if(isBracket_Open(term.charAt(pos+2))
                && isBracket_Close(term.charAt(len-1))) {
                    String tmp = term.substring(pos+3, len-1);
                    if(!canEvaluateArithmeticTerm_rec(tmp))
                        return false;
                } else if(!isSubstringANumber(term, pos+2, len))
                    return false;
            } else return false;
        }
        return canEvaluateArithmeticTerm_rec(term.substring(start+1, pos));
    }
}

b)      public static double evaluateArithmeticTerm(String term) {
            if((term == null) || (term.length() == 0)
            || !canEvaluateArithmeticTerm_rec(term.replaceAll(" ", " ")))
                return 0;
            return evaluateArithmeticTerm_rec(term.replaceAll(" ", " "));
        }

        private static double evaluateArithmeticTerm_rec(String term) {
            if((term == null) || (term.length() == 0)) return 0;
            int pos = 0, len = term.length();
            char c = term.charAt(pos);
            while((pos < len) && !isBracket_Open(c) && !isOperator(c)) {
                pos++;
                if(pos < len) c = term.charAt(pos);
            }
```

```java
        if(pos >= len) return Double.parseDouble(term);
        else if(isBracket_Open(c)) {
            int start = pos + 1;
            pos = getIndexOfCorrespondingClosingBracket(term, start);
            if (pos < 0) return 0;
            else if(pos == len-1)
                return evaluateArithmeticTerm_rec(term.substring(start, pos));
            else if(!isOperator(term.charAt(pos+1))) return 0;
            pos++;
            c = term.charAt(pos);
        }
        double l = evaluateArithmeticTerm_rec(term.substring(0, pos));
        double r = evaluateArithmeticTerm_rec(term.substring(pos+1, len));
        if(c == '+') return (l + r);
        else if(c == '-') return (l - r);
        else if(c == '*') return (l * r);
        else if(c == '/') return (l / r);
        elsereturn (l % r);
    }

    private static boolean isBracket_Open(char c) {
        return ((c == '(') || (c == '{') || (c == '['));
    }

    private static boolean isBracket_Close(char c) {
        return ((c == ')') || (c == '}') || (c == ']'));
    }

    private static boolean isSubstringANumber(String term, int begID,
                                                            int endID) {
        if((term == null) || (term.length() == 0)) return false;
        int min = Math.max(Math.min(begID, endID), 0);
        int max = Math.min(Math.max(begID, endID), term.length());
        if((max-min) < 1) return false;
        char c;
        boolean pointFound = false, numFound = false;
        for(int i = min; i < max; i++) {
            c = term.charAt(i);
            if(c == '.')
                if(pointFound) return false;
                else pointFound = true;
            else if(!Character.isDigit(c)) return false;
            else numFound = true;
        }
        return numFound;
    }
```

```
private static int getIndexOfCorrespondingClosingBracket(String term,
                                                          int pos) {
    if((term == null) || (pos >= term.length())) return -1;
    int cnt = 0, len = term.length();
    char c = term.charAt(pos);
    while((pos < len) && (!isBracket_Close(c) || (cnt > 0))) {
        if(isBracket_Open(c)) cnt++;
        else if(isBracket_Close(c)) cnt--;
        pos++;
        if(pos < len) c = term.charAt(pos);
    }
    if(isBracket_Close(c) && (cnt < 1)) return pos;
    else return -1;
}
```

1.5   Klassen und Objekte

!   Lösungen

Aufgabe 1.5.1:

```
public class MyMath {
    public static double sqr(double value) {
        return (value * value);
    }
    public static double pythagoras(double a, double b) {
        return Math.sqrt(sqr(a) + sqr(b));
    }
    public static MyVector3D add(MyVector3D v1, MyVector3D v2) {
        if((v1 == null) || (v2 == null)) return null;
        return new MyVector3D(v1.x+v2.x, v1.y+v2.y, v1.z+v2.z);
    }
    public static MyVector3D sub(MyVector3D v1, MyVector3D v2) {
        if((v1 == null) || (v2 == null)) return null;
        return new MyVector3D(v1.x-v2.x, v1.y-v2.y, v1.z-v2.z);
    }
    public static double dot(MyVector3D v1, MyVector3D v2) {
        if((v1 == null) || (v2 == null)) return -1.0;
        return (v1.x*v2.x + v1.y*v2.y + v1.z*v2.z);
    }
    public static double getDistance(MyVector3D v1, MyVector3D v2) {
        if((v1 == null) || (v2 == null)) return -1.0;
        return Math.sqrt(sqr(v1.x-v2.x) + sqr(v1.y-v2.y) + sqr(v1.z-v2.z));
    }
}
```

```
public class MyVector3D {
    public double x, y, z;
    public MyVector3D() {
        this(0.0, 0.0, 0.0);
    }
    public MyVector3D(double x, double y, double z) {
        this.x = x;
        this.y = y;
        this.z = z;
    }
    public double getLength() {
        return Math.sqrt(MyMath.sqr(x) + MyMath.sqr(y) + MyMath.sqr(z));
    }
    public void scale(double value) {
        x *= value;
        y *= value;
        z *= value;
    }
    public MyVector3D normalize() {
        double len = getLength();
        if(len == 0.0) return this;
        return new MyVector3D(x/len, y/len, z/len);
    }
}
```

Aufgabe 1.5.2:

a)
```
public void rotateX(double angle) {
    double ang = MyMath.degToRad(angle);
    double sin = Math.sin(ang);
    double cos = Math.cos(ang);
    double yNew = cos * y - sin * z;
    z = sin * y + cos * z;
    y = yNew;
}
```

b)
```
public void rotateY(double angle) {
    double ang = MyMath.degToRad(angle);
    double sin = Math.sin(ang);
    double cos = Math.cos(ang);
    double xNew = cos * x + sin * z;
    z = cos * z - sin * x;
    x = xNew;
}
```

c)
```
public void rotateZ(double angle) {
    double ang = MyMath.degToRad(angle);
    double sin = Math.sin(ang);
    double cos = Math.cos(ang);
    double xNew = cos * x - sin * y;
    y = sin * x + cos * y;
    x = xNew;
}
```

d)
```
public String toString() {
    return (String.format("(%.2f \t%.2f \t%.2f)", x, y, z));
}
```

e)
```
public static MyVector3D cross(MyVector3D v1, MyVector3D v2) {
    if((v1 == null) || (v2 == null)) return null;
    return new MyVector3D(((v1.y * v2.z) - (v1.z * v2.y)),
                          ((v1.z * v2.x) - (v1.x * v2.z)),
                          ((v1.x * v2.y) - (v1.y * v2.x)));
}
```

f)
```
public static double degToRad(double angle) {
    return (Math.PI * angle / 180);
}
```

g)
```
public static double radToDeg(double angle) {
    return (180 * angle / Math.PI);
}
```

h)
```
public static double getAngle(MyVector3D v1, MyVector3D v2) {
    if((v1 == null) || (v2 == null)) return 0.0;
    double lenV1 = v1.getLength();
    double lenV2 = v2.getLength();
    if((lenV1 == 0.0) || (lenV2 == 0.0)) return 0.0;
    return radToDeg(Math.acos(dot(v1, v2) / (lenV1 * lenV2)));
}
```

i)
```
public static MyVector3D[] getCirclePoints(double radius, int count) {
    if((count <= 0) || (radius <= 0)) return null;
    double angle = 360 / count;
    MyVector3D[] result = new MyVector3D[count];
    for(int i = 0; i < count; i++) {
        result[i] = new MyVector3D(radius, 0, 0);
        if(i > 0) result[i].rotateY(i * angle);
    }
    return result;
}
```

Aufgabe 1.5.3:

```java
public class MyMatrix {
    private double[][] matrix;
    public MyMatrix(int column, int row) {
        matrix = new double[column][row];
    }
    public int getColumnSize() {
        return matrix.length;
    }
    public int getRowSize() {
        return matrix[0].length;
    }
    public double getElement(int col, int row) {
        return matrix[col][row];
    }
    public void setElement(int col, int row, double value) {
        matrix[col][row] = value;
    }
    public String toString() {
        String result = " ";
        for(int i = 0; i < getRowSize(); i++) {
            result += "| ";
            for(int j = 0; j < getColumnSize(); j++)
                result += matrix[j][i] + "\t| ";
            result += "\n";
        }
        return result;
    }
}
```

a)
```java
public static MyVector3D mul(MyMatrix mat, MyVector3D vec) {
    if((mat == null) || (vec == null) || (mat.getColumnSize() != 3)
    || (mat.getRowSize() != 3))
        return null;
    MyVector3D result = new MyVector3D();
    result.x = mat.getElement(0, 0) * vec.x + mat.getElement(1, 0) * vec.y
            + mat.getElement(2, 0) * vec.z;
    result.y = mat.getElement(0, 1) * vec.x + mat.getElement(1, 1) * vec.y
            + mat.getElement(2, 1) * vec.z;
    result.z = mat.getElement(0, 2) * vec.x + mat.getElement(1, 2) * vec.y
            + mat.getElement(2, 2) * vec.z;
    return result;
}
```

b)
```
        public static MyMatrix mul(MyMatrix m1, MyMatrix m2) {
            if((m1 != null) && (m2 != null)
            && (m1.getColumnSize() == m2.getRowSize())) {
                double value;
                int rowSize = m1.getRowSize(), colSize = m2.getColumnSize();
                MyMatrix result = new MyMatrix(colSize, rowSize);
                for(int col = 0; col < colSize; col++)
                    for(int row = 0; row < rowSize; row++) {
                        value = 0;
                        for(int i = 0; i < m1.getColumnSize(); i++)
                            value += (m1.getElement(i, row)
                                    * m2.getElement(col, i));
                        result.setElement(col, row, value);
                    }
                return result;
            } else return null;
        }
```

c)
```
        public static MyMatrix transpose(MyMatrix mat) {
            if(mat == null) return null;
            int col = mat.getRowSize(), row = mat.getColumnSize();
            MyMatrix result = new MyMatrix(col, row);
            for(int i = 0; i < col; i++)
                for(int j = 0; j < row; j++)
                    result.setElement(i, j, mat.getElement(j, i));
            return result;
        }
```

d)
```
        public static MyMatrix inverse(MyMatrix mat) {
            if(mat == null) return null;
            int col = mat.getRowSize(), row = mat.getColumnSize();
            if(col != row) return null;
            MyMatrix tmp = new MyMatrix(col, row);
            MyMatrix rst = new MyMatrix(col, row);
            for(int i = 0; i < row; i++)
                for(int j = 0; j < col; j++) {
                    if(i == j) rst.setElement(j, i, 1.0);
                    else rst.setElement(j, i, 0.0);
                    tmp.setElement(j, i, mat.getElement(j, i));
                }
            int tmpID;
            double pivot, hlp;
            for(int i = 0; i < row; i++) {
                pivot = tmp.getElement(i, i);
                if(pivot != 1.0) {
                    tmpID = i;
```

```
            for(int j = i+1; j < row; j++) {
                hlp = tmp.getElement(i, j);
                if((pivot == 0.0) && (hlp != 0.0)) {
                    tmpID = j;
                    pivot = hlp;
                } else if(hlp == 1.0) {
                    tmpID = j;
                    pivot = hlp;
                    break;
                }
            }
            if(tmpID != i) {
                for(int j = 0; j < col; j++) {
                    hlp = tmp.getElement(j, i);
                    tmp.setElement(j, i, tmp.getElement(j, tmpID));
                    tmp.setElement(j, tmpID, hlp);
                    hlp = rst.getElement(j, i);
                    rst.setElement(j, i, rst.getElement(j, tmpID));
                    rst.setElement(j, tmpID, hlp);
                }
            }
        }
        if(pivot == 0) return null;
        else if(pivot != 1.0)
            for(int j = 0; j < col; j++) {
                tmp.setElement(j, i, (tmp.getElement(j, i)/pivot));
                rst.setElement(j, i, (rst.getElement(j, i)/pivot));
            }
        for(int j = 0; j < row; j++)
            if(j != i) {
                hlp = tmp.getElement(i, j);
                for(int k = 0; k < col; k++) {
                    tmp.setElement(k, j, (tmp.getElement(k, j)
                        - (hlp * tmp.getElement(k, i))));
                    rst.setElement(k, j, (rst.getElement(k, j)
                        - (hlp * rst.getElement(k, i))));
                }
            }
    }
    return rst;
}
```

Aufgabe 1.5.4:

```
public abstract class MyObject3D {
    protected MyVector3D transVec;
    protected MyMatrix rotateMat;
    public MyObject3D() {
        transVec = new MyVector3D();
        rotateMat = new MyMatrix(3, 3);
        for(int i = 0; i < 3; i++)
            rotateMat.setElement(i, i, 1.0);
    }
    protected abstract MyVector3D[] getSimpleObjectPoints();
    public MyVector3D[] getObjectPoints() {
        MyVector3D[] pnts = getSimpleObjectPoints();
        if(pnts == null) return null;
        for(int i = 0; i < pnts.length; i++)
            pnts[i] = MyMath.add(MyMath.mul(rotateMat, pnts[i]), transVec);
        return pnts;
    }
    public void translate(MyVector3D trans) {
        if(trans == null) return;
        transVec = MyMath.add(transVec, trans);
    }
    public void rotateX(double angle) {
        double ang = MyMath.degToRad(angle);
        double sin = Math.sin(ang), cos = Math.cos(ang);
        MyMatrix tmp = new MyMatrix(3, 3);
        tmp.setElement(0, 0, 1.0);
        tmp.setElement(1, 1, cos);
        tmp.setElement(2, 1,-sin);
        tmp.setElement(1, 2, sin);
        tmp.setElement(2, 2, cos);
        rotateMat = MyMath.mul(tmp, rotateMat);
    }
    public void rotateY(double angle) {
        double ang = MyMath.degToRad(angle);
        double sin = Math.sin(ang), cos = Math.cos(ang);
        MyMatrix tmp = new MyMatrix(3, 3);
        tmp.setElement(0, 0, cos);
        tmp.setElement(2, 0, sin);
        tmp.setElement(1, 1, 1.0);
        tmp.setElement(0, 2,-sin);
        tmp.setElement(2, 2, cos);
        rotateMat = MyMath.mul(tmp, rotateMat);
    }
```

```
        public void rotateZ(double angle) {
            double ang = MyMath.degToRad(angle);
            double sin = Math.sin(ang), cos = Math.cos(ang);
            MyMatrix tmp = new MyMatrix(3, 3);
            tmp.setElement(0, 0, cos);
            tmp.setElement(1, 0,-sin);
            tmp.setElement(0, 1, sin);
            tmp.setElement(1, 1, cos);
            tmp.setElement(2, 2, 1.0);
            rotateMat = MyMath.mul(tmp, rotateMat);
        }
    }
```

Aufgabe 1.5.5:

```
    public class MyQuader extends MyObject3D {
        public double a, b, h;
        public MyQuader() {
            this(0.0, 0.0, 0.0);
        }
        public MyQuader(double a, double b, double h) {
            super();
            this.a = Math.abs(a);
            this.b = Math.abs(b);
            this.h = Math.abs(h);
        }
        public double getBaseDiagonalLength() {
            return MyMath.pythagoras(a, b);
        }
        public double getDiagonalLength() {
            return MyMath.pythagoras(getBaseDiagonalLength(), h);
        }
        public double getBaseArea() {
            return (a * b);
        }
        public double getLateralSurface() {
            return (2 * h * (a + b));
        }
        public double getSurfaceArea() {
            return (2 * getBaseArea() + getLateralSurface());
        }
        public double getVolume() {
            return (a * b * h);
        }
```

```
        protected MyVector3D[] getSimpleObjectPoints() {
            MyVector3D[] result = new MyVector3D[8];
            double tmpA = 0.5 * a;
            double tmpB = 0.5 * b;
            result[0] = new MyVector3D( tmpA, 0.0, tmpB);
            result[1] = new MyVector3D(-tmpA, 0.0, tmpB);
            result[2] = new MyVector3D(-tmpA, 0.0,-tmpB);
            result[3] = new MyVector3D( tmpA, 0.0,-tmpB);
            result[4] = new MyVector3D( tmpA, h, tmpB);
            result[5] = new MyVector3D(-tmpA, h, tmpB);
            result[6] = new MyVector3D(-tmpA, h,-tmpB);
            result[7] = new MyVector3D( tmpA, h,-tmpB);
            return result;
        }
    }
```

Aufgabe 1.5.6:

```
    public class MyPyramid_Truncated extends MyQuader {
        public double a2, b2;
        public MyPyramid_Truncated() {
            this(0.0, 0.0, 0.0, 0.0, 0.0);
        }
        public MyPyramid_Truncated(double a1, double a2,
                                   double b1, double b2, double h) {
            super(a1, b1, h);
            this.a2 = Math.abs(a2);
            this.b2 = Math.abs(b2);
        }
        public double getTopDiagonalLength() {
            return MyMath.pythagoras(a2, b2);
        }
        public double getTopArea() {
            return (a2 * b2);
        }
        public double getLateralAreaHeight_B() {
            return MyMath.pythagoras((0.5 * (a - a2)), h);
        }
        public double getLateralAreaHeight_A() {
            return MyMath.pythagoras((0.5 * (b - b2)), h);
        }
        public double getLateralEdgeLength() {
            return MyMath.pythagoras((0.5 * (getBaseDiagonalLength()
                                      - getTopDiagonalLength())), h);
        }
```

```
        public double getDiagonalLength() {
            return MyMath.pythagoras(getBaseDiagonalLength(),
                    getLateralEdgeLength());
        }
        public double getLateralSurface() {
            return (getLateralAreaHeight_A() * (a + a2)
                    + getLateralAreaHeight_B() * (b + b2));
        }
        public double getSurfaceArea() {
            return (getBaseArea() + getTopArea() + getLateralSurface());
        }
        public double getVolume() {
            return ((h / 3) * (a * b + a2 * b2 + Math.sqrt(a * a2 * b * b2)));
        }
        protected MyVector3D[] getSimpleObjectPoints() {
            MyVector3D[] result = new MyVector3D[8];
            double tmpA = 0.5 * a;
            double tmpB = 0.5 * b;
            result[0] = new MyVector3D( tmpA, 0.0, tmpB);
            result[1] = new MyVector3D(-tmpA, 0.0, tmpB);
            result[2] = new MyVector3D(-tmpA, 0.0,-tmpB);
            result[3] = new MyVector3D( tmpA, 0.0,-tmpB);
            tmpA = 0.5 * a2;
            tmpB = 0.5 * b2;
            result[4] = new MyVector3D( tmpA, h, tmpB);
            result[5] = new MyVector3D(-tmpA, h, tmpB);
            result[6] = new MyVector3D(-tmpA, h,-tmpB);
            result[7] = new MyVector3D( tmpA, h,-tmpB);
            return result;
        }
    }
}
```

Aufgabe 1.5.7:

```
            public class MyCylinder extends MyObject3D {
                public double r, h;
                public MyCylinder() {
                    this(0.0, 0.0);
                }
                public MyCylinder(double r, double h) {
                    super();
                    this.r = r;
                    this.h = h;
                }
                public double getCircumference() {
                    return (2 * Math.PI * r);
                }
```

```
    public double getBaseArea() {
        return (Math.PI * MyMath.sqr(r));
    }
    public double getLateralSurface() {
        return (getCircumference() * h);
    }
    public double getSurfaceArea() {
        return (2 * getBaseArea() + getLateralSurface());
    }
    public double getVolume() {
        return (getBaseArea() * h);
    }
    protected final static int pointCount = 40;
    protected MyVector3D[] getSimpleObjectPoints() {
        MyVector3D[] result = MyMath.getCirclePoints(r, pointCount);
        if(result == null) return null;
        result = java.util.Arrays.copyOf(result, 2 * pointCount);
        for(int i = 0; i < pointCount; i++)
            result[pointCount+i] = new MyVector3D(result[i].x, h, result[i].z);
        return result;
    }
}
public class MyCone extends MyCylinder {
    public MyCone() { this(0.0, 0.0); }
    public MyCone(double r, double h) { super(r, h); }
    public double getLateralHeight() {
        return (MyMath.pythagoras(r, h));
    }
    public double getLateralSurface() {
        return (Math.PI * r * getLateralHeight());
    }
    public double getSurfaceArea() {
        return (getBaseArea() + getLateralSurface());
    }
    public double getVolume() {
        return (super.getVolume() / 3);
    }
    protected MyVector3D[] getSimpleObjectPoints() {
        MyVector3D[] result = MyMath.getCirclePoints(r, pointCount);
        if(result == null) return null;
        result = java.util.Arrays.copyOf(result, pointCount+1);
        result[pointCount] = new MyVector3D(0.0, h, 0.0);
        return result;
    }
}
```

```java
public class MyCone_Truncated extends MyCone {
    public double r2;
    public MyCone_Truncated() {
        this(0.0, 0.0, 0.0);
    }
    public MyCone_Truncated(double r1, double r2, double h) {
        super(r1, h);
        this.r2 = r2;
    }
    public double getCircumferenceTop() {
        return (2 * Math.PI * r2);
    }
    public double getTopArea() {
        return (Math.PI * MyMath.sqr(r2));
    }
    public double getLateralHeight() {
        return (MyMath.pythagoras((r - r2), h));
    }
    public double getLateralSurface() {
        return ((r + r2) * Math.PI * getLateralHeight());
    }
    public double getSurfaceArea() {
        return (super.getSurfaceArea() + getTopArea());
    }
    public double getVolume() {
        return (Math.PI * h * (MyMath.sqr(r) + MyMath.sqr(r2) +
                                              (r * r2)) / 3);
    }
    protected MyVector3D[] getSimpleObjectPoints() {
        MyVector3D[] result = MyMath.getCirclePoints(r, pointCount);
        MyVector3D[] tmp = MyMath.getCirclePoints(r2, pointCount);
        if((result == null) || (tmp == null)) return null;
        result = java.util.Arrays.copyOf(result, 2 * pointCount);
        for(int i = 0; i < pointCount; i++)
            result[pointCount+i] = new MyVector3D(tmp[i].x, h, tmp[i].z);
        return result;
    }
}
```

1.6   Listen und generische Klassen

! Lösungen

Aufgabe 1.6.1:

```java
public class MyObject3DElement {
    public MyObject3D obj;
    public MyObject3DElement next, prev;
    public MyObject3DElement(MyObject3D obj, MyObject3DElement prev,
                                              MyObject3DElement next) {
        this.obj = obj;
        this.next = next;
        this.prev = prev;
    }
}
public class MyObject3DList {
    private MyObject3DElement root, last;
    public boolean isEmpty() { return (root == null); }
    public int getLength() {
        int count = 0;
        for(MyObject3DElement cur = root; cur != null; cur = cur.next)
            count++;
        return count;
    }
    public boolean add(MyObject3D obj) {
        if(obj == null) return false;
        if(isEmpty()) {
            root = new MyObject3DElement(obj, null, null);
            last = root;
        } else {
            last = new MyObject3DElement(obj, last, null);
            last.prev.next = last;
        }
        return true;
    }
```

```
public boolean insert(MyObject3D obj, int pos) {
    if(obj == null) return false;
    if((pos >= 0) && (pos < getLength())) {
        MyObject3DElement tmp = root;
        for(int i = 0; i < pos; i++) tmp = tmp.next;
        MyObject3DElement neu =
                        new MyObject3DElement(obj, tmp.prev, tmp);
        if(tmp.prev != null) tmp.prev.next = neu;
        else root = neu;
        tmp.prev = neu;
        return true;
    } else return add(obj);
}
public boolean remove(MyObject3DElement elem) {
    if(elem != null) {
        if(elem.equals(root)) root = root.next;
        if(elem.equals(last)) last = last.prev;
        if(elem.prev != null) elem.prev.next = elem.next;
        if(elem.next != null) elem.next.prev = elem.prev;
        return true;
    } else return false;
}
public boolean remove(MyObject3D obj) {
    return (remove(find(obj)));
}
public MyObject3DElement find(MyObject3D obj) {
    if(obj == null) return null;
    MyObject3DElement tmp = root;
    while((tmp != null) && (!tmp.obj.equals(obj)))
        tmp = tmp.next;
    return tmp;
}
}
```

Aufgabe 1.6.2:

```
public class ListElem<E> {
    public ListElem<E> prev, next;
    public E content;
    public ListElem(E content, ListElem<E> prev, ListElem<E> next) {
        this.prev = prev;
        this.next = next;
        this.content = content;
    }
}
```

```
public class List<E> {
    public ListElem<E> root;
    public boolean isEmpty() { return (root == null); }
    public int getLength() {
        int count = 0;
        for(ListElem<E> tmp = root; tmp != null; tmp = tmp.next) count++;
        return count;
    }
    public void add(E obj) {
        if(obj == null) return;
        if(!isEmpty()) {
            ListElem<E> tmp = root;
            while(tmp.next != null) tmp = tmp.next;
            tmp.next = new ListElem<E>(obj, tmp, null);
        } else root = new ListElem<E>(obj, null, null);
    }
    public boolean remove(ListElem<E> elem) {
        if(elem != null) {
            if(elem == root) root = root.next;
            if(elem.prev != null) elem.prev.next = elem.next;
            if(elem.next != null) elem.next.prev = elem.prev;
            return true;
        } return false;
    }
    public boolean remove(E obj) {
        return remove(find(obj));
    }
    public ListElem<E> find(E obj) {
        if(obj == null) return null;
        for(ListElem<E> tmp = root; tmp != null; tmp = tmp.next)
            if((tmp.content == obj)) return tmp;
        return null;
    }
}
```

Aufgabe 1.6.3:

```
public class LottoManipulatedException extends Exception {
    public LottoManipulatedException(int z) {
        super("Die Zahl "+z+" wurde bereits gezogen!");
    }
}
```

```
public abstract class Lottozahlen {
    protected List<Integer> drawnedNumbers;
    public Lottozahlen() {
        drawnedNumbers = new List<Integer>();
    }
    public boolean isEmpty() {
        return drawnedNumbers.isEmpty();
    }
    public int getCount() {
        return drawnedNumbers.getLength();
    }
    protected abstract boolean canAddNumber(int z)
                                throws LottoManipulatedException;
    public boolean addDrawnNumber(int z) {
        boolean result = false;
        try {
            result = canAddNumber(z);
            if(result) drawnedNumbers.add(z);
        } catch (LottoManipulatedException ex) {}
        return result;
    }
    public void clear() {
        drawnedNumbers.root = null;
    }
    public String toString() {
        StringBuilder str = new StringBuilder();
        if(!isEmpty()) {
            str.append("|");
            for(ListElem<Integer> tmp = drawnedNumbers.root;
                                tmp != null; tmp = tmp.next)
                str.append(" "+tmp.content+"|");
        }
        return str.toString();
    }
}
public class Lotto6aus49 extends Lottozahlen {
    public Lotto6aus49() {
        super();
    }
    protected boolean canAddNumber(int z)
                                throws LottoManipulatedException {
        if(drawnedNumbers.find(z) != null)
            throw new LottoManipulatedException(z);
        return (getCount() < 8);
    }
}
```

1.7 Klausuraufgaben zu den Grundlagen der Programmierung

! Lösungen

Aufgabe 1.7.1 (Zeitlimit: 30 Min.):

a)
```
public static String mask(String str) {
    if(str == null) return null;
    StringBuilder result = new StringBuilder();
    for(int i = 0; i < str.length(); i++) result.append('*');
    return result.toString();
}
```

b)
```
public static String sortLetters(String str) {
    if(str == null) return null;
    char[] car = str.toCharArray();
    int hi = car.length-1;
    for(int k = 1; k <= hi; k++)
        if(car[k] < car[k-1]) {
            char x = car[k];
            int i;
            for(i = k; ((i > 0) && (car[i-1] > x)); i--)
                car[i] = car[i-1];
            car[i] = x;
        }
    return new String(car);
}
```

c)
```
public static boolean isPalindrom(String str) {
    if(str == null) return false;
    for(int i = 0; i < str.length()/2; i++)
        if(str.charAt(i) != str.charAt(str.length()-i-1)) return false;
    return true;
}
```

d)
```
public static boolean isAnagramm(String str1, String str2) {
    if((str1 == null) || (str2 == null) || (str1.length() != str2.length()))
        return false;
    return sortLetters(str1).equals(sortLetters(str2));
}
```

Aufgabe 1.7.2 (Zeitlimit: 20 Min.): Die gesuchten Fehler sind:

Zeile 15: Ist die Bedingung erfüllt wird hier ein boolescher Wert zurückgegeben. Laut Methodenkopf ist jedoch eine Rückgabe vom Typ *int[]* gefordert. An dieser Stelle sollte ein *NullPointer* (*null*) geliefert werden.

Zeile 19: Hier stimmt zwar der Typ des Rückgabewertes, jedoch wird hier nicht wie gefordert die Kopie (*result*) des Feldes *vector* geliefert, sondern das Original selbst.

Zeile 29: Bei der Deklaration der Variable *id* innerhalb der for-Schleife, muss dieser zunächst mit ,=' ein Wert zugewiesen werden. Mit ,==' wird jedoch eine Vergleichsoperation vollzogen, die hier nicht möglich ist.

Zeile 29: Durch den Ausdruck *id--* wird der Wert von *id* Schritt für Schritt dekrementiert. Um die Abbruchbedingung der for-Schleife zu erfüllen, muss diese jedoch inkrementiert (*id++*) werden.

Zeile 33: Bei dieser Methode sollten die Elemente des Arrays aufsteigend sortiert werden. Laut der vorherigen if-Abfrage wird das Element an der Position *id* auch mit seinem Nachfolger verglichen. Lediglich die Tauschoperation wird hier mit dem Vorgänger vollzogen (*result[id-1]*). Die Indexposition ist also falsch und sollte durch *id+1* ersetzt werden.

Zeile 43: Bei der Deklaration der Variable *vecObj* fehlt die Typangabe. Korrekt wäre hier *Vector vecObj = new Vector();*.

Zeile 45: Laut der Spezifikation der Klasse *Vector* wurde das Feld *sorted* auf *private* gesetzt. Demnach ist dieses außerhalb der Klasse nicht sichtbar, kann also in der while-Abfrage nicht genutzt werden. Um diesen Fehler zu beheben, könnte die Variable *sorted* beispielsweise mit dem Attribut *public* versehen werden.

Aufgabe 1.7.3 (Zeitlimit: 40 Min.):

```java
public class WarenKiste {
    public double height, width, depth, weight;
    public WarenKiste() {
        this(0.0, 0.0, 0.0, 0.0);
    }
    public WarenKiste(double height, double width, double depth,
                                            double weight) {
        this.height = height;
        this.width = width;
        this.depth = depth;
        this.weight = weight;
    }
}
```

```
public class WarenSegment {
    public double height, width, depth, maxWeight;
    public WarenKiste[] depot;

    public WarenSegment() { this(0.0, 0.0, 0.0, 0.0); }

    public WarenSegment(double height, double width, double depth,
                                                    double maxWeight) {
        this.height = height;
        this.width = width;
        this.depth = depth;
        this.maxWeight = maxWeight;
        this.depot = new WarenKiste[9];
    }

    public boolean kisteHinzufuegen(WarenKiste kiste) {
        if(kiste == null) return false;
        int id = getFreePlace();
        if(id < 0) return false;
        double w = getTotalWeight() + kiste.weight;
        if(w > maxWeight) return false;
        boolean canStore = canAddBoxToDepot(kiste);
        if(canStore) depot[id] = kiste;
        return canStore;
    }

    private int getFreePlace() {
        int index = -1;
        for(int i = 0; ((i < depot.length) && (index < 0)); i++)
            if(depot[i] == null) index = i;
        return index;
    }

    private double getTotalWeight() {
        double result = 0.0;
        for(int i = 0; i < depot.length; i++)
            if(depot[i] != null) result += depot[i].weight;
        return result;
    }

    private boolean canAddBoxToDepot(WarenKiste kiste) {
        if(kiste == null) return false;
        double w = width / 3, d = depth / 3;
        return (((((kiste.width <= w) && (kiste.depth <= d))
                || ((kiste.width <= d) && (kiste.depth <= w)))
                && (kiste.height <= height))
                || (((((kiste.width <= w) && (kiste.height <= d))
                || ((kiste.width <= d) && (kiste.height <= w)))
                && (kiste.depth <= height))
                || (((((kiste.depth <= w) && (kiste.height <= d))
                || ((kiste.depth <= d) && (kiste.height <= w)))
                && (kiste.width <= height)));
    }
}
```

```
public class WarenRegalsystem {
    public WarenSegment[] segmente;
    public boolean sucheSegmentFuerKiste(WarenKiste kiste) {
        if(kiste == null) return false;
        WarenSegment tmp = null;
        for(int i = 0; i < segmente.length; i++)
            if((segmente[i].getFreePlace() >= 0)
            && ((segmente[i].getTotalWeight() + kiste.weight)
            <= segmente[i].maxWeight)
            && (segmente[i].canAddBoxToDepot(kiste)))
                if(tmp != null) {
                    if((segmente[i].width < tmp.width)
                    || (segmente[i].depth < tmp.depth))
                        tmp = segmente[i];
                } else tmp = segmente[i];
        if(tmp != null) return tmp.kisteHinzufuegen(kiste);
        else return false;
    }
}
```

Aufgabe 1.7.4 (Zeitlimit: 30 Min.):

a) Mithilfe der Funktion kann die Quersumme einer natürlichen Zahl n berechnet werden. Die Funktion ist linear-rekursiv, da pro Alternativzweig maximal ein rekursiver Aufruf vorhanden ist und der Rekursionsparameter n durch eine lineare Funktion $(n/10)$ manipuliert wird. Würde n de- oder inkrementiert werden, wäre hier auch primitiv-rekursiv möglich. Das Schema der Rumpf-Rekursion ist nicht zutreffend, da nach dem Rekursionsaufruf in der zweiten Alternative zusätzlich eine Addition durchgeführt wird. Laut Definition für rumpf-rekursiv, darf in einem Alternativzweig, in welchem (maximal) ein rekursiver Aufruf vorhanden ist, keine weitere Operation mehr ausgeführt werden. Die Baum-Rekursion ist ebenfalls nicht möglich. Hierfür müssten in einer der Alternative mindestens zwei oder mehrere Rekursionsaufrufe enthalten sein.

b) Mit der Funktion $\mathcal{G}(n, m)$ kann der größte gemeinsame Teiler von n und m ermittelt werden. Laut Definition der möglichen Rekursionschemata entspricht dies lediglich einer linearen Rekursion und insbesondere der Rumpf-Rekursion (siehe Begründung in Aufgabenteil a).

c)
```
public static int getMaximum_iterativ(int[] arr) {
    int max = arr[0];
    for(int i = 1; i < arr.length; i++)
        if(max < arr[i]) max = arr[i];
    return max;
}
```

```
public static int getMaximum_rumpf(int[] arr) {
    return getMaximum_rumpfrek(arr, arr[0], 1);
}

private static int getMaximum_rumpfrek(int[] arr, int max, int index) {
    if(index >= arr.length) return max;
    return getMaximum_rumpfrek(arr, ((max < arr[index]) ? arr[index] : max),
                                                                  index+1);
}
```

d)

```
public static double wurzelHeron_iterativ(double a, int n) {
    double x = (a + 1) / 2;
    for(int i = 0; i < n; i++)
        x = (x + (a / x)) / 2;
    return x;
}

public static double wurzelHeron_baum(double a, int n) {
    if(n == 0) return ((a + 1) / 2);
    return ((wurzelHeron_baum(a, n-1) + a / wurzelHeron_baum(a, n-1)) / 2);
}

public static double wurzelHeron_rumpf(double a, int n) {
    return wurzelHeron_rumpfrek(a, n, ((a + 1) / 2));
}

private static double wurzelHeron_rumpfrek(double a, int n, double result) {
    if(n == 0) return result;
    return wurzelHeron_rumpfrek(a, n-1, ((result + a / result) / 2));
}
```

Aufgabe 1.7.5 (Zeitlimit: 20 Min.):

a)

```
public static String changeDateFormat(String str) {
    return (str.substring(3, 6) + str.substring(0, 3) + str.substring(6, str.length()));
}
```

b)

```
public static int countWords(String str) {
    char c;
    int count = 0;
    boolean wordFound = true;
    for(int i = 0; i < str.length(); i++) {
        c = str.charAt(i);
        if(c == ' ') {
            if(wordFound) count++;
            wordFound = true;
        } else if(!Character.isLetter(c)) wordFound = false;
    }
    return ((wordFound) ? count+1 : count);
}
```

c)
```
        public static String getRunLengthEncoding(String str) {
            StringBuilder result = new StringBuilder();
            int count = 1;
            char c;
            for(int i = 0; i < str.length(); i++) {
                c = str.charAt(i);
                if(i < str.length()-1) {
                    if(c != str.charAt(i+1)) {
                        result.append(count+" "+c);
                        count = 1;
                    } else count++;
                } else result.append(count+" "+c);
            }
            return result.toString();
        }
```

Aufgabe 1.7.6 (Zeitlimit: 30 Min.):

a)
```
    public static int zahlenFolge_iterativ(int n) {
        int hlp = 1, tmp1 = 1, tmp2 = 1, rslt = 1;
        while(n > 2) {
            hlp = tmp1;
            tmp1 = tmp2;
            tmp2 = rslt;
            if((n % 2) != 0) rslt = hlp + tmp1;
            n--;
        }
        return rslt;
    }
    public static int zahlenFolge_baum(int n) {
        if(n < 3) return 1;
        else if(n % 2 == 0) return zahlenFolge_baum(n-1);
        else return zahlenFolge_baum(n-2) + zahlenFolge_baum(n-3);
    }
    public static int zahlenFolge_rumpf(int n) {
        return zahlenFolge_rumpfrek(n, 1, 1, 1);
    }
    private static int zahlenFolge_rumpfrek(int n, int acc1, int acc2, int acc3) {
        if(n < 3) return acc3;
        if(n % 2 == 0) return zahlenFolge_rumpfrek(n-1, acc2, acc3, acc3);
        return zahlenFolge_rumpfrek(n-1, acc2, acc3, acc1+acc2);
    }
```

b)
```
public static int[] reverseArray_iterativ(int[] arr) {
    if(arr == null) return null;
    int len = arr.length;
    int[] result = new int[len];
    for(int i = len; i > 0; i--)
        result[len-i] = arr[i-1];
    return result;
}
public static int[] reverseArray_rumpf(int[] arr) {
    if(arr == null) return null;
    return reverseArray_rumpfrek(arr, (arr.length / 2) - 1);
}
private static int[] reverseArray_rumpfrek(int[] arr, int swapInd) {
    if(swapInd < 0) return arr;
    int tmp = arr[swapInd];
    arr[swapInd] = arr[arr.length-swapInd-1];
    arr[arr.length-swapInd-1] = tmp;
    return reverseArray_rumpfrek(arr, swapInd-1);
}
```

c)
```
public static int specialSum_iterativ(int n) {
    int result = 0;
    for(int i = 2; i <= n; i += 2)
        if((i % 6) != 0) result += i;
    return result;
}
public static int specialSum_rumpf(int n) {
    if((n % 2) == 0) return specialSum_rumpfrek(n, 0);
    return specialSum_rumpfrek(n - 1, 0);
}
private static int specialSum_rumpfrek(int n, int sum) {
    if(n <= 0) return sum;
    if((n % 6) == 0) return specialSum_rumpfrek(n - 2, sum);
    return specialSum_rumpfrek(n - 2, sum + n);
}
```

Aufgabe 1.7.7 (Zeitlimit: 30 Min.):

```
public class NotEnoughMoneyException extends Exception {
    public NotEnoughMoneyException(double fehlBetrag) {
        System.out.println("Um den Kauf abzuschliessen fehlen"
                                            +fehlBetrag+"Euro");
    }
}
```

```
public abstract class BasisAutomat {
    protected double betrag;
    public BasisAutomat() { betrag = 0.0; }
    public abstract void getItem();
    public abstract String getQuittung() throws NotEnoughMoneyException;
    public void addBetrag(double betrag) { this.betrag += betrag; }
    public double getEingeworfenenBetrag() { return betrag; }
    public void kaufAbschliessen() throws NotEnoughMoneyException {
        System.out.println(getQuittung());
        getItem();
        betrag = 0.0;
    }
}
public class TicketAutomat extends BasisAutomat {
    protected double preisProTicket;
    public TicketAutomat(double preisProTicket) {
        super();
        this.preisProTicket = preisProTicket;
    }
    public String getQuittung() throws NotEnoughMoneyException {
        if(betrag < preisProTicket)
            throw new NotEnoughMoneyException(preisProTicket-betrag);
        return ("Ticketpreis: "+preisProTicket
            +"Euro (inkl. "+(preisProTicket*0.19)+"Euro Mehrwertsteuer)\n"
            +"Bar gezahlt: "+betrag+" Euro\n"
            +"Zurück: "+(preisProTicket-betrag)+" Euro");
    }
    public void getItem() ...
}
```

Aufgabe 1.7.8 (Zeitlimit: 30 Min.):

```
public class IllegalListElementException extends Exception {
    public IllegalListElementException() {
        System.out.println("Ungültiger Automat");
    }
}

public class AutomatNotFoundException extends Exception {
    public AutomatNotFoundException() {
        System.out.println("Automat konnte nicht gefunden werden");
    }
}
```

```java
public class BasisAutomatElement {
    public BasisAutomat automat;
    public BasisAutomatElement next;
    public BasisAutomatElement(BasisAutomat automat,
                                              BasisAutomatElement next) {
        this.automat = automat;
        this.next = next;
    }
}
public class BasisAutomatListe {
    private BasisAutomatElement root;
    public boolean isEmpty() { return (root == null); }
    public int getLength() {
        int count = 0;
        for(BasisAutomatElement tmp = root; tmp != null; tmp = tmp.next)
            count++;
        return count;
    }
    public void add(BasisAutomat automat) throws IllegalListElementException
    {
        if(automat == null) throw new IllegalListElementException();
        if(!isEmpty()) {
            BasisAutomatElement tmp = root;
            while(tmp.next != null) tmp = tmp.next;
            tmp.next = new BasisAutomatElement(automat, null);
        } else root = new BasisAutomatElement(automat, null);
    }
    public void remove(BasisAutomat automat)
                                    throws IllegalListElementException {
        if(automat == null) throw new IllegalListElementException();
        for(BasisAutomatElement tmp = root; tmp != null; tmp = tmp.next)
            if((tmp.next != null) && (tmp.next.automat == automat)) {
                tmp.next = tmp.next.next;
                break;
            }
    }
    public BasisAutomatElement find(BasisAutomat automat)
                                    throws AutomatNotFoundException {
        if(automat == null) throw new AutomatNotFoundException();
        for(BasisAutomatElement tmp = root; tmp != null; tmp = tmp.next)
            if((tmp.automat == automat)) return tmp;
        throw new AutomatNotFoundException();
    }
    public void combine(BasisAutomatListe list) {
        if(!isEmpty()) {
            BasisAutomatElement tmp = root;
            while(tmp.next != null) tmp = tmp.next;
            tmp.next = list.root;
        } else root = list.root;
    }
}
```

Aufgabe 1.7.9 (Zeitlimit: 20 Min.): Die gesuchten Fehler sind:

Zeile 08: Der Ausdruck {7} ist falsch, da hierdurch ein eigenständiges Array mit dem Element ‚7' definiert wird. Für den korrekten Ablauf müssen die geschweiften Klammern entfernt werden.

Zeile 11: Der Wert von j sollte hier in- und nicht dekrementiert werden.

Zeile 15: Vor dem Methodenende sollte noch der geforderte Wert von *count* geliefert werden. Hier fehlt also die return-Anweisung (*return count;*).

Zeile 23: Hier sollte die Länge des Arrays in Abhängigkeit zum Parameter c festgelegt werden.

Zeile 24: Die einzelnen Teilausdrücke in einer for-Schleife müssen mit einem Semikolan voneinander abgerenzt werden. Die Verwendung von Kommas ist hier falsch.

Zeile 25: Bevor die Koordinaten (x, y) eines Punkte gesetzt werden können, muss das jeweilige Punktobjekt erst erzeugt werden. Die Anweisung *result[i] = new Point();* muss an dieser Stelle eingefügt werden.

Zeile 31: In der Parameterliste der main-Methode ist ein Klammerpaar zu viel vermerkt worden.

Zeile 32: Der new-Operator muss entfernt werden, da die Elemente des zweidimensionalen Arrays direkt angegeben werden.

Aufgabe 1.7.10 (Zeitlimit: 40 Min.):

```
public class Waggon {
    private double objLaenge;
    public Waggon(double objLaenge) {...}
    public double getLaenge() {...}
}
public class WaggonElement {
    Waggon element;
    WaggonElement next;
    public WaggonElement(Waggon element, WaggonElement next) {
        this.element = element;
        this.next = next;
    }
}
```

```
public class WaggonListe {
    WaggonElement start;
    public boolean isEmpty() {...}
    public boolean add(Waggon element) {...}
    public boolean remove(Waggon element) {
        if(!isEmpty()) {
            if(start.element == element) {
                start = start.next;
                return true;
            } else {
                boolean removed = false;
                WaggonElement tmp = start;
                while(!removed && (tmp.next != null)) {
                    if(tmp.next.element == element) {
                        tmp.next = tmp.next.next;
                        removed = true;
                    }
                    tmp = tmp.next;
                }
                return removed;
            }
        } else return false;
    }
}
public class Lokomotive {
    private double objLaenge, maxLaenge;
    private int maxWaggonAnzahl;
    private WaggonListe waggons;
    public Lokomotive(double objLaenge, double maxLaenge,
                                            int maxWaggonAnzahl) {
        this.objLaenge = objLaenge;
        this.maxLaenge = maxLaenge;
        this.maxWaggonAnzahl = maxWaggonAnzahl;
        waggons = new WaggonListe();
    }
    public double getLaenge() { return objLaenge; }
    public double getMaxLaenge() { return maxLaenge; }
    public int getMaxWaggonAnzahl() { return maxWaggonAnzahl; }
    public void setLaenge(double value) { objLaenge = value; }
    public void setMaxLaenge(double value) { maxLaenge = value; }
    public void setMaxWaggonAnzahl(int value) { maxWaggonAnzahl = value; }
```

```
public double getAktuelleZugLaenge() {
    double result = objLaenge;
    if(!waggons.isEmpty()) {
        WaggonElement tmp = waggons.start;
        while(tmp != null) {
            result += tmp.element.getLaenge();
            tmp = tmp.next;
        }
    }
    return result;
}
public int getAktuelleWaggonanzahl() {
    int count = 0;
    if(!waggons.isEmpty()) {
        WaggonElement tmp = waggons.start;
        while(tmp != null) {
            tmp = tmp.next;
            count++;
        }
    }
    return count;
}
public boolean addWaggon(Waggon element) {
    int cnt = getAktuelleWaggonanzahl() + 1;
    double len = getAktuelleZugLaenge() + element.getLaenge();
    if((cnt > maxWaggonAnzahl) || (len > maxLaenge)) return false;
    waggons.add(element);
    return true;
}
public boolean removeWaggon(Waggon element) {...}
}
```

2 Algorithmen und Datenstrukturen

2.1 Sortieralgorithmen

! Lösungen

Aufgabe 2.1.1:

a)

S	O	R	T	I	E	R	V	E	R	F	A	H	R	E	N	h
H	O	R	T	I	E	R	V	E	R	F	A	**S**	R	E	N	12
H	O	**E**	T	I	E	R	V	E	R	F	A	S	R	**R**	N	12
H	O	E	**N**	I	E	R	V	E	R	F	A	S	R	R	**T**	12
H	**F**	E	N	I	E	R	V	E	R	**O**	A	S	R	R	T	9
H	F	**A**	N	I	E	R	V	E	R	O	**E**	S	R	R	T	9
H	F	A	N	I	E	R	**R**	E	R	O	E	S	**V**	R	T	6
H	**E**	A	N	I	**F**	R	R	E	R	O	E	S	V	R	T	4
H	E	A	N	**E**	F	R	R	**I**	R	O	E	S	V	R	T	4
H	E	A	N	E	F	**O**	R	I	R	**R**	E	S	V	R	T	4
H	E	A	N	E	F	O	**E**	I	R	R	**R**	S	V	R	T	4
A	E	**H**	N	E	F	O	E	I	R	R	R	S	V	R	T	2
A	E	**E**	N	**H**	F	O	E	I	R	R	R	S	V	R	T	2
A	E	E	**F**	H	**N**	O	E	I	R	R	R	S	V	R	T	2
A	E	E	F	H	**E**	O	**N**	I	R	R	R	S	V	R	T	2
A	E	E	F	H	E	**I**	N	**O**	R	R	R	S	V	R	T	2
A	E	E	F	H	E	I	N	O	R	R	R	**R**	V	**S**	T	2
A	E	E	F	H	E	I	N	O	R	R	R	R	**T**	S	**V**	2
A	E	E	F	**E**	**H**	I	N	O	R	R	R	R	T	S	V	1
A	E	E	F	E	H	I	N	O	R	R	R	R	**S**	**T**	V	1
A	E	E	**E**	**F**	H	I	N	O	R	R	R	R	S	T	V	1

b) Schritte, in denen keine Tauschoperation durchgeführt wurde, wurden gestrichen.

S	O	R	T	I	E	R	V	E	R	F	A	H	R	E	N	links	rechts	Pivot
N	O	R	I	E	R	E	R	F	A	H	R	E	S	T	V	0	15	S
A	E	R	I	E	R	N	R	F	E	H	R	O	S	T	V	0	12	E
A	E	O	I	E	N	F	E	H	R	R	R	R	S	T	V	2	12	R
A	E	H	I	E	F	E	N	O	R	R	R	R	S	T	V	2	8	N
A	E	E	I	H	F	E	N	O	R	R	R	R	S	T	V	2	6	E
A	E	E	E	F	H	I	N	O	R	R	R	R	S	T	V	3	6	H

Aufgabe 2.1.2:

```
public static void doShakerSort(char[] arr) {
    if(arr == null) return;
    int left = 0, right = arr.length-1, tmp = 0;
    do {
        for(int i = left; i < right; i++) {
            if(arr[i] > arr[i+1]) {
                swapElements(arr, i, i+1);
                tmp = i;
            }
        }
        right = tmp;
        tmp--;
        for(int i = right-1; i >= left; i--) {
            if(arr[i] > arr[i+1]) {
                swapElements(arr, i, i+1);
                tmp = i;
            }
        }
        tmp++;
        left = tmp;
    } while(left <= right-1);
}

private static boolean swapElements(char[] arr, int ind01, int ind02) {
    char tmp = arr[ind01];
    arr[ind01] = arr[ind02];
    arr[ind02] = tmp;
    return true;
}
```

Aufgabe 2.1.3:

```
private static char[] tmp;
public static void doMergeSort(char[] arr) {
    if(arr == null) return;
    tmp = new char[arr.length];
    int step = 1;
    System.out.println("MergeSort:\n(Eingabe: "+new String(arr)+")");
    while(step < arr.length) {
        merge(arr, step);
        step *= 2;
    }
}

private static void merge(char[] arr, int step) {
    int right, l, r, m;
    for(int left = 0; left < arr.length; left += (2 * step)) {
        right = left + 2 * step - 1;
        if(right >= arr.length) right = arr.length - 1;
        m = (left + right + 1) / 2;
        l = left;
        r = m;
        for(int i = left; i <= right; i++)
            if((l < m) && ((r > right) || (arr[l] < arr[r])))
                tmp[i] = arr[l++];
            else tmp[i] = arr[r++];
        for(int i = left; i <= right; i++) arr[i] = tmp[i];
        System.out.print("|");
        for(int i = left; i <= right; i++) System.out.print(arr[i]+"|");
        System.out.print("\t");
    }
    System.out.println();
}
```

Aufgabe 2.1.4:

Aktionär	Anteile	Index	1.Schritt	2.Schritt	3.Schritt
Ernie	258	0	6	5	4
Eckhardt	159	1	7	6	1
Bert	357	2	5	4	7
Max	456	3	4	3	9
Amalia	265	4	3	7	5
Louis	149	5	8	1	0
Luise	349	6	9	2	6
Sara	231	7	0	0	3
Chris	182	8	2	9	2
Eric	371	9	1	8	8

2.2 Stacks und Queues

Aufgabe 2.2.1: In folgender Tabelle repräsentieren die einzelnen Spalten (von links nach rechts) den Zustand des Stacks nach Ausführung der jeweiligen Operationen:

						3						
				8		6	6	18				
	3		4	4	2	2	2	2	9		5	
2	2	1	1	1	1	1	1	1	1	10	10	-5

Der zugehörige Postfix-Ausdruck lautet: *5 3 6 * 8 4 / / 3 2 - + -*

Aufgabe 2.2.2:

```java
public class StackRechner {
    private String infixToPostfix(String input) {
        int parseValue;
        String postfix = " ", token;
        StringTokenizer allToken = new StringTokenizer(input);
        Stack<String> postfixStack = new Stack<String>();
        while(allToken.hasMoreElements()) {
            token = allToken.nextToken();
            switch(token.charAt(0)) {
                case '+':
                case '-':
                    while(!postfixStack.isEmpty())
                        postfix += postfixStack.pop() + " ";
                    postfixStack.push(token);
                    break;
                case '*':
                case '/':
                    postfixStack.push(token);
                    break;
                default:
                    try{ parseValue = Integer.parseInt(token); }
                    catch(NumberFormatException ex) { parseValue = 0; }
                    postfix += parseValue + " ";
                    break;
            }
        }
        while(!postfixStack.isEmpty())
            postfix += postfixStack.pop() + " ";
        return postfix;
    }
}
```

```
private double calculateValue(String postfix) {
    String token;
    double value, operand01, operand02, result = 0;
    StringTokenizer allToken = new StringTokenizer(postfix);
    Stack<Double> calcValue = new Stack<Double>();
    while(allToken.hasMoreTokens()) {
        token = allToken.nextToken();
        if((token.equals("+")) || (token.equals("-"))
        || (token.equals("*")) || (token.equals("/"))
        || (token.equals("%"))) {
            operand02 = calcValue.pop();
            operand01 = calcValue.pop();
            switch(token.charAt(0)) {
                case '+': result = operand01 + operand02; break;
                case '-': result = operand01 - operand02; break;
                case '*': result = operand01 * operand02; break;
                case '/': result = operand01 / operand02; break;
                case '%': result = operand01 % operand02; break;
                default: break;
            }
            calcValue.push(result);
        } else {
            try{ value = Double.parseDouble(token); }
            catch(NumberFormatException ex) { value = 0; }
            calcValue.push(value);
        }
    }
    return (calcValue.isEmpty() ? result : calcValue.pop());
}
public double getValueOf(String input) {
    System.out.println("Eingabe (Infix):\t"+input);
    String postfix = infixToPostfix(input);
    System.out.println("Stack (Postfix): \t"+postfix);
    double result = calculateValue(postfix);
    System.out.println("Berechnungsergebnis:\t"+result);
    return result;
}
}
}
```

Aufgabe 2.2.3: In folgender Tabelle repräsentieren die einzelnen Spalten (von links nach rechts) den Zustand der Queue nach Ausführung der jeweiligen Operationen:

			-3	9		-3		7	-4		
	2		-3	9	6	-3	1	7	-4	3	7	
2	5	-3	9	6	-3	1	7	-4	3	7	-12	-5

Der zugehörige Postfix-Ausdruck lautet: *7 2 5 - 9 6 / - 3 * +*

Aufgabe 2.2.4:

```
private String infixToPostfix(String input) {
    char c, cur;
    int parseValue;
    String tmp, postfix = " ";
    Stack<Character> postfixStack = new Stack<Character>();
    Stack<Character> bracketStack = new Stack<Character>();
    StringBuilder inputTmp = new StringBuilder();
    for(int i = 0; i < input.length(); i++) {
        cur = input.charAt(i);
        switch(cur) {
            case '(':
            case '{':
            case '[':
            case '<':
                bracketStack.push(cur);
                while((!bracketStack.isEmpty()) && (i < input.length()-1)) {
                    c = input.charAt(++i);
                    if(isBracket_Close(c)) {
                        if(!isCorrectBracketPair(bracketStack.pop(), c))
                            return null;
                        if(bracketStack.isEmpty()) {
                            tmp = infixToPostfix(inputTmp.toString());
                            if(tmp == null) return null;
                            postfix += tmp;
                            inputTmp.delete(0, inputTmp.length());
                        } else inputTmp.append(c);
                    } else if(isBracket_Open(c)) {
                        bracketStack.push(c);
                        inputTmp.append(c);
                    } else inputTmp.append(c);
                }
                if(inputTmp.length() > 0)
                    return null;
                break;
            case '+':
            case '-':
                if(!isValidOperation(input, i)) return null;
                while(!postfixStack.isEmpty())
                    postfix += " "+ postfixStack.pop();
                postfixStack.push(cur);
                postfix += " ";
                break;
            case '*':
            case '/':
            case '%':
                if(!isValidOperation(input, i)) return null;
```

```java
                    while(!postfixStack.isEmpty()) {
                        c = postfixStack.pop();
                        if((c == '+') || (c == '-')) {
                            postfixStack.push(c);
                            break;
                        } else postfix += " "+ c;
                    }
                    postfixStack.push(cur);
                    postfix += " ";
                    break;
                default:
                    try{
                        parseValue = Integer.parseInt(cur+" ");
                        postfix += parseValue;
                    } catch(NumberFormatException ex) { return null; }
                    break;
            }
        }
        while(!postfixStack.isEmpty())
            postfix += " "+ postfixStack.pop();
        return postfix;
    }
    public double getValueOf(String input) {
        System.out.println("Eingabe (Infix):\t"+input);
        String postfix = infixToPostfix(input.replaceAll(" ", " "));
        if(postfix != null) {
            System.out.println("Stack (Postfix): \t"+postfix);
            double result = calculateValue(postfix);
            System.out.println("Berechnungsergebnis:\t"+result);
            return result;
        } else {
            System.out.println("Uengueltige Eingabe");
            return 0;
        }
    }
    private boolean isBracket_Open(char c) {
        return ((c == '(') || (c == '{') || (c == '[') || (c == '<'));
    }
    private boolean isBracket_Close(char c) {
        return ((c == ')') || (c == '}') || (c == ']') || (c == '>'));
    }
    private boolean isCorrectBracketPair(char open, char close) {
        return (((open == '(') && (close == ')')) || ((open == '{')
            && (close == '}')) || ((open == '[') && (close == ']'))
            || ((open == '<') && (close == '>')));
    }
```

```
    private boolean isValidOperation(String input, int id) {
        return (((id-1) >= 0) && (Character.isDigit(input.charAt(id-1))
            || isBracket_Close(input.charAt(id-1))) && ((id+1) < input.length())
            && (Character.isDigit(input.charAt(id+1))
            || isBracket_Open(input.charAt(id+1))));
    }
```

2.3 Bäume

Aufgabe 2.3.1: Zunächst wird die Klasse *OptreeNode* definiert, um die einzelnen Knoten des Operatorbaumes verwalten zu können:

```
public class OptreeNode {
    String name;
    OptreeNode parent, left, right;
    public OptreeNode() {
        this(" ", null, null, null);
    }
    public OptreeNode(String name) {
        this(name, null, null, null);
    }
    public OptreeNode(String name, OptreeNode parent, OptreeNode left,
                                                       OptreeNode right) {
        this.name = name;
        this.parent = parent;
        this.left = left;
        this.right = right;
    }
}
```

Nachdem die Klasse zur Verwaltung der Baumknoten steht, können die laut Aufgabenstellung geforderten Methoden umgesetzt werden (die Methoden wurden in die im Kapitel 2.2 definierte Klasse *StackRechner* integriert):

```
    private OptreeNode root;
    public OptreeNode generateOperationTree(String arithTerm) {
        String postfix = infixToPostfix(arithTerm.replaceAll(" ", " "));
        if((postfix != null) && (generateTree(postfix)))
            return root;
        else return null;
    }
```

```
private boolean generateTree(String postfix) {
    if(postfix == null) return false;
    boolean error = false;
    StringTokenizer allToken = new StringTokenizer(postfix);
    Stack<String> valueStack = new Stack<String>();
    int cnt = 0;
    while(allToken.hasMoreTokens()) {
        valueStack.push(allToken.nextToken());
        cnt++;
    }
    boolean isOp = isOperator(valueStack.peek());
    if((cnt == 0) || ((cnt == 1) && (isOp))
    || ((cnt > 1) && (!isOp)))
        return error;
    root = new OptreeNode(valueStack.pop(), null, null, null);
    String elem;
    OptreeNode tmpNode, currentNode = root;
    while(!(valueStack.isEmpty() || error)) {
        elem = valueStack.pop();
        while((currentNode.right != null) && (currentNode.left != null)
        && (currentNode.parent != null))
            currentNode = currentNode.parent;
        tmpNode = new OptreeNode(elem, currentNode, null, null);
        if(currentNode.right == null) currentNode.right = tmpNode;
        else if(currentNode.left == null) currentNode.left = tmpNode;
        else error = true;
        if(isOperator(elem)) currentNode = tmpNode;
    }
    return !error;
}
public int getOptreeDepth() {
    return getOptreeDepth_rek(root);
}
private int getOptreeDepth_rek(OptreeNode node) {
    if(node == null) return 0;
    if((node.left == null) && (node.right == null)) return 1;
    int rstLeft = 1;
    if(node.left != null) rstLeft += getOptreeDepth_rek(node.left);
    int rstRight = 1;
    if(node.right != null) rstRight += getOptreeDepth_rek(node.right);
    return ((rstLeft > rstRight) ? rstLeft : rstRight);
}
```

```
public String getInorder() {
    String result = " ";
    if(root != null) {
        Stack<OptreeNode> tmpStack = new Stack<OptreeNode>();
        OptreeNode tmp = root;
        while(tmp != null) {
            while(tmp.left != null) {
                tmpStack.push(tmp.right);
                tmp = tmp.left;
            }
            result += tmp.name + " ";
            if(!tmpStack.isEmpty()) {
                tmp = (OptreeNode) tmpStack.pop();
                if(tmp.parent != null) result += tmp.parent.name + " ";
            } else tmp = null;
        }
    }
    return result;
}
public String getPreorder() {
    String result = " ";
    if(root != null) {
        Stack<OptreeNode> tmpStack = new Stack<OptreeNode>();
        OptreeNode tmp = root;
        tmpStack.push(tmp.right);
        while(!tmpStack.isEmpty()) {
            while(tmp != null) {
                result += tmp.name + " ";
                if(tmp.right != null) tmpStack.push(tmp.right);
                tmp = tmp.left;
            }
            if(!tmpStack.isEmpty()) tmp = (OptreeNode) tmpStack.pop();
            else tmp = null;
        }
    }
    return result;
}
public String getPostorder() {
    String result = " ";
    if(root != null) {
        OptreeNode tmp = root;
        while(tmp != null) {
            if(tmp.left == null) {
                result += tmp.name + " ";
                while((tmp.parent != null) && (tmp.parent.right == tmp)) {
                    tmp = tmp.parent;
                    result += tmp.name + " ";
                }
```

```
                    if(tmp.parent != null) tmp = tmp.parent.right;
                    else tmp = null;
            } else {
                    while(tmp.left != null) tmp = tmp.left;
                    result += tmp.name + " ";
                    if(tmp.parent != null) tmp = tmp.parent.right;
                    else tmp = null;
            }
        }
    }
    return result;
}
private boolean isOperator(String c) {
    return (c.equals("+") || c.equals("-") || c.equals("*") || c.equals("/")
        || c.equals("%"));
}
```

Aufgabe 2.3.2:

```
public class AVLNode {
    public AVLNode parent, left, right;
    public int data, balance;
    public AVLNode(int data) {
        this(data, null, null, null);
    }
    public AVLNode(int data, AVLNode parent) {
        this(data, parent, null, null);
    }
    public AVLNode(int data, AVLNode parent, AVLNode left, AVLNode right) {
        this.data = data;
        this.parent = parent;
        this.left = left;
        this.right = right;
        balance = 0;
    }
}

public class AVLTree {
    public AVLNode root;
    public AVLNode() { };
    public void clear() {
        root = null;
    }
    public boolean isEmpty() {
        return (root == null);
    }
}
```

```
public AVLNode doLeftRotation(AVLNode node) {
    if((node == null) || (node.right == null)) return node;
    AVLNode tmp = node.right;
    node.right = tmp.left;
    if(tmp.left != null) tmp.left.parent = node;
    tmp.left = node;
    tmp.parent = node.parent;
    node.parent = tmp;
    if(node != root)
        if(tmp.parent.left == node) tmp.parent.left = tmp;
        else tmp.parent.right = tmp;
    elseroot = tmp;
    tmp.balance = node.balance = 0;
    return tmp;
}
public AVLNode doRightRotation(AVLNode node) {
    if((node == null) || (node.left == null)) return node;
    AVLNode tmp = node.left;
    node.left = tmp.right;
    if(tmp.right != null) tmp.right.parent = node;
    tmp.right = node;
    tmp.parent = node.parent;
    node.parent = tmp;
    if(node != root)
        if(tmp.parent.left == node) tmp.parent.left = tmp;
        else tmp.parent.right = tmp;
    else root = tmp;
    tmp.balance = node.balance = 0;
    return tmp;
}
public AVLNode doDoubleRotationRightLeft(AVLNode node) {
    if((node == null) || (node.right == null)) return node;
    doRightRotation(node.right);
    return doLeftRotation(node);
}
public AVLNode doDoubleRotationLeftRight(AVLNode node) {
    if((node == null) || (node.left == null)) return node;
    doLeftRotation(node.left);
    return doRightRotation(node);
}
```

```java
public void insertNode(int value) {
    if(root != null) {
        boolean insert = false;
        AVLNode tmp = root;
        do {
            if(tmp.data < value) {
                if(tmp.right == null) {
                    tmp.right = new AVLNode(value, tmp);
                    checkTreeBalance(tmp);
                    insert = true;
                } else tmp = tmp.right;
            } else if(tmp.data > value) {
                if(tmp.left == null) {
                    tmp.left = new AVLNode(value, tmp);
                    checkTreeBalance(tmp);
                    insert = true;
                } else tmp = tmp.left;
            } else {
                System.out.println("Duplikate werden ignoriert!");
                insert = true;
            }
        } while(!insert);
    } else root = new AVLNode(value);
}
private void checkTreeBalance(AVLNode node) {
    if(node == null) return;
    node.balance = getDepth(node.right) - getDepth(node.left);
    if(Math.abs(node.balance) > 1) node = doRotation(node);
    if(node != null) checkTreeBalance(node.parent);
    else System.out.println("Fehlerhafte Rotation!");
}
private int getDepth(AVLNode node) {
    if(node == null) return 0;
    return (1 + Math.max(getDepth(node.left), getDepth(node.right)));
}
public AVLNode doRotation(AVLNode node) {
    if(node == null) return node;
    if((node.right != null) && (node.balance > 1)) {
        if(node.right.balance >= 0) return doLeftRotation(node);
        if(node.right.balance < 0) return doDoubleRotationRightLeft(node);
    } else if((node.left != null) && (node.balance < -1)) {
        if(node.left.balance <= 0) return doRightRotation(node);
        if(node.left.balance > 0) return doDoubleRotationLeftRight(node);
    }
    return node;
}
```

```
public void deleteNode(int value) {
    boolean delete = false;
    AVLNode tmp = root;
    do {
        if(tmp != null) {
            if(tmp.data == value) {
                if((tmp.right != null) && (tmp.left != null)) {
                    AVLNode hlp;
                    if(getDepth(tmp.left) > getDepth(tmp.right))
                        hlp = getLargestDataNodeInLeftTree(tmp);
                    else hlp = getSmallestDataNodeInRightTree(tmp);
                    tmp.data = hlp.data;
                    if(hlp.parent.left == hlp)
                        hlp.parent.left = (hlp.left == null)
                                              ? hlp.right : hlp.left;
                    else hlp.parent.right = (hlp.right == null)
                                              ? hlp.left : hlp.right;
                    checkTreeBalance(hlp.parent);
                } else if(tmp.left != null) {
                    tmp.data = tmp.left.data;
                    tmp.right = tmp.left.right;
                    tmp.left = tmp.left.left;
                    checkTreeBalance(root);
                } else if(tmp.right != null) {
                    tmp.data = tmp.right.data;
                    tmp.left = tmp.right.left;
                    tmp.right = tmp.right.right;
                    checkTreeBalance(root);
                } else {
                    if(tmp == root) root = null;
                    else if(tmp == tmp.parent.left)
                                              tmp.parent.left = null;
                    else tmp.parent.right = null;
                    checkTreeBalance(root);
                }
                delete = true;
            } else if(tmp.data < value) tmp = tmp.right;
            else tmp = tmp.left;
        } else {
            System.out.println("Eingabewert nicht gefunden! Loeschen nicht
                                                            moeglich!");
            delete = true;
        }
    } while(!delete);
}
private AVLNode getLargestDataNodeInLeftTree(AVLNode node) {
    if((node == null) || (node.left == null)) return node;
    AVLNode result = node.left;
    while(result.right != null) result = result.right;
    return result;
}
```

```
private AVLNode getSmallestDataNodeInRightTree(AVLNode node) {
    if((node == null) || (node.right == null)) return node;
    AVLNode result = node.right;
    while(result.left != null) result = result.left;
    return result;
}
```
}

Aufgabe 2.3.3:

Einfügen der Zahl 24:

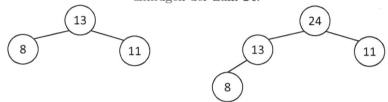

Einfügen der Zahl 19:

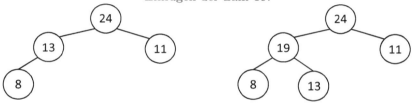

Einfügen der Zahl 17:

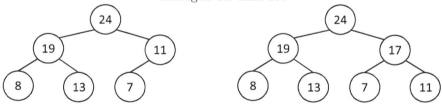

Löschen der Zahl 24:

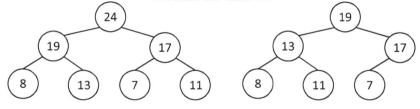

Einfügen der Zahl 45:

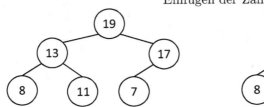 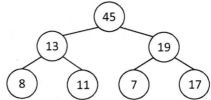

2.4 Graphen

Lösungen

Aufgabe 2.4.1:

a)

	A	B	C	D	E	F	G	H			
A			7				5			A	C_7, G_5
B			3							B	C_3
C	7	3			1	13				C	A_7, B_3, E_1, F_{13}
D					28					D	E_{28}
E			1	28						E	C_1, D_{28}
F			13					4		F	C_{13}, H_4
G	5							9		G	A_5, H_9
H						4	9			H	F_4, G_9

b)

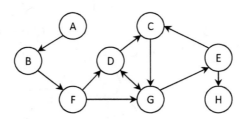

c)

	A	B	C	D	E	F	G	H
A		1	1	1	1	1	1	1
B			1	1	1	1	1	1
C			1	1	1		1	1
D			1	1	1		1	1
E			1	1	1		1	1
F			1	1	1		1	1
G			1	1	1		1	1
H								

d) A B F D G C E H

e)

Grüne Menge	Gelbe Menge	Rote Menge
A	C_7, G_5	B, D, E, F, H
A, G_5	C_7, H_{14}	B, D, E, F
A, G_5, C_7	$B_{10}, E_8, F_{20}, H_{14}$	D
A, G_5, C_7, E_8	$B_{10}, D_{36}, F_{20}, H_{14}$	
A, G_5, C_7, E_8, B_{10}	D_{36}, F_{20}, H_{14}	
$A, G_5, C_7, E_8, B_{10}, H_{14}$	D_{36}, F_{18}	
$A, G_5, C_7, E_8, B_{10}, H_{14}, F_{18}$	D_{36}	
$A, G_5, C_7, E_8, B_{10}, H_{14}, F_{18}, D_{36}$		

Aufgabe 2.4.2:

```java
public class Graphen {
    private int size;
    private double[][] graph;
    public Graphen(int size) {
        this.size = size;
        graph = new double[size][size];
    }
    public void setEdge(int id1, int id2, double value) {
        graph[id1][id2] = value;
        graph[id2][id1] = value;
    }
    public String toString() {
        StringBuilder rst = new StringBuilder();
        for(int i = 0; i < size; i++) {
            rst.append("|");
            for(int j = 0; j < size; j++)
                rst.append(String.format(" %.2f |", graph[i][j]));
            rst.append("\n");
        }
        return rst.toString();
    }
    public Graphen generateTransitiveClosure() {
        Graphen trans = new Graphen(size);
        for(int k = 0; k < size; k++)
            for(int i = 0; i < size; i++)
                for(int j = i+1; j < size; j++)
                    if(graph[i][j] == 0) {
                        if((graph[i][k] > 0.0) && (graph[k][j] > 0.0))
                            trans.setEdge(i, j, Math.sqrt(sqr(graph[i][k]) +
                                                          sqr(graph[k][j])));
                    } else trans.setEdge(i, j, graph[i][j]);
        return trans;
    }
}
```

```java
        private double sqr(double value) {
            return (value * value);
        }
        public String doDepthFirstSearch() {
            StringBuilder rst= new StringBuilder();
            int[][] tmp = getCopyForSearch();
            int id = (int)(Math.random() * size);
            for(int i = 0; i < size; i++)
                tmp[i][id] = 0;
            boolean backwards = false;
            boolean finished = false;
            rst.append("|");
            while(!finished) {
                finished = true;
                if(!backwards) rst.append(" "+id+" |");
                else backwards = false;
                for(int i = 0; i < size; i++)
                    if((i != id) && (tmp[id][i] == 1)) {
                        tmp[id][i] = 0;
                        tmp[i][i] = id;
                        id = i;
                        for(int k = 0; k < size; k++)
                            if((k != id) && (tmp[k][id] == 1))
                                tmp[k][id] = 0;
                        finished = false;
                        break;
                    }
                if((finished) && (tmp[id][id] >= 0)) {
                    int hlp = tmp[id][id];
                    tmp[id][id] = -1;
                    id = hlp;
                    finished = false;
                    backwards = true;
                }
            }
            return rst.toString();
        }
        private int[][] getCopyForSearch() {
            int[][] result = new int[size][size];
            for(int i = 0; i < size; i++) {
                result[i][i] = -1;
                for(int j = i+1; j < size; j++)
                    if(graph[i][j] > 0) {
                        result[i][j] = 1;
                        result[j][i] = 1;
                    }
            }
            return result;
        }
```

```java
public void eliminateCycle() {
    for(int i = 0; i < size; i++)
        graph[i][i] = 0;
    int id;
    int[][] tmp;
    boolean canStop;
    for(int start = 0; start < size; start++) {
        id = start;
        canStop = false;
        tmp = getCopyForSearch();
        while(!canStop) {
            canStop = true;
            for(int i = 0; i < size; i++)
                if((i != id) && (tmp[id][i] == 1)) {
                    if(i == start) {
                        graph[id][i] = 0;
                        graph[i][id] = 0;
                    } else {
                        tmp[id][i] = 0;
                        tmp[i][id] = 0;
                        tmp[i][i] = id;
                        id = i;
                        canStop = false;
                    }
                    break;
                }
            if(canStop && (tmp[id][id] >= 0)) {
                id = tmp[id][id];
                canStop = false;
            }
        }
    }
}
public boolean isConnected() {
    String str = doDepthFirstSearch();
    for(int i = 0; i < size; i++)
        if(str.indexOf(Integer.toString(i)) < 0)
            return false;
    return true;
}
}
```

2.5 Klausuraufgaben zu Algorithmen und Datenstrukturen

! Lösungen

Aufgabe 2.5.1 (Zeitlimit: 30 Min.):

a) Im *best case* unterscheidet sich *SelectionSort* von den anderen genannten Sortieralgorithmen. Der Aufwand liegt hier bei *O(n)*, da beim Durchwandern der Menge jedes Element mit jedem verglichen wird.

b) I. Da es sich nur um wenige Datensätze handelt und sich alle neuen Datensätze am Anfang des Datenbestandes befinden, genügt *BubbleSort*.

II. Beim Einfügen eines Datensatzes an einer zufälligen Position mit anschließender Sortierung, könnte *ShellSort* verwendet werden. Denkbar wären zudem *BubbleSort* oder *InsertionSort*.

III. Werden die Daten anhand der Kundennummer (eindeutiger Sortierschlüssel) sortiert, bietet sich *DistributionSort* an.

IV. Ist die Art des Einfügens frei wählbar, kann auf *InsertionSort* zurückgegriffen und das Einfügen mit dem Sortiervorgang kombiniert werden.

c)

A	**L**	**G**	**O**	**R**	**I**	**T**	**H**	**M**	**E**	**N**
A	G	L	O	I	R	H	M	E	N	T
A	G	L	I	O	H	M	E	N	R	T
A	G	I	L	H	M	E	N	O	R	T
A	G	I	H	L	E	M	N	O	R	T
A	G	H	I	E	L	M	N	O	R	T
A	G	H	E	I	L	M	N	O	R	T
A	G	E	H	I	L	M	N	O	R	T
A	E	G	H	I	L	M	N	O	R	T

d)

A	**L**	**G**	**O**	**R**	**I**	**T**	**H**	**M**	**E**	**N**	links	rechts	Pivot
A	G	H	E	I	N	T	L	M	O	R	0	10	I
A	E	G	H	I	N	T	L	M	O	R	0	3	E
A	E	G	H	I	L	M	N	T	O	R	5	10	N
A	E	G	H	I	L	M	N	O	R	T	8	10	R

Alternativ:

A	**L**	**G**	**O**	**R**	**I**	**T**	**H**	**M**	**E**	**N**	links	rechts	Pivot
A	E	G	H	I	R	T	O	M	L	N	0	10	I
A	E	G	H	I	R	T	O	M	L	N	0	4	G
A	E	G	H	I	N	L	M	O	T	R	5	10	O
A	E	G	H	I	L	M	N	O	T	R	5	7	M
A	E	G	H	I	L	M	N	O	R	T	8	10	R

e)

A	L	G	O	R	I	T	H	M	E	N	
A	E	G	O	R	I	T	H	M	L	N	8
A	E	G	H	M	I	N	O	R	L	T	4
A	E	G	H	M	I	N	L	R	O	T	2
A	E	G	H	I	L	M	N	O	R	T	1

f)

Aktionär	Anteile	Index	1.Schritt	2.Schritt	3.Schritt
Ernie	129	0	9	0	0
Eckhardt	197	1	8	9	6
Bert	174	2	5	8	5
Max	273	3	2	6	9
Amalia	171	4	0	5	3
Louis	163	5	3	3	2
Luise	252	6	1	1	7
Sara	154	7	6	2	1
Chris	173	8	4	7	4
Eric	265	9	7	4	8

Aufgabe 2.5.2 (Zeitlimit: 30 Min.):

a)

					12							
				2	2	24		8				
	3		6	6	6	6	4	4	2		4	
4	4	7	7	7	7	7	7	7	7	-5	-5	-1

Der zugehörige Postfix-Ausdruck lautet: *4 8 12 2 * 6 / / 3 4 + - +*

b)
```
public class IllegalProcedure extends Exception {
    public IllegalProcedure() { System.out.println("Ungültige Operation!"); }
}
public class BoundedIntegerStack {
    private int maxStackSize;
    private int stackCount;
    private int[] stack;
    public BoundedIntegerStack(int maxSize) {
        maxStackSize = maxSize;
        stack = new int[maxSize];
    }
    public int getSize() { return stackCount; }
    public void push(int element) throws IllegalProcedure {
        if(stackCount == maxStackSize) throw new IllegalProcedure();
        stack[stackCount++] = element;
    }
}
```

```
public int pop() throws IllegalProcedure {
    if(stackCount == 0) throw new IllegalProcedure();
    return stack[−−stackCount];
}
}
```

c)

					6						
				6	6	12		36			
	4		6	6	12	2	36	6	8		2
4	2	6	6	12	2	36	6	8	6	2	4	6

Der zugehörige Postfix-Ausdruck lautet: *8 4 2 + 6 * 12 2 / / - 4 +*

Aufgabe 2.5.3 (Zeitlimit: 30 Min.):

a) Preorder: *P H B F D G L K N M R Q V T S U W*

Wird ein Stack zur Preorder-Traversierung verwendet, wird ausgehend von der Wurzel zunächst der linke Teilbaum durchlaufen. Erst wenn dieser abgearbeitet wurde, wird der rechte Teilbaum betrachtet. Um den korrekten rechten Teilbaum von dem zuletzt besuchten Wurzelelement zu erhalten, sollte der rechte Kindknoten auf den Stack gelegt werden, sobald von der Wurzel zum linken Teilbaum übergegangen wird.

b) Levelorder: *P H R B L Q V F K N T W D G M S U*

Ausgehend von der Wurzel sollte der linke und anschließend der rechte Kindknoten in die Queue eingefügt werden. Jetzt kann schrittweise ein Knoten aus der Queue geholt und dessen linker sowie rechter Kindknoten eingetragen werden. Dies wird solange vollzogen bis die Blätter des Baumes erreicht und sich keine Knoten mehr in der Queue befinden.

c)

```
Stack S2, S3;
Object tmp1, tmp2;
while(!S1.isEmpty()) {
    tmp1 = S1.pop();
    while(!S2.isEmpty()) {
        tmp2 = S2.pop();
        if(tmp1 != tmp2) S3.push(tmp2);
    }
    while(!S3.isEmpty()) S2.push(S3.pop());
    S2.push(tmp1);
}
while(!S2.isEmpty()) S1.push(S2.pop());
```

d) Es würde sich nichts ändern. Es müssen lediglich die Stacks durch Queues ersetzt und die entsprechenden Grundfunktionen ausgetauscht werden.

Aufgabe 2.5.4 (Zeitlimit: 50 Min.):

a) Für den AVL-Baum würde sich eine Baumtiefe von 3 und für den entsprechenden
2-3-4 Baum eine Tiefe von 2 ergeben:

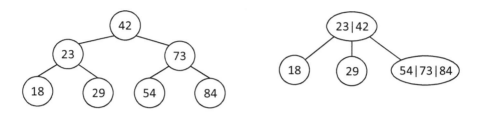

Die Inorder-Traversierung zum AVL-Baum lautet: *18 23 29 42 54 73 84*. Wird der
Baum in Postorder traverisiert ergibt sich: *18 29 23 54 84 73 42*.

b)

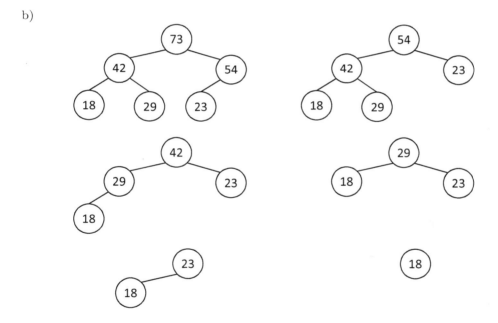

c)   **public class** BinTree {
            Node root;
            public BinTree(String inorder, String preorder) {
                if((inorder == **null**) || (preorder == **null**)) **return**;
                root = reconstructTree_rek(inorder, preorder, **new** Node());
            }

```
private Node reconstructTree_rek(String in, String pre, Node n) {
    n.data = pre.charAt(0);
    int rootPos = in.indexOf(n.data);
    if(rootPos > 0) {
        n.left = new Node();
        reconstructTree_rek(in.substring(0, rootPos),
                    pre.substring(1), n.left);
    }
    if(rootPos < in.length()-1) {
        n.right = new Node();
        reconstructTree_rek(in.substring(rootPos+1),
                    pre.substring(rootPos+1), n.right);
    }
    return n;
}
public String reverseOrder() {
    if(root != null) return reverseOrder_rek(root);
    return " ";
}
private String reverseOrder_rek(Node n) {
    String result = " ";
    if(n.right != null) result += reverseOrder_rek(n.right);
    result += n.data;
    if(n.left != null) result += reverseOrder_rek(n.left);
    return result;
}
public String getPath(Node n) {
    if(n == null) return " ";
    if(n == root) return " "+n.data;
    String result = " "+n.data;
    while(n.parent != null) {
        result = n.parent.data;
        n = n.parent;
    }
    return result;
}
}
```

Aufgabe 2.5.5 (Zeitlimit: 30 Min.):

a)

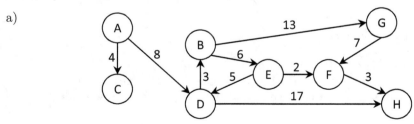

b)

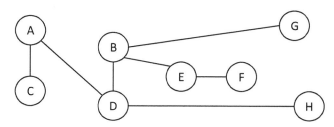

c) Aus der Breitensuche resultiert $A\ C\ D\ B\ H\ E\ G\ F$ und für die Tiefensuche würde sich $A\ C\ D\ B\ E\ F\ H\ G$ ergeben.

d) Unter den vorgegebenen Voraussetzungen ist es möglich die Breitensuche zur Konstruktion eines aufspannenden Baumes zu verwenden, da alle Knoten des Graphen maximal einmal besucht werden. Die vollzogene Markierung der besuchten Knoten kann hierfür genutzt werden, indem alle Kanten entfernt werden, über welche ein bereits markierter Knoten erreicht werden kann.

e)

	A	B	C	D	E	F	G	H
A		1	1	1	1	1	1	1
B		1		1	1	1	1	1
C								
D		1		1	1	1	1	1
E		1		1	1	1	1	1
F								1
G						1		1
H								

f)

Grüne Menge	Gelbe Menge	Rote Menge
A	C_4, D_8	B, E, F, G, H
A, C_4	D_8	B, E, F, G, H
A, C_4, D_8	B_{11}, E_{13}, H_{25}	F, G
A, C_4, D_8, B_{11}	E_{13}, G_{24}, H_{25}	F
$A, C_4, D_8, B_{11}, E_{13}$	F_{15}, G_{24}, H_{25}	
$A, C_4, D_8, B_{11}, E_{13}, F_{15}$	G_{22}, H_{18}	
$A, C_4, D_8, B_{11}, E_{13}, F_{15}, H_{18}$	G_{22}	
$A, C_4, D_8, B_{11}, E_{13}, F_{15}, H_{18}, G_{22}$		

3 Rechnerarchitektur

3.1 Zahlenarithmetik

Aufgabe 3.1.1:

dezimal	binär	oktal	hexadezimal
591	**0010 0100 1111**	1117	24F
285	0001 0001 1101	435	11D
147	1001 0011	223	**93**
93	0101 1101	**135**	5D
2012	0111 1101 1100	3734	7DC
2409	**1001 0110 1001**	4551	969
382	0001 0111 1110	**576**	17E
45054	1010 1111 1111 1110	127776	**AFFE**
43989	**1010 1011 1101 0101**	125725	ABD5

Aufgabe 3.1.2:

a) Umrechnung der Gleitkommazahl in ihre Dezimaldarstellung:

$$V_1 = 0 \; (positive\ Zahl)$$
$$E_1 = (1000\ 0101)_2 - (127)_{10}$$
$$= (133)_{10} - (127)_{10}$$
$$= (6)_{10}$$
$$M_1 = 1.1011\ 0001 \cdot 2^6$$
$$= 110\ 1100.01 \cdot 2^0$$
$$= (108.25)_{10}$$

Die gegebene Gleitkommadarstellung entspricht der Dezimalzahl 108.25.

Bestimmung der Gleitkommadarstellung zur Zahl -3.1875:

$$V_{1a} = 1 \; (negative\ Zahl)$$
$$M_{1a} = (3.1875)_{10}$$
$$= 11.0011 \cdot 2^0$$
$$= 1.1001\ 1 \cdot 2^1$$
$$E_{1a} = (1)_{10} + (127)_{10}$$
$$= (128)_{10}$$
$$= (1000\ 0000)_2$$

Demnach ergbit sich folgende 32-Bit Gleitkommadarstellung für -3.1875:

V_{1a}	E_{1a}	M_{1a}
1	1000 0000	1001 1000 0000 0000 0000 000

b) Gleitkomma-Addition:
   1. Anpassung der Mantissen:

$$M_1 = 1.1011\ 0001 \cdot 2^6$$
$$M_{1a} = 11.0011 \cdot 2^0$$
$$= 0.0000\ 1100\ 11 \cdot 2^6$$

2. Da $V_{1a} = 1$, muss M_{1a} ins 2-er-Komplementdarstellung überführt werden.

$$M_{1a} = (+)\ 00.0000\ 1100\ 11$$
$$= (-)\ 11.1111\ 0011\ 00 + 00.0000\ 0000\ 01$$
$$= (-)\ 11.1111\ 0011\ 01$$

3. Mantissen addieren:

```
      0  1.  1  0  1  1  0  0  0  1  0  0
  +   1  1.  1  1  1  1  0  0  1  1  0  1
 ────────────────────────────────────────
  (1)  1  1  1  1  1        1  1
 ────────────────────────────────────────
      0  1.  1  0  1  0  0  1  0  0  0  1
```

4. Da am Ende der Addition ein Übertrag vermerkt wurde, liegt das Ergebnis in der korrekten Darstellung vor. Die Berechnung des Zweierkomplementes kann demnach vernachlässigt werden.

5. Zusätzlich muss keine Anpassung des Exponenten vorgenommen werden. Das Ergebnis lautet: $(1.1010\ 0100\ 01 \cdot 2^0) = (110\ 1001.0001 \cdot 2^6) = 105.0625$

c) Multiplikation der Gleitkommazahlen:
   1. Vorzeichen bestimmen:

$$V = V_1 \otimes V_{1a}$$
$$= 0 \otimes 1$$
$$= 1$$

2. Exponenten addieren:

$$E = E_1 + E_{1a}$$
$$= 6 + 1$$
$$= 7$$

3. Mantissen als Festkommazahl multiplizieren:

```
 1.  1  0  1  1  0  0  0  1  ·  1.  1  0  0  1  1
        1  1  0  1  1  0  0  0  1
        1  1  0  1  1  0  0  0  1
           1  1  0  1  1  0  0  0  1
              1  1  0  1  1  0  0  0  1
     1  1  1  1  1        1  1        1
                 1
     1  0.  1  0  1  1  0  0  1  0  0  0  0  1  1
```

4. Anpassung des Exponenten: $E = 7 + 1 = 8$

Das Ergebnis lautet: $(1.0101\ 1001\ 0000\ 11 \cdot 2^0) = (1\ 0101\ 1001.0000\ 11 \cdot 2^8)$. Unter Berücksichtigung des Vorzeichenbits entspricht dies der Dezimalzahl -345.046875.

Aufgabe 3.1.3:

a) Umrechnung der gegeben Gleitkommazahl:

$$
\begin{aligned}
V_2 &= 0\ (positive\ Zahl) \\
E_2 &= (1\ 0100)_2 - (15)_{10} \\
&= (20)_{10} - (15)_{10} \\
&= (5)_{10} \\
M_2 &= 1.1010\ 1010 \cdot 2^5 \\
&= 11\ 0101.010 \cdot 2^0 \\
&= (53.25)_{10}
\end{aligned}
$$

Die gegebene Gleitkommadarstellung entspricht der Dezimalzahl 53.25.

Bestimmung der Gleitkommadarstellung zur Zahl -5.625:

$$
\begin{aligned}
V_{2a} &= 1\ (negative\ Zahl) \\
M_{2a} &= (5.625)_{10} \\
&= 101.101 \cdot 2^0 \\
&= 1.0110\ 1 \cdot 2^2 \\
E_{2a} &= (2)_{10} + (15)_{10} \\
&= (17)_{10} \\
&= (1\ 0001)_2
\end{aligned}
$$

Demnach ergibt sich folgende 32-Bit Gleitkommadarstellung für -5.625:

V_{2a}	E_{2a}	M_{2a}
1	1 0001	0110 1000 0

b) Multiplikation der Gleitkommazahlen:
   1. Vorzeichen bestimmen:

$$V = V_1 \otimes V_{2a}$$
$$= 0 \otimes 1$$
$$= 1$$

2. Exponenten addieren:

$$E = E_2 + E_{2a}$$
$$= 5 + 2$$
$$= 7$$

3. Mantissen als Festkommazahl multiplizieren:

1.	1	0	1	0	1	0	1	·	1.	0	1	1	0	1
		1	1	0	1	0	1	0	1					
			1	1	0	1	0	1	0	1				
				1	1	0	1	0	1	0	1			
					1	1	0	1	0	1	0	1		
1	1	1		1		1	1	1	1	1				
1	0.	0	1	0	1	0	1	1	1	0	0	0	1	

4. Anpassung des Exponenten: $E = 7 + 1 = 8$
Das Ergebnis lautet: $(1.0010\ 1011\ 1000\ 1 \cdot 2^0) = (1\ 0010\ 1011.1000\ 1 \cdot 2^8)$. Unter Berücksichtigung des Vorzeichenbits entspricht dies der Dezimalzahl -299.53125.
Bestimmung der 32-Bit Gleitkommadarstellung für die Zahl -299.53125:

$$E = (8)_{10} + (127)_{10}$$
$$= (135)_{10}$$
$$= (1000\ 0111)_2$$

Für die Zahl -299.53125 ergibt sich folgende 32-Bit Gleitkommadarstellung:

V	E	M
1	1000 0111	0010 1011 1000 1000 0000 000

Aufgabe 3.1.4: Da ASCII-Zeichen mithilfe von 8 Bits kodiert werden, muss die gegebene Bitfolge in Gruppen von 8 Bits zerlegt werden. Die einzelnen Blöcke können anschließend in die verschiedenen Zahlendarstellungen überführt werden:

Exemplarische Umrechnung von der Binär- in die Dezimaldarstellung:

$$(0101\ 0011)_2 = 0 \cdot 2^7 + 1 \cdot 2^6 + 0 \cdot 2^5 + 1 \cdot 2^4 + 0 \cdot 2^3 + 0 \cdot 2^2 + 1 \cdot 2^1 + 1 \cdot 2^0$$
$$= 0 + 64 + 0 + 16 + 0 + 0 + 2 + 1$$
$$= (83)_{10}$$

Exemplarische Umrechnung vom Dezimal- in das Oktalsystem:

	$div\ 8$	$mod\ 8$
83	10	3
10	1	2
1	0	1

Werden die Resultate aus der letzten Spalte der Berechnungstabelle von unten nach oben abgelesen, erhält man die Oktaldarstellung der Dezimalzahl 83. Somit folgt:

$$(0101\ 0011)_2 = (83)_{10} = (123)_8.$$

Exemplarische Umrechnung der Dezimalzahl ins Hexadezimalsystem:

	$div\ 16$	$mod\ 16$
83	5	3
5	0	5

Aus obiger Tabelle folgt: $(0101\ 0011)_2 = (83)_{10} = (53)_{16}$.

Entsprechend obiger Berechnungsschritte resultieren aus der gegebenen Bitfolge nachfolgende ASCII-Zeichen:

binär	oktal	dezimal	hexadezimal	ASCII
0101 0011	123	83	53	S
0110 0101	145	101	65	e
0110 0101	150	104	68	h
0110 0101	162	114	72	r
0110 0101	107	71	47	G
0110 0101	165	117	75	u
0110 0101	164	116	74	t
0110 0101	41	33	21	!

Durch die gegebene Bitfolge wurde demnach die Zeichenkette *SehrGut!* kodiert.

3.2 Boolesche Algebra

Lösungen

Aufgabe 3.2.1:

a) Zu zeigen ist: $(A + B)(B'(C + AC) + B'C') = AB'$

$$
\begin{aligned}
(A + B)(B'(C + AC) + B'C') &= (A + B)(B'C + B'C') &&\text{Absorption} \\
&= (A + B)B' &&\text{Vereinigung} \\
&= AB' &&\text{Absorption}
\end{aligned}
$$

b) Zu zeigen ist: $A'C + C(B' + AC') + BC = C$

$$
\begin{aligned}
A'C + C(B' + AC') + BC &= C(A' + B' + AC' + B) && \text{Distributivität} \\
&= C(A' + AC' + 1) && \text{Komplement} \\
&= C \cdot 1 && \text{Null} \\
&= C && \text{Identität}
\end{aligned}
$$

c) Zu wiederlegen ist: $A(C + A'B) + C'(A + B'C) + A'B = A$

Da die Umformung mittels der booleschen Umformungsaxiome nicht eindeutig ist, soll an dieser Stelle ein Gegenbeispiel als Beweis genügen. Sei $A = C = D = 0$ und $B = 1$, dann gilt:

$$
\begin{aligned}
A(C + A'B) + C'(A + B'C) + A'B &= 0 \cdot (0 + 1 \cdot 1) + 1 \cdot (0 + 0 \cdot 0) + 1 \cdot 1 \\
&= 0 \cdot (0 + 1) + 1 \cdot (0 + 0) + 1 \\
&= 0 \cdot 1 + 1 \cdot 0 + 1 \\
&= 0 + 0 + 1 \\
&= 1 \\
&\neq 0 \\
&= A
\end{aligned}
$$

Aufgabe 3.2.2:

a) Zu zeigen ist: $x + (y \sim x) = x + y$

$$
\begin{aligned}
x + (y \sim x) &= x + (yx') && \text{Definition von } \sim \\
&= x + y && \text{Absorption}
\end{aligned}
$$

b) Zu zeigen ist: $x \sim (x \sim y) = xy$

$$
\begin{aligned}
x \sim (x \sim y) &= x \sim (xy') && \text{Definition von } \sim \\
&= x(xy')' && \text{Definition von } \sim \\
&= x(x' + y) && \text{DeMorgan} \\
&= xy && \text{Absorption}
\end{aligned}
$$

c) Zu zeigen ist: $(xy) \sim (xz) = x(y \sim z)$

$$
\begin{aligned}
(xy) \sim (xz) &= (xy)(xz)' && \text{Definition von } \sim \\
&= (xy)(x' + z') && \text{DeMorgan} \\
&= xx'y + xyz' && \text{Distributivität} \\
&= 0 \cdot y + xyz' && \text{Komplement} \\
&= xyz' && \text{Null} \\
&= x(y \sim z) && \text{Definition von } \sim
\end{aligned}
$$

d) Zu zeigen ist: $xz + ((x \sim z') \sim y) = xz$

$$
\begin{aligned}
xz + ((x \sim z') \sim y) &= xz + ((xz'')y') && \text{Definition von } \sim \\
&= xz + ((xz)y') && \text{Involution} \\
&= xz && \text{Absorption}
\end{aligned}
$$

e) Zu widerlegen ist: $(x+y) \sim (x+z) = x + (y \sim z)$

Dies soll anhand eines Gegenbeispiels gezeigt werden.
Sei $x = z = 1$ und $y = 0$, dann folgt:

$$
\begin{aligned}
(x+y) \sim (x+z) \quad &= (x+y)(x+z)' &&\text{Definition von } \sim \\
&= (1+0) \cdot (1+1)' \\
&= (1) \cdot (1)' \\
&= (1) \cdot (0) \\
&= 0 \\
&\neq 1 \\
&= 1 + (0) \\
&= 1 + (0 \cdot 0) \\
&= 1 + (0 \cdot 1') \\
&= x + (yz') \\
&= x + (y \sim z) &&\text{Definition von } \sim
\end{aligned}
$$

f) Zu wiederlegen ist: $x \sim (y \sim z) = z \sim (x'y)$

Als Gegenbeispiel sei $x = y = 0$ und $z = 1$ gegeben, dann gilt:

$$
\begin{aligned}
x \sim (y \sim z) \quad &= x(yz')' &&\text{Definition von } \sim \\
&= 0 \cdot (0 \cdot 1')' \\
&= 0 \cdot (0 \cdot 0)' \\
&= 0 \cdot (0)' \\
&= 0 \cdot 1 \\
&= 0 \\
&\neq 1 \\
&= 1 \cdot 1 \\
&= 1 \cdot (0)' \\
&= 1 \cdot (1 \cdot 0)' \\
&= 1 \cdot (0' \cdot 0)' \\
&= z(x'y)' \\
&= z \sim (x'y) &&\text{Definition von } \sim
\end{aligned}
$$

g) Zu zeigen ist: $(x+y) \sim (xz') = (x \sim z') + (y \sim x)$

$$
\begin{aligned}
(x+y) \sim (xz') \quad &= (x+y)(xz')' &&\text{Definition von } \sim \\
&= (x+y)(x'+z) &&\text{DeMorgan} \\
&= xx' + xz + x'y + yz &&\text{Distributivität} \\
&= 0 + xz + x'y + yz &&\text{Komplement} \\
&= xz + x'y + yz &&\text{Identität} \\
&= xz + x'y &&\text{Konsens} \\
&= xz + yx' &&\text{Kommutativität} \\
&= xz'' + yx' &&\text{Involution} \\
&= (x \sim z') + (y \sim x) &&\text{Definition von } \sim
\end{aligned}
$$

h) $(x \sim y) \sim (z \sim y) = (x \sim z) \sim y$

$$
\begin{aligned}
(x \sim y) \sim (z \sim y) \quad &= (xy') \sim (zy') &&\text{Definition von } \sim \\
&= (xy')(zy')' &&\text{Definition von } \sim \\
&= (xy')(z' + y) &&\text{DeMorgan} \\
&= xy'z' + xyy' &&\text{Distributivität} \\
&= xy'z' + x \cdot 0 &&\text{Komplement} \\
&= xy'z' + 0 &&\text{Null} \\
&= xy'z' &&\text{Identität} \\
&= xz'y' &&\text{Kommutativität} \\
&= (xz') \sim y &&\text{Definition von } \sim \\
&= (x \sim z) \sim y &&\text{Definition von } \sim
\end{aligned}
$$

Aufgabe 3.2.3:

a) Zu zeigen ist: $\mathcal{B}_2$ ist kommutativ, also $(x \sim y) = (y \sim x)$

$$
\begin{aligned}
(x \sim y) \quad &= xy' + x'y &&\text{Definition von } \sim \\
&= y'x + yx' &&\text{Kommutativität von } \cdot \\
&= yx' + y'x &&\text{Kommutativität von } + \\
&= (y \sim x) &&\text{Definition von } \sim
\end{aligned}
$$

b) Zu zeigen ist: $\mathcal{B}_2$ ist assoziativ, also $(x \sim y) \sim z = x \sim (y \sim z)$

$$
\begin{aligned}
(x \sim y) \sim z \quad &= (x \sim y)z' + (x \sim y)'z &&\text{Def. von } \sim \\
&= (xy' + x'y)z' + (xy' + x'y)'z &&\text{Def. von } \sim \\
&= (xy' + x'y)z' + ((x' + y)(x + y'))z &&\text{DeMorgan} \\
&= xy'z' + x'yz' + (xx' + x'y' + xy + yy')z &&\text{Distributivität} \\
&= xy'z' + x'yz' + (0 + x'y' + xy + 0)z &&\text{Komplement} \\
&= xy'z' + x'yz' + (x'y' + xy)z &&\text{Identität} \\
&= xy'z' + x'yz' + x'y'z + xyz &&\text{Distributivität} \\
&= x(y'z' + yz) + x'(yz' + y'z) &&\text{Distributivität} \\
&= x((y + z)(y' + z'))' + x'(yz' + y'z) &&\text{DeMorgan} \\
&= x(yy' + yz' + y'z + zz')' + x'(yz' + y'z) &&\text{Distributivität} \\
&= x(0 + yz' + y'z + 0)' + x'(yz' + y'z) &&\text{Komplement} \\
&= x(yz' + y'z)' + x'(yz' + y'z) &&\text{Identität} \\
&= x(y \sim z)' + x'(y \sim z) &&\text{Def. von } \sim \\
&= x \sim (y \sim z) &&\text{Def. von } \sim
\end{aligned}
$$

c) Zu zeigen ist: $(x \sim y) \sim (y \sim z) = (x \sim z)$

$$
\begin{aligned}
(x \sim y) \sim (y \sim z) \quad &= (xy' + x'y) \sim (yz' + y'z) && \text{Def. von } \sim \\
&= (xy' + x'y)(yz' + y'z)' \\
&\quad + (xy' + x'y)'(yz' + y'z) && \text{Def. von } \sim \\
&= (xy' + x'y)((y' + z)(y + z')) \\
&\quad + ((x' + y)(x + y'))(yz' + y'z) && \text{DeMorgan} \\
&= (xy' + x'y)(yy' + y'z' + yz + zz') \\
&\quad + (xx' + x'y' + xy + yy')(yz' + y'z) && \text{Distributivität} \\
&= (xy' + x'y)(0 + y'z' + yz + 0) \\
&\quad + (0 + x'y' + xy + 0)(yz' + y'z) && \text{Komplement} \\
&= (xy' + x'y)(y'z' + yz) \\
&\quad + (x'y' + xy)(yz' + y'z) && \text{Identität} \\
&= xy'y'z' + xyy'z + x'yy'z' + x'yyz \\
&\quad + x'yy'z' + x'y'y'z + xyyz' + xyy'z && \text{Distributivität} \\
&= xy'z' + xyy'z + x'yy'z' + x'yz \\
&\quad + x'y'z + xyz' && \text{Idempotenz} \\
&= xy'z' + x \cdot 0 \cdot z + x' \cdot 0 \cdot z' + x'yz \\
&\quad + x'y'z + xyz' && \text{Komplement} \\
&= xy'z' + x'yz + x'y'z + xyz' && \text{Null} \\
&= xz'(y + y') + x'z(y + y') && \text{Distributivität} \\
&= xz' \cdot 1 + x'z \cdot 1 && \text{Komplement} \\
&= xz' + x'z && \text{Identität} \\
&= (x \sim z) && \text{Def. von } \sim
\end{aligned}
$$

3.3 Umwandlung von Schaltbildern

Lösungen

Aufgabe 3.3.1:

1. Schritt:

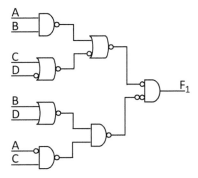
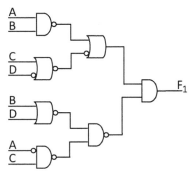

2. Schritt:

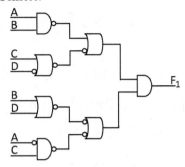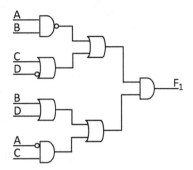

3. Schritt:

Die zugehörige Schaltfunktion lautet:

$$\mathcal{F}_1(A, B, C, D) = (A' + B' + C + D')$$
$$\cdot \ (A'C + B + D)$$

Aufgabe 3.3.2:

a)

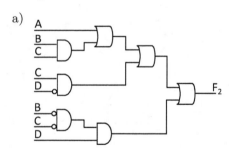

Schaltbild zur Funktion:

$$\mathcal{F}_2(A, B, C, D) = A + BC + CD' + B'C'D$$

b) 1. Schritt

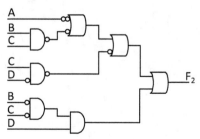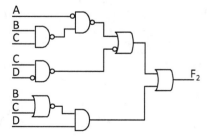

2. Schritt:

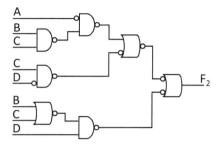 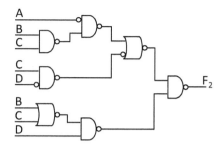

3.4 Minimierung boolescher Schaltungen

3.4.1 Vereinfachung mittels boolescher Umformungsaxiome

Lösungen

Aufgabe 3.4.1.1:

a) $\quad \mathcal{F}_1(A, B, C) = A'BC + AB'C' + AB'C + ABC$

$\qquad\qquad\quad = AB'C' + AB'C + A'BC + ABC \qquad$ Kommutativität

$\qquad\qquad\quad = AB' + BC \qquad\qquad\qquad\qquad\quad$ Vereinigung

$\quad \mathcal{F}_2(A, B, C) = A'B'C' + A'BC' + A'BC + ABC$

$\qquad\qquad\quad = A'C' + BC \qquad\qquad\qquad\qquad\quad$ Vereinigung

b) 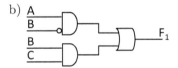 $\qquad\qquad$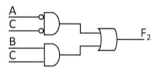

Aufgabe 3.4.1.2:

a) Disjunktive Normalform von $\mathcal{F}_3$ und $\mathcal{F}_4$:

$\quad \mathcal{F}_3(A, B, C, D) = A'B'C'D' + A'B'C'D + A'BC'D' + A'BC'D + A'BCD$

$\qquad\qquad\qquad + AB'CD' + AB'CD + ABC'D + ABCD' + ABCD$

$\quad \mathcal{F}_4(A, B, C, D) = A'B'C'D' + A'BC'D' + A'BCD' + AB'C'D' + ABC'D'$

$\qquad\qquad\qquad + ABCD'$

Konjunktive Normalform von $\mathcal{F}_3$ und $\mathcal{F}_4$:

$\quad \mathcal{F}_3(A, B, C, D) = (A + B + C' + D)(A + B + C' + D')(A + B' + C' + D)$

$\qquad\qquad\qquad \cdot \ (A' + B + C + D)(A' + B + C + D')(A' + B' + C + D)$

$\quad \mathcal{F}_4(A, B, C, D) = (A + B + C + D')(A + B + C' + D)(A + B + C' + D')$

$\qquad\qquad\qquad \cdot \ (A + B' + C + D')(A + B' + C' + D')(A' + B + C + D')$

$\qquad\qquad\qquad \cdot \ (A' + B + C' + D)(A' + B + C' + D')(A' + B' + C + D')$

$\qquad\qquad\qquad \cdot \ (A' + B' + C' + D')$

b) $\mathcal{F}_3(A, B, C, D) = (A + B + C' + D)(A + B + C' + D')$
$\qquad \cdot \ (A + B' + C' + D)(A' + B + C + D)$
$\qquad \cdot \ (A' + B + C + D')(A' + B' + C + D)$
$\qquad = (A + B + C' + D)(A + B + C' + D')$
$\qquad \cdot \ (A + B + C' + D)(A + B' + C' + D)$
$\qquad \cdot \ (A' + B + C + D)(A' + B + C + D')$
$\qquad \cdot \ (A' + B + C + D)(A' + B' + C + D)$ $\qquad$ Idempotenz
$\qquad = (A + B + C')(A + C' + D)$
$\qquad \cdot \ (A' + B + C)(A' + C + D)$ $\qquad$ Vereinigung
$\qquad = (A + C' + B)(A + C' + D)$
$\qquad \cdot \ (A' + C + B)(A' + C + D)$ $\qquad$ Kommutativität
$\qquad = ((A + C') + BD)((A' + C) + BD)$ $\qquad$ Distributivität
$\qquad = ((A + C')(A' + C)) + BD$ $\qquad$ Distributivität
$\qquad = ((AA' + AC + A'C' + CC')) + BD$ $\qquad$ Distributivität
$\qquad = ((0 + AC + A'C' + 0)) + BD$ $\qquad$ Komplement
$\qquad = AC + A'C' + BD$ $\qquad$ Identität

$\quad \mathcal{F}_4(A, B, C, D) = A'B'C'D' + A'BC'D' + A'BCD'$
$\qquad + \ AB'C'D' + ABC'D' + ABCD'$
$\qquad = D'(A'B'C' + A'BC' + A'BC$
$\qquad + \ AB'C' + ABC' + ABC)$ $\qquad$ Distributivität
$\qquad = D'(A'BC + ABC + A'BC'$
$\qquad + \ ABC' + A'B'C' + AB'C')$ $\qquad$ Kommutativität
$\qquad = D'(BC + BC' + B'C')$ $\qquad$ Vereinigung
$\qquad = D'(BC + BC' + BC' + B'C')$ $\qquad$ Idempotenz
$\qquad = D'(B + C')$ $\qquad$ Vereinigung
$\qquad = BD' + C'D'$ $\qquad$ Distributivität

c) $\mathcal{F}_3(A, B, C, D) = AC + A'C' + BD$
$\qquad = (AC + A'C')'' + BD$ $\qquad$ Involution
$\qquad = ((A' + C')(A + C))' + BD$ $\qquad$ DeMorgan
$\qquad = (AA' + A'C + AC' + CC')' + BD$ $\qquad$ Distributivität
$\qquad = (0 + A'C + AC' + 0)' + BD$ $\qquad$ Komplement
$\qquad = (A'C + AC')' + BD$ $\qquad$ Identität
$\qquad = (A \ xor \ C)' + BD$ $\qquad$ Definition von XOR

$\quad \mathcal{F}_4(A, B, C, D) = BD' + C'D'$
$\qquad = D'(B + C')$ $\qquad$ Distributivität

Die zu den Funktionen $\mathcal{F}_3$ und $\mathcal{F}_4$ gehörenden Schaltbilder sehen wie folgt aus:

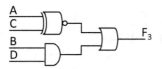
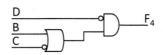

3.4.2 Das Verfahren von Karnaugh und Veitch

! **Lösungen**

Aufgabe 3.4.2.1:

1. Schritt:

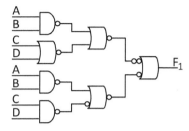 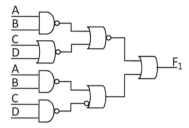

2. Schritt:

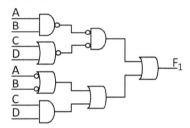 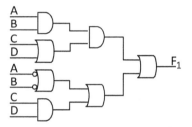

Nach der Umformung kann folgender Funktionsterm abgelesen und für die Übertragung in ein KV-Diagramm umgeformt werden:

$$\mathcal{F}_1(A, B, C, D) = (AB(C + D)) + ((A' + B') + CD)$$
$$= ABC + ABD + A' + B' + CD$$

$\mathcal{F}_1(A, B, C, D) :$

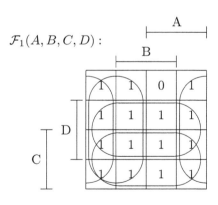

Das Minimalpolynom von $\mathcal{F}_1$ lautet: $\qquad \mathcal{F}_1(A, B, C, D) = A' + B' + C + D.$

Aufgabe 3.4.2.2:

a) Disjunktive Normalformen:

$$\mathcal{F}_2(A, B, C, D) = A'B'C'D' + A'B'CD' + A'BC'D' + A'BCD' + A'BCD$$
$$+ AB'C'D' + AB'CD' + ABC'D'$$

$$\mathcal{F}_3(A, B, C, D) = A'B'C'D' + A'B'C'D + A'BC'D' + A'BC'D + AB'C'D'$$
$$+ A'BCD + A'BCD' + AB'C'D + ABC'D + ABCD' + ABCD$$

Konjunktive Normalformen:

$$\mathcal{F}_2(A, B, C, D) = (A + B + C + D')(A + B + C' + D')(A + B' + C + D')$$
$$\cdot\ (A' + B + C + D')(A' + B + C' + D')(A' + B' + C + D')$$
$$\cdot\ (A' + B' + C' + D)(A' + B' + C' + D')$$

$$\mathcal{F}_3(A, B, C, D) = (A + B + C' + D)(A + B + C' + D')(A' + B + C' + D)$$
$$\cdot\ (A' + B + C' + D')(A' + B' + C + D)$$

b)
$$\mathcal{F}_2(A, B, C, D):$$ $$\mathcal{F}_3(A, B, C, D):$$

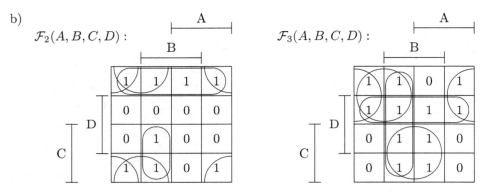

Das Minimalpolynom von $\mathcal{F}_2$ ist eindeutig, da die essentiellen Primimplikanten $B'D'$, $C'D'$ und $A'BC$ die Funktion $\mathcal{F}_2$ komplett abdecken. Der Primimplikant $A'D'$ spielt für das Minimalpolynom keine Rolle. Das Minimalpolynom von $\mathcal{F}_2$ lautet:

$$\mathcal{F}_2(A, B, C, D) = B'D' + C'D' + A'BC.$$

Das Minimalpolynom von $\mathcal{F}_3$ ist nicht eindeutig. Die Primimplikanten $B'C$, $B'C'$ und $C'D$ müssen in das Minimalpolynom aufgenommen werden, da es mindestens einen Minterm gibt, der jeweils nur durch einen der genannten Primimplikanten abgedeckt wird. Um das Minimalpolynom zu vervollständigen muss der Minterm $A'BC'D'$ durch einen Primimplikanten repäsentiert werden. Hierfür existieren zwei Möglichkeiten: $A'B$ oder $A'C'$. Nur einer der beiden Primimplikanten darf laut Definition in das Minimalolynom aufgenommen werden, um die Anzahl der darin enthaltenen Primimplikanten minimal zu halten. Für $\mathcal{F}_3$ können zwei Minimalpolynome formuliert werden:

$$\mathcal{F}_3(A, B, C, D) = A'B + B'C + B'C' + C'D$$
$$\text{oder}$$
$$\mathcal{F}_3(A, B, C, D) = A'C' + B'C + B'C' + C'D$$

c) $\mathcal{F}_2(A,B,C,D)$ $= (A+B+C+D')(A+B+C'+D')$

$\quad\quad\quad\quad\quad\quad \cdot \;\; (A+B'+C+D')(A'+B+C+D')$

$\quad\quad\quad\quad\quad\quad \cdot \;\; (A'+B+C'+D')(A'+B'+C+D')$

$\quad\quad\quad\quad\quad\quad \cdot \;\; (A'+B'+C'+D)(A'+B'+C'+D')$

$\quad\quad\quad\quad = (A+B+C+D')(A+B+C'+D')$

$\quad\quad\quad\quad\quad\quad \cdot \;\; (A+B'+C+D')(A'+B+C+D')$

$\quad\quad\quad\quad\quad\quad \cdot \;\; (A'+B+C'+D')(A'+B'+C+D')$

$\quad\quad\quad\quad\quad\quad \cdot \;\; (A'+B'+C'+D)(A'+B'+C'+D')$

$\quad\quad\quad\quad\quad\quad \cdot \;\; (A+B+C+D')(A'+B+C+D')$ Idempotenz

$\quad\quad\quad\quad = (A+B+C+D')(A+B+C'+D')$

$\quad\quad\quad\quad\quad\quad \cdot \;\; (A'+B+C+D')(A+B+C'+D')$

$\quad\quad\quad\quad\quad\quad \cdot \;\; (A+B'+C+D')(A'+B'+C+D')$

$\quad\quad\quad\quad\quad\quad \cdot \;\; (A+B+C+D')(A'+B+C+D')$

$\quad\quad\quad\quad\quad\quad \cdot \;\; (A'+B'+C'+D)(A'+B'+C'+D')$ Kommutativität

$\quad\quad\quad\quad = (A+B+D')(A'+B+D')(B'+C+D')$

$\quad\quad\quad\quad\quad\quad \cdot \;\; (B+C+D')(A'+B'+C')$ Vereinigung

$\quad\quad\quad\quad = (B+D')(C+D')(A'+B'+C')$ Vereinigung

$\mathcal{F}_3(A,B,C,D)$ $= (A+B+C'+D)(A+B+C'+D')$

$\quad\quad\quad\quad\quad\quad \cdot \;\; (A'+B+C'+D)(A'+B+C'+D')$

$\quad\quad\quad\quad\quad\quad \cdot \;\; (A'+B'+C+D)$

$\quad\quad\quad\quad = (A+B+C')(A'+B+C')$

$\quad\quad\quad\quad\quad\quad \cdot \;\; (A'+B'+C+D)$ Vereinigung

$\quad\quad\quad\quad = (B+C')(A'+B'+C+D)$ Vereinigung

d)

$\mathcal{F}_2(A,B,C,D):$ $\mathcal{F}_3(A,B,C,D):$

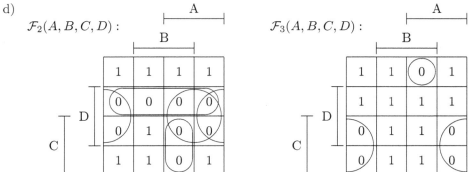

Aus den KV-Diagrammen für $\mathcal{F}_2$ und $\mathcal{F}_3$ lassen sich folgende minimale, konjunktive Normalformen ablesen:

$$\mathcal{F}_2(A,B,C,D) = (B+D')(C+D')(A'+B'+C')$$
$$\mathcal{F}_3(A,B,C,D) = (B+C')(A'+B'+C+D)$$

Der optionale Term $(A'+D')$, welcher zusätzlich zur Funktion $\mathcal{F}_2$ konstruiert werden kann, muss nicht in die minimierte KNF von $\mathcal{F}_2$ aufgenommen werden, da sämtliche Maxterme bereits von den anderen Termen abgedeckt werden.

Aufgabe 3.4.2.3:

a)

S	T	A	B	U	V
0	0	0	0	0	1
0	0	0	1	0	0
0	0	1	0	1	1
0	0	1	1	1	0
0	1	0	0	1	0
0	1	0	1	1	0
0	1	1	0	0	1
0	1	1	1	1	0
1	0	0	0	0	0
1	0	0	1	1	1
1	0	1	0	1	0
1	0	1	1	1	0
1	1	0	0	0	0
1	1	0	1	0	1
1	1	1	0	1	0
1	1	1	1	1	1

b) Disjunktive Normalform:

$$U(S,T,A,B) = S'T'AB' + S'T'AB + S'TA'B' + S'TA'B + S'TAB + ST'A'B$$
$$+ ST'AB' + ST'AB + STAB' + STAB$$

$$V(S,T,A,B) = S'T'A'B' + S'T'AB' + S'TAB' + ST'A'B + STA'B + STAB$$

Konjunktive Normalformen:

$$U(S,T,A,B) = (S+T+A+B)(S+T+A+B')(S+T'+A'+B)$$
$$\cdot \; (S'+T+A+B)(S'+T'+A+B)(S'+T'+A+B')$$

$$V(S,T,A,B) = (S+T+A+B')(S+T+A'+B')(S+T'+A+B)$$
$$\cdot \; (S+T'+A+B')(S+T'+A'+B')(S'+T+A+B)$$
$$\cdot \; (S'+T+A'+B)(S'+T+A'+B')(S'+T'+A+B)$$
$$\cdot \; (S'+T'+A'+B)$$

c)

$U(S,T,A,B):$ $V(S,T,A,B):$

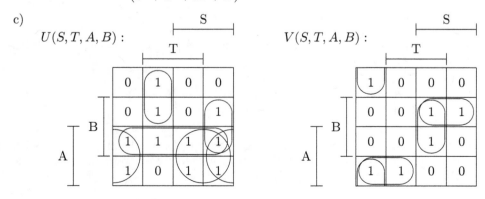

Somit ergeben sich folgende Minimalpolynome:

$$U(S, T, A, B) = AB + SA + T'A + ST'B + S'TA'$$
$$V(S, T, A, B) = S'T'B' + S'AB' + STB + SA'B$$

d) Für eine optimale Schaltbildumsetzung der Funktionen U und V, werden die zugehörige Minimalpolynome noch weiter umgeformt:

$$
\begin{aligned}
U(S, T, A, B) &= AB + SA + T'A + ST'B + S'TA' \\
&= A(B + S + T') + ST'B + S'TA' \qquad \text{Distributivität}
\end{aligned}
$$

$$
\begin{aligned}
V(S, T, A, B) &= S'T'B' + S'AB' + STB + SA'B \\
&= S'B'(T' + A) + SB(T + A') \qquad \text{Distributivität} \\
&= (S + B)'(T' + A) + SB(T + A') \qquad \text{DeMorgan}
\end{aligned}
$$

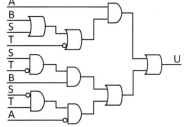 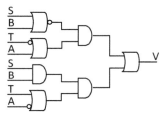

Aufgabe 3.4.2.4: Die aus der geforderten Funktionsweise resultierende Schalttabelle
lautet:

x_3	x_2	x_1	x_0	y_3	y_2	y_1	y_0
0	0	0	0	0	0	0	0
0	0	0	1	1	1	1	1
0	0	1	0	1	1	1	0
0	0	1	1	1	1	0	1
0	1	0	0	1	1	0	0
0	1	0	1	1	0	1	1
0	1	1	0	1	0	1	0
0	1	1	1	1	0	0	1
1	0	0	0	1	0	0	0
1	0	0	1	0	1	1	1
1	0	1	0	0	1	1	0
1	0	1	1	0	1	0	1
1	1	0	0	0	1	0	0
1	1	0	1	0	0	1	1
1	1	1	0	0	0	1	0
1	1	1	1	0	0	0	1

Durch die 4-Bit-Zahl $X = x_3x_2x_1x_0$ werden die verschiedenen Eingabemöglichkeiten repräsentiert. Entsprechend der Umrechnungsregeln im Zweierkomplement (einzelne Bits
negieren und 1 hinzuaddieren) kann das Komplement $Y = y_3y_2y_1y_0$ von X ermittelt
werden. Für die einzelnen Schaltfunktionen y_3, y_2, y_1 und y_0 lassen sich folgende Minimalpolynome konstruieren:

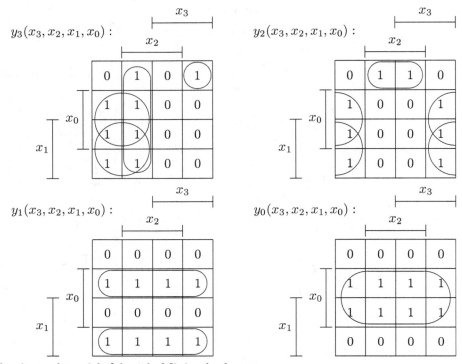

Somit ergeben sich folgende Minimalpolynome:

$$y_3(x_3, x_2, x_1, x_0) = x_3'x_0 + x_3'x_1 + x_3'x_2 + x_3x_2'x_1'x_0'$$
$$y_2(x_3, x_2, x_1, x_0) = x_2'x_0 + x_2'x_1 + x_2x_1'x_0'$$
$$y_1(x_3, x_2, x_1, x_0) = x_1'x_0 + x_1x_0'$$
$$y_0(x_3, x_2, x_1, x_0) = x_0$$

Um das Schaltbild zu erstellen, können die Minimalpolynome nun mithilfe der vorgegebenen Logikgatter umgesetzt werden. Eine Alternative stellt folgendes Schaltbild dar:

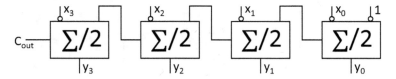

Wenn die Vorgehensweise zur Berechnung des Zweierkomplementes als Ausgangspunkt
gewählt wird, müssen zunächst alle Eingabebits negiert werden, wie in obiger Schaltung
zu sehen. Im Anschluss muss die Bitfolge inkrementiert bzw. um 1 erhöht werden. Dies
wird durch die Halbaddierer bewerkstelligt. Im ersten Halbaddierer (rechts) wird die
1 direkt als Summand an einen der Eingänge angelegt. Sollte bei der Addition ein
Übertrag entstehen, wird dieser an den folgenden Halbaddierer weitergeleitet.

3.4.3   Das Verfahren von Quine und McCluskey

! Lösungen

Aufgabe 3.4.3.1: Phase 1: Bestimmung aller Primimplikanten von $\mathcal{F}_1$:

Einteilung der Minterme:

Gr.			Minterme					binär			dezimal	
4	A'	B'	C'	D'	E	0	0	0	0	1	1	x
	A'	B'	C	D'	E'	0	0	1	0	0	4	x
3	A'	B'	C'	D	E	0	0	0	1	1	3	x
	A'	B'	C	D'	E	0	0	1	0	1	5	x
	A'	B	C'	D	E'	0	1	0	1	0	10	x
	A	B'	C'	D'	E	1	0	0	0	1	17	x
	A	B'	C	D'	E'	1	0	1	0	0	20	x
2	A'	B	C	D'	E	0	1	1	0	1	13	x
	A'	B	C	D	E'	0	1	1	1	0	14	x
	A	B'	C'	D	E	1	0	0	1	1	19	x
	A	B'	C	D'	E	1	0	1	0	1	21	x
	A	B	C'	D	E'	1	1	0	1	0	26	x
1	A'	B	C	D	E	0	1	1	1	1	15	x
	A	B	C	D'	E	1	1	1	0	1	29	x
	A	B	C	D	E'	1	1	1	1	0	30	x
0	A	B	C	D	E	1	1	1	1	1	31	x

1.Iteration:

Gr.			Implikanten					binär			dezimal	
3	A'	B'	C'	-	E	0	0	0	-	1	1, 3	x
	A'	B'	-	D'	E	0	0	-	0	1	1, 5	x
	-	B'	C'	D'	E	-	0	0	0	1	1, 17	x
	A'	B'	C	D'	-	0	0	1	0	-	4, 5	x
	-	B'	C	D'	E'	-	0	1	0	0	4, 20	x
2	-	B'	C'	D	E	-	0	0	1	1	3, 19	x
	A'	-	C	D'	E	0	-	1	0	1	5, 13	x
	-	B'	C	D'	E	-	0	1	0	1	5, 21	x
	A'	B	-	D	E'	0	1	-	1	0	10, 14	x
	-	B	C'	D	E'	-	1	0	1	0	10, 26	x
	A	B'	C'	-	E	1	0	0	-	1	17, 19	x
	A	B'	-	D'	E	1	0	-	0	1	17, 21	x
	A	B'	C	D'	-	1	0	1	0	-	20, 21	x
1	A'	B	C	-	E	0	1	1	-	1	13, 15	x
	-	B	C	D'	E	-	1	1	0	1	13, 29	x
	A'	B	C	D	-	0	1	1	1	-	14, 15	x
	-	B	C	D	E'	-	1	1	1	0	14, 30	x
	A	-	C	D'	E	1	-	1	0	1	21, 29	x
	A	B	-	D	E'	1	1	-	1	0	26, 30	x
0	-	B	C	D	E	-	1	1	1	1	15, 31	x
	A	B	C	-	E	1	1	1	-	1	29, 31	x
	A	B	C	D	-	1	1	1	1	-	30, 31	x

2.Iteration:

Gr.	Implikanten					binär					dezimal	
2	-	B'	C'	-	E	-	0	0	-	1	1, 3, 17, 19	P_1
	-	B'	-	D'	E	-	0	-	0	1	1, 5, 17, 21	P_2
	-	B'	C'	-	E	-	0	0	-	1	1, 3, 17, 19	-
	-	B'	-	D'	E	-	0	-	0	1	1, 5, 17, 21	-
	-	B'	C	D'	-	-	0	1	0	-	4, 5, 20, 21	P_3
	-	B'	C	D'	-	-	0	1	0	-	4, 5, 20, 21	-
1	-	-	C	D'	E	-	-	1	0	1	5, 13, 21, 29	P_4
	-	-	C	D'	E	-	-	1	0	1	5, 13, 21, 29	-
	-	B	-	D	E'	-	1	-	1	0	10, 14, 26, 30	P_5
	-	B	-	D	E'	-	1	-	1	0	10, 14, 26, 30	-
0	-	B	C	-	E	-	1	1	-	1	13, 15, 29, 31	P_6
	-	B	C	-	E	-	1	1	-	1	13, 15, 29, 31	-
	-	B	C	D	-	-	1	1	1	-	14, 15, 30, 31	P_7
	-	B	C	D	-	-	1	1	1	-	14, 15, 30, 31	-

Phase 2: Bilden der Überdeckungsmatrix.

Prim.	1	3	4	5	10	13	14	15	17	19	20	21	26	29	30	31	gestr.
$B'C'E$ (P_1)	1	1							1	1							
$B'D'E$ (P_2)	1			1					1			1					leer
$B'CD'$ (P_3)			1	1							1	1					
$CD'E$ (P_4)				1		1						1		1			P_6
BDE' (P_5)					1		1						1		1		
BCE (P_6)						1		1						1		1	
BCD (P_7)							1	1							1	1	P_6
gestr.	3			4			10	13	3	3	4	4	10	13	10	13	

Das Minimalpolynom von $\mathcal{F}_1$ ist eindeutig und lautet:

$$\mathcal{F}_1(A, B, C, D, E) = B'C'E + B'CD' + BDE' + BCE$$

Aufgabe 3.4.3.2:

a) Phase 1: Bestimmung aller Primimplikanten von $\mathcal{F}_2$.

Einteilung der Minterme:

Gr.	Minterme					binär					dezimal	
4	A'	B'	C'	D'	E	0	0	0	0	1	1	x
3	A'	B'	C'	D	E	0	0	0	1	1	3	x
	A'	B'	C	D'	E	0	0	1	0	1	5	x
	A'	B	C'	D'	E	0	1	0	0	1	9	x
2	A'	B'	C	D	E	0	0	1	1	1	7	x
	A'	B	C'	D	E	0	1	0	1	1	11	x
	A'	B	C	D'	E	0	1	1	0	1	13	x
	A	B'	C	D'	E	1	0	1	0	1	21	x
	A	B	C	D'	E'	1	1	1	0	0	28	x
1	A'	B	C	D	E	0	1	1	1	1	15	x
	A	B	C	D'	E	1	1	1	0	1	29	x

1.Iteration:

Gr.	Implikanten					binär					dezimal	
3	A'	B'	C'	-	E	0	0	0	-	1	1, 3	x
	A'	B'	-	D'	E	0	0	-	0	1	1, 5	x
	A'	-	C'	D'	E	0	-	0	0	1	1, 9	x
2	A'	B'	-	D	E	0	0	-	1	1	3, 7	x
	A'	-	C'	D	E	0	-	0	1	1	3, 11	x
	A'	B'	C	-	E	0	0	1	-	1	5, 7	x
	A'	-	C	D'	E	0	-	1	0	1	5, 13	x
	-	B'	C	D'	E	-	0	1	0	1	5, 21	x
	A'	B	C'	-	E	0	1	0	-	1	9, 11	x
	A'	B	-	D'	E	0	1	-	0	1	9, 13	x
1	A'	-	C	D	E	0	-	1	1	1	7, 15	x
	A'	B	-	D	E	0	1	-	1	1	11, 15	x
	A'	B	C	-	E	0	1	1	-	1	13, 15	x
	-	B	C	D'	E	-	1	1	0	1	13, 29	x
	A	-	C	D'	E	1	-	1	0	1	21, 29	x
	A	B	C	D'	-	1	1	1	0	-	28, 29	P_1

2.Iteration:

Gr.	Implikanten					binär					dezimal	
2	A'	B'	-	-	E	0	0	-	-	1	1, 3, 5, 7	x
	A'	-	C'	-	E	0	-	0	-	1	1, 3, 9, 11	x
	A'	B'	-	-	E	0	0	-	-	1	1, 3, 5, 7	-
	A'	-	-	D'	E	0	-	-	0	1	1, 5, 9, 13	x
	A'	-	C'	-	E	0	-	0	-	1	1, 3, 9, 11	-
	A'	-	-	D'	E	0	-	-	0	1	1, 5, 9, 13	-
1	A	B	C	D'	-	1	1	1	0	-	28, 29	P_1
	A'	-	-	D	E	0	-	-	1	1	3, 7, 11, 15	x
	A'	-	-	D	E	0	-	-	1	1	3, 7, 11, 15	-
	A'	-	C	-	E	0	-	1	-	1	5, 7, 13, 15	x
	A'	-	C	-	E	0	-	1	-	1	5, 7, 13, 15	-
	-	-	C	D'	E	-	-	1	0	1	5, 13, 21, 29	P_2
	-	-	C	D'	E	-	-	1	0	1	5, 13, 21, 29	-
	A'	B	-	-	E	0	1	-	-	1	9, 11, 13, 15	x
	A'	B	-	-	E	0	1	-	-	1	9, 11, 13, 15	-

3.Iteration:

Gr.	Implikanten					binär					dezimal	
1	A	B	C	D'	-	1	1	1	0	-	28, 29	P_1
	-	-	C	D'	E	-	-	1	0	1	5, 13, 21, 29	P_2
	A'	-	-	-	E	0	-	-	-	1	1, 3, 5, 7, 9, 11, 13, 15	P_3
	A'	-	-	-	E	0	-	-	-	1	1, 3, 5, 7, 9, 11, 13, 15	-
	A'	-	-	-	E	0	-	-	-	1	1, 3, 5, 7, 9, 11, 13, 15	-

Phase 2: Bilden der Überdeckungsmatrix.

Primimplikant	1	3	5	7	9	11	13	15	21	28	29	gestr.
$ABCD'$ (P_1)										1	1	
$CD'E$ (P_2)			1				1		1		1	
$A'E$ (P_3)	1	1	1	1	1	1	1	1				
gestr.		1	1	1	1	1	1	1				28

Das Minimalpolynom von $\mathcal{F}_2$ lautet: $\mathcal{F}_2(A,B,C,D,E) = A'E + CD'E + ABCD'$

b)

$\mathcal{F}_2(A,B,C,D,E)$:

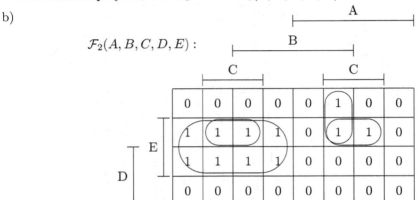

Das Minimalpolynom von $\mathcal{F}_2$ lautet: $\mathcal{F}_2(A,B,C,D,E) = A'E + CD'E + ABCD'$.

3.5   Fehlerdiagnose und Schaltungshazards

Lösungen

Aufgabe 3.5.1:

a) Die entsprechende Schaltfunktion lautet:
$\mathcal{F}_1(A,B,C) = A'B + AC$.

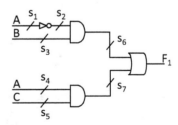

Die Funktion $\mathcal{F}_1$ ist nicht hazardfrei, da durch die Negation statische Hazards (Verzögerung der Signallaufzeiten) hervorgerufen werden können.

c) Insgesamt sind 7 Schaltungsrisse möglich, aus denen folgende Termänderungen resultieren:

$$
\begin{aligned}
s_1(A,B,C) &= (0)'B + AC &&= B + AC \\
s_2(A,B,C) &= 0B + AC &&= AC \\
s_3(A,B,C) &= A'0 + AC &&= AC \\
s_4(A,B,C) &= A'B + 0C &&= A'B \\
s_5(A,B,C) &= A'B + A0 &&= A'B \\
s_6(A,B,C) &= 0 + AC &&= AC \\
s_7(A,B,C) &= A'B + 0 &&= A'B
\end{aligned}
$$

Für einen Leitungstest ist es völlig ausreichend die Kombinationen:

$$s_1(A, B, C) = B + AC$$
$$s_2(A, B, C) = AC \qquad (= s_3 = s_6)$$
$$s_4(A, B, C) = A'B \qquad (= s_5 = s_7)$$

zu testen. Die Menge $S = \{s_1, s_2, s_4\}$ kann somit auf 3 von insgesamt 7 Elementen reduziert werden.

Aufgabe 3.5.2: Die Schaltfunktion lautet: $\mathcal{F}_2(A, B, C, D) = A'B' + ABD + AC'D'$.

$\mathcal{F}_2(A, B, C, D):$

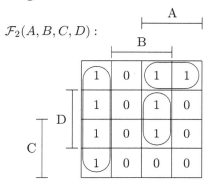

Hazards oder Glitches treten auf, wenn durch eine Änderung der Eingangssignale der Übergang von einem Primimplikant zu einem anderen beschrieben wird. Laut KV-Diagramm ist dies an zwei Stellen möglich:

1. zwischen ABD und $AC'D'$ (Signalverlauf $1101 \to 1100$)

2. zwischen $AC'D'$ und $A'B'$ (Signalverlauf $1000 \to 0000$)

Der erste Hazard kann mithilfe des Primimplikanten ABC' aufgelöst und der zweite durch Hinzunahme von $B'C'D'$ eliminiert werden. Die zusätzlichen Terme decken die genannten Signalübergänge ab, sodass sich die durch die Hazards hervorgerufenen Verzögerungen in der Signalverarbeitung nicht nachhaltig auf die restliche Schaltung auswirken können.

Aufgabe 3.5.3:

a) $\mathcal{F}_3(A, B, C, D) = (A + D)'(B' + C') + A(BD + B'C'D')$
$$\qquad\qquad\qquad + (B' + C' + D')' + AB'CD'$$
$$\qquad\qquad = A'D'(B' + C') + A(BD + B'C'D')$$
$$\qquad\qquad\qquad + BCD + AB'CD' \qquad\qquad \text{DeMorgan}$$
$$\qquad\qquad = A'B'D' + A'C'D' + ABD + AB'C'D'$$
$$\qquad\qquad\qquad + BCD + AB'CD' \qquad\qquad \text{Distributivität}$$
$$\qquad\qquad = A'B'D' + A'C'D' + ABD + AB'D'$$
$$\qquad\qquad\qquad + BCD \qquad\qquad\qquad\qquad \text{Vereinigung}$$
$$\qquad\qquad = B'D' + A'C'D' + ABD + BCD \qquad \text{Vereinigung}$$

$$\begin{aligned}
\mathcal{F}_4(A,B,C,D) &= (A+B'+C+D)(ABC'D)' \\
&\quad \cdot (A'+B+C'+D')(A+B'+C'+D) \\
&\quad \cdot (A'+B+C+D')(ABCD)' \\
&= (A+B'+C+D)(A'+B'+C+D') \\
&\quad \cdot (A'+B+C'+D')(A+B'+C'+D) \\
&\quad \cdot (A'+B+C+D')(A'+B'+C'+D') &&\text{DeMorgan} \\
&= (A'+B+C+D')(A'+B'+C+D') \\
&\quad \cdot (A'+B+C'+D')(A'+B'+C'+D') \\
&\quad \cdot (A+B'+C+D)(A+B'+C'+D) &&\text{Kommutativität} \\
&= (A'+C+D')(A'+C'+D')(A+B'+D) &&\text{Vereinigung} \\
&= (A'+D')(A+B'+D) &&\text{Vereinigung} \\
&= AA'+A'B'+A'D+AD'+B'D'+DD' &&\text{Distributivität} \\
&= 0+A'B'+A'D+AD'+B'D'+0 &&\text{Komplement} \\
&= A'B'+A'D+AD'+B'D' &&\text{Identität} \\
&= A'B'+A'D+AD' &&\text{Konsens}
\end{aligned}$$

$$oder$$

$$= A'D+AD'+B'D' \qquad\qquad \text{Konsens}$$

b)

$\mathcal{F}_3(A,B,C,D):$ $\qquad\qquad\qquad\qquad$ $\mathcal{F}_4(A,B,C,D):$

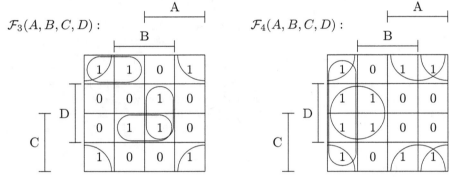

Laut den KV-Diagrammen ergeben sich folgende Minimalpolynome:

$$\begin{aligned}
\mathcal{F}_3(A,B,C,D) &= B'D'+A'C'D'+ABD+BCD \\
\mathcal{F}_4(A,B,C,D) &= A'B'+A'D+AD'
\end{aligned}$$

$$oder$$

$$\mathcal{F}_4(A,B,C,D) = A'D+AD'+B'D'$$

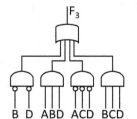

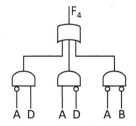

Laut den in der Aufgabenstellung vermerkten Beschränkungen ist das Schaltbild zu $\mathcal{F}_3$ hazardfrei. Da das Minimalpolynom von $\mathcal{F}_4$ nicht eindeutig ist und für die Umsetzung des Minimalpolynoms mithilfe von logischen Schaltgattern nicht alle Primimplikanten in die Schaltung integriert wurden, existieren Signalübergänge zwischen Primimplikanten, die statische Hazards hervorrufen. Wird wie beim angegebenen Schaltbild das erste mögliche Minimalpolynom von $\mathcal{F}_4$ betrachtet, sind die Signalverzögerungen im Wertebereich des fehlenden Terms $B'D'$ zu finden (entweder $1000 \rightarrow 0000$ oder $1010 \rightarrow 0010$). Für das alternative Minimalpolynom ergeben sich die statischen Hazards bei den Signalverläufen $0001 \rightarrow 0000$ und $0011 \rightarrow 0010$ (fehlender Term $B'D'$).

3.6 Multiplexer und Demultiplexer

! Lösungen

Aufgabe 3.6.1:

a)

$\mathcal{F}_1(A, B, C, D):$

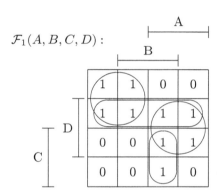

Das Minimalpolynom von $\mathcal{F}_1$ lautet: $\mathcal{F}_1(A, B, C, D) = AD + A'C' + ABC$.

b) Um $\mathcal{F}_1$ mithilfe eines $8:1$ Multiplexers umsetzen zu können, muss die entsprechende Funktionalität in Abhängigkeit des Literals D beschrieben werden. Die anderen Literale A, B und C werden als Steuersignale verwendet. Die gesuchten Abhängigkeiten können aus dem KV-Diagramm abgeleitet werden:

A	B	C	$\mathcal{F}_1$
0	0	0	1
0	0	1	0
0	1	0	1
0	1	1	0
1	0	0	D
1	0	1	D
1	1	0	D
1	1	1	1

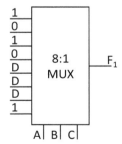

Aufgabe 3.6.2:

a) Phase 1: Bestimmung aller Primimplikanten von $\mathcal{F}_2$.

Einteilung der Minterme:

Gr.		Minterme				binär			dezimal	
3	A'	B'	C'	D	0	0	0	1	1	x
	A'	B	C'	D'	0	1	0	0	4	x
2	A'	B'	C	D	0	0	1	1	3	x
	A'	B	C	D'	0	1	1	0	6	x
	A	B'	C'	D	1	0	0	1	9	x
1	A'	B	C	D	0	1	1	1	7	x
	A	B'	C	D	1	0	1	1	11	x
	A	B	C	D'	1	1	1	0	14	x
0	A	B	C	D	1	1	1	1	15	x

1.Iteration:

Gr.		Implikanten				binär			dezimal	
2	A'	B'	-	D	0	0	-	1	1, 3	x
	-	B'	C'	D	-	0	0	1	1, 9	x
	A'	B	-	D'	0	1	-	0	4, 6	P_1
1	A'	-	C	D	0	-	1	1	3, 7	x
	-	B'	C	D	-	0	1	1	3, 11	x
	A'	B	C	-	0	1	1	-	6, 7	x
	-	B	C	D'	-	1	1	0	6, 14	x
	A	B'	-	D	1	0	-	1	9, 11	x
0	-	B	C	D	-	1	1	1	7, 15	x
	A	-	C	D	1	-	1	1	11, 15	x
	A	B	C	-	1	1	1	-	14, 15	x

2.Iteration:

Gr.		Implikanten				binär			dezimal	
2	A'	B	-	D'	0	1	-	0	4, 6	P_1
1	-	B'	-	D	-	0	-	1	1, 3, 9, 11	P_2
	-	B'	-	D	-	0	-	1	1, 3, 9, 11	-
0	-	-	C	D	-	-	1	1	3, 7, 11, 15	P_3
	-	-	C	D	-	-	1	1	3, 7, 11, 15	-
	-	B	C	-	-	1	1	-	6, 7, 14, 15	P_4
	-	B	C	-	-	1	1	-	6, 7, 14, 15	-

Phase 2: Bilden der Überdeckungsmatrix.

Primimplikant	1	3	4	6	7	9	11	14	15	gestr.
$A'BD'$ (P_1)			1	1						
$B'D$ (P_2)	1	1				1	1			
CD (P_3)		1			1		1		1	leer
BC (P_4)				1	1			1	1	
gestr.		1		4	14	1	1		14	

Das Minimalpolynom von $\mathcal{F}_2$ lautet: $\mathcal{F}_2(A, B, C, D) = BC + B'D + A'BD'$.

b) Die Umsetzung von $\mathcal{F}_2$ mithilfe eines $4:16$ Demultiplexers ist an dieser Stelle relativ einfach. Die vier Literale der Schaltfunktion können direkt als Steuersignale verwendet werden. Die vorgegebenen Indizies entsprechen den jeweiligen Ausgängen des Demultiplpexers. Somit ergibt sich folgendes Schaltwerk:

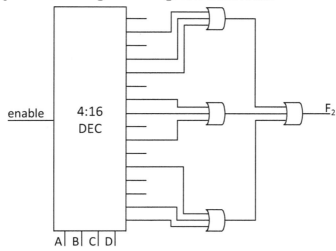

c)

A	B	C	$\mathcal{F}_2$
0	0	0	D
0	0	1	D
0	1	0	D'
0	1	1	1
1	0	0	D
1	0	1	D
1	1	0	0
1	1	1	1

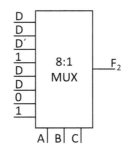

Aufgabe 3.6.3:

a)

$\mathcal{F}_3(A,B,C,D,E):$

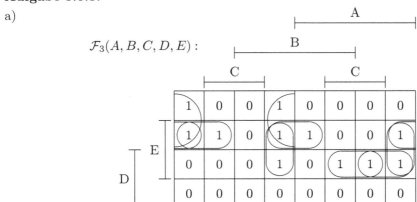

Da für $\mathcal{F}_3$ zwei verschiedene Minimalpolynome konstruiert werden können:

$$
\begin{aligned}
\mathcal{F}_3(A,B,C,D,E) &= AB'C'E + ACDE + A'BC'E + A'B'D'E \\
&+ A'C'D' + C'D'E
\end{aligned}
$$

oder

$$
\begin{aligned}
\mathcal{F}_3(A,B,C,D,E) &= AB'DE + ACDE + A'BC'E + A'B'D'E \\
&+ A'C'D' + C'D'E
\end{aligned}
$$

ist dieses nicht eindeutig.

b)

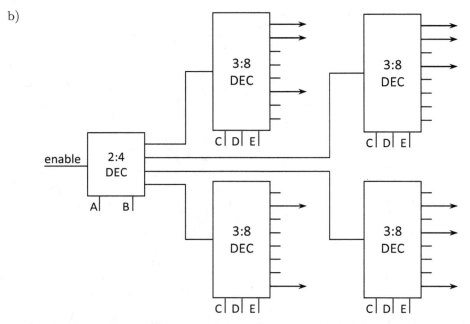

(in der Darstellung werden die aktiven Ausgänge durch Pfeile repräsentiert)

3.7   Logik-Gitter

Lösungen

Aufgabe 3.7.1:

$$
\begin{aligned}
\mathcal{F}_1(A,B,C,D) &= A'BC'D' + ABC'D' + A'BC'D + A'BCD' \\
&+ ABCD + A'B'CD' + A'BCD + ABC'D \\
&= A'BC'D' + ABC'D' + A'BC'D + ABC'D \\
&+ A'BCD + ABCD + A'B'CD' + A'BCD' && \text{Kommutativität} \\
&= BC'D' + BC'D + BCD + A'CD' && \text{Distributivität} \\
&= BC'D' + BC'D + BC'D + BCD + A'CD' && \text{Idempotenz} \\
&= BC' + BD + A'CD' && \text{Distributivität}
\end{aligned}
$$

$$
\begin{aligned}
\mathcal{F}_2(A,B,C,D) &= A'BC'D' + A'B'C'D + AB'CD + A'BCD' \\
&\quad + ABCD + AB'C'D + ABCD' + A'BCD \\
&\quad + A'B'CD \\
&= A'BC'D' + A'BCD' + ABCD' + A'BCD \\
&\quad + ABCD + A'B'C'D + A'B'CD + AB'C'D \\
&\quad + AB'CD && \text{Kommutativität} \\
&= A'BC'D' + A'BCD' + A'BCD' + ABCD' \\
&\quad + A'BCD + ABCD + A'B'C'D + A'B'CD \\
&\quad + AB'C'D + AB'CD && \text{Idempotenz} \\
&= A'BD' + BCD' + BCD + A'B'D + AB'D && \text{Distributivität} \\
&= A'BD' + BC + B'D && \text{Distributivität}
\end{aligned}
$$

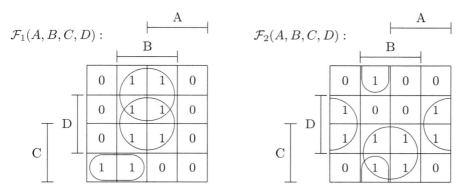

$\mathcal{F}_1(A,B,C,D):$ $\qquad\qquad$ $\mathcal{F}_2(A,B,C,D):$

Aufgabe 3.7.2: Phase 1: Bestimmung aller Primimplikanten von $\mathcal{F}_3$.

Einteilung der Minterme:

Gr.	Minterme					binär					dezimal	
4	A'	B'	C'	D'	E	0	0	0	0	1	1	x
	A	B'	C'	D'	E'	1	0	0	0	0	16	x
3	A'	B'	C'	D	E	0	0	0	1	1	3	x
	A	B'	C'	D'	E	1	0	0	0	1	17	x
2	A'	B	C'	D	E	0	1	0	1	1	11	x
1	A	B'	C	D	E	1	0	1	1	1	23	x
	A	B	C'	D	E	1	1	0	1	1	27	x
0	A	B	C	D	E	1	1	1	1	1	31	x

1.Iteration:

Gr.	Implikanten					binär					dezimal	
3	A'	B'	C'	-	E	0	0	0	-	1	1, 3	P_1
	-	B'	C'	D'	E	-	0	0	0	1	1, 17	P_2
	A	B'	C'	D'	-	1	0	0	0	-	16, 17	P_3
2	A'	-	C'	D	E	0	-	0	1	1	3, 11	P_4
1	-	B	C'	D	E	-	1	0	1	1	11, 27	P_5
0	A	-	C	D	E	1	-	1	1	1	23, 31	P_6
	A	B	-	D	E	1	1	-	1	1	27, 31	P_7

Phase 2: Bilden der Überdeckungsmatrix.

Primimplikant	1	3	11	16	17	23	27	31	gestr.
$A'B'C'E$ (P_1)	1	1							
$B'C'D'E$ (P_2)	1				1				P_1
$AB'C'D'$ (P_3)			1		1				
$A'C'DE$ (P_4)		1	1						P_1
$BC'DE$ (P_5)		1					1		
$ACDE$ (P_6)						1		1	
$ABDE$ (P_7)							1	1	P_5
gestr.		1	27		16			23	

Das Minimalpolynom von $\mathcal{F}_3$ lautet: $\mathcal{F}_3(A, B, C, D, E) = P_1 + P_3 + P_5 + P_6$.

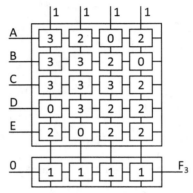

Aufgabe 3.7.3: Die laut Aufgabenstellung geforderte Funktionalität, lässt sich mit folgender Funktionstabelle verdeutlichen:

A^n	B^n	C^n	D^n	A^{n+1}	B^{n+1}	C^{n+1}	D^{n+1}
0	0	0	0	0	0	0	1
0	0	0	1	0	0	1	0
0	0	1	0	0	0	1	1
0	0	1	1	0	1	0	0
0	1	0	0	0	1	0	1
0	1	0	1	0	1	1	0
0	1	1	0	0	1	1	1
0	1	1	1	1	0	0	0
1	0	0	0	1	0	0	1
1	0	0	1	1	0	1	0
1	0	1	0	1	0	1	1
1	0	1	1	1	1	0	0
1	1	0	0	1	1	0	1
1	1	0	1	1	1	1	0
1	1	1	0	1	1	1	1
1	1	1	1	0	0	0	0

Daraus ergeben sich folgende KV-Diagramme:

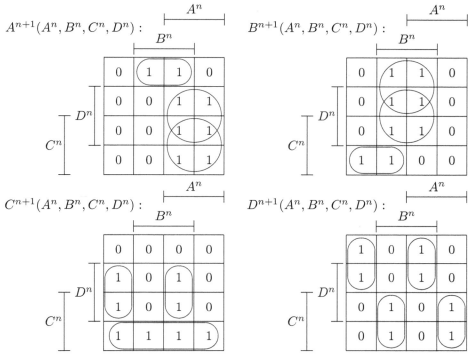

$A^{n+1}(A^n, B^n, C^n, D^n):$

$B^{n+1}(A^n, B^n, C^n, D^n):$

$C^{n+1}(A^n, B^n, C^n, D^n):$

$D^{n+1}(A^n, B^n, C^n, D^n):$

Somit ergeben sich folgende Minimalpolynome:

$$A^{n+1}(A^n, B^n, C^n, D^n) = A^n C^n + A^n D^n + B^n C^{n\prime} D^{n\prime}$$
$$B^{n+1}(A^n, B^n, C^n, D^n) = B^n C^{n\prime} + B^n D^n + A^{n\prime} C^n D^{n\prime}$$
$$C^{n+1}(A^n, B^n, C^n, D^n) = C^n D^{n\prime} + A^n B^n D^n + A^{n\prime} B^{n\prime} D^n$$
$$D^{n+1}(A^n, B^n, C^n, D^n) = A^n B^n C^{n\prime} + A^n B^{n\prime} C^n + A^{n\prime} B^n C^n + A^{n\prime} B^{n\prime} C^{n\prime}$$

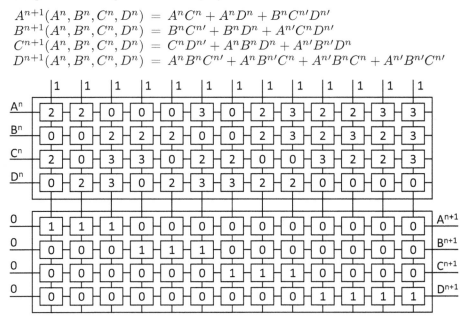

Aufgabe 3.7.4: Die zugehörige Zustandstabelle lautet wie folgt (da der Zustand der einzelnen Segementleuchten nur für die ersten 10 Signalkombinationen definiert ist, können die restlichen Eingabemöglichkeiten als *don't care*-Einträge gewertet werden):

A	B	C	D	S_0	S_1	S_2	S_3	S_4	S_5	S_6
0	0	0	0	1	1	1	1	1	1	0
0	0	0	1	1	1	0	0	1	0	1
0	0	1	0	1	1	0	1	1	0	1
0	0	1	1	1	1	0	1	1	0	0
0	1	0	0	0	1	1	1	1	1	0
0	1	0	1	0	0	1	0	0	1	0
0	1	1	0	0	1	0	0	1	0	1
0	1	1	1	1	1	1	0	1	1	1
1	0	0	0	1	1	1	1	1	0	0
1	0	0	1	0	1	1	0	1	1	1
1	0	1	0	x	x	x	x	x	x	x
1	0	1	1	x	x	x	x	x	x	x
1	1	0	0	x	x	x	x	x	x	x
1	1	0	1	x	x	x	x	x	x	x
1	1	1	0	x	x	x	x	x	x	x
1	1	1	1	x	x	x	x	x	x	x

Daraus ergeben sich folgende KV-Diagramme:

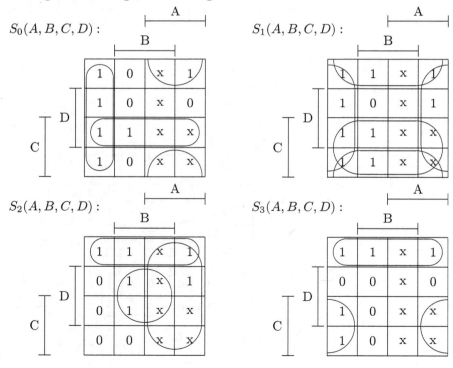

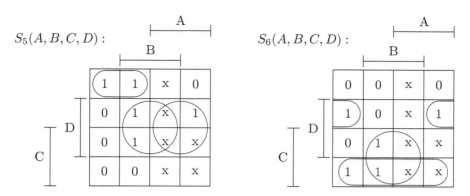

Somit ergeben sich folgende Minimalpolynome:

$$
\begin{aligned}
S_0(A, B, C, D) &= AD' + A'B' + CD \\
S_1(A, B, C, D) &= S_4(A, B, C, D) = B' + C + D' \\
S_2(A, B, C, D) &= A + BD + C'D' \\
S_3(A, B, C, D) &= B'C + C'D' \\
S_5(A, B, C, D) &= AD + BD + A'C'D' \\
S_6(A, B, C, D) &= BC + CD' + B'C'D
\end{aligned}
$$

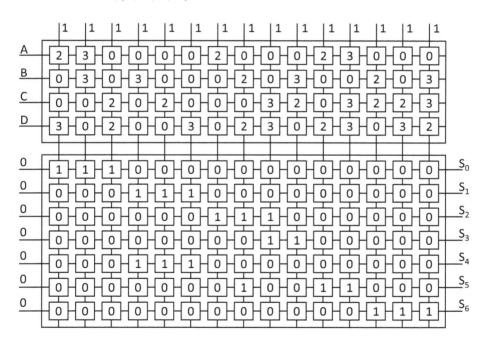

3.8   CMOS Schaltungen

Aufgabe 3.8.1: Die Funktion für die XOR-Verknüpfung lautet:

$$XOR(A, B) = AB' + A'B$$
$$XOR_{pmos}(A, B) = XOR(A', B')$$
$$= A'B + AB'$$
$$XOR_{nmos}(A, B) = XOR(A, B)'$$
$$= (AB' + A'B)'$$
$$= (A' + B)(A + B')$$
$$= AA' + AB + A'B' + BB'$$
$$= AB + A'B'$$

Somit ergibt sich folgender CMOS-Schaltkreis:

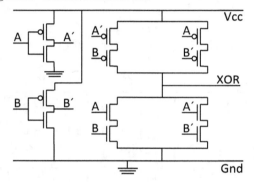

Aufgabe 3.8.2:

$\mathcal{F}_1(A, B, C, D)$:

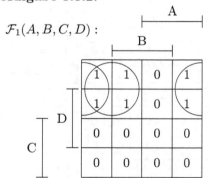

Somit ergibt sich folgendes Minimalpolynom:

$$\mathcal{F}_1(A, B, C, D) = A'C' + B'C'$$
$$= (A' + B')C'$$
$$\mathcal{F}_{1\_pmos}(A, B, C, D) = \mathcal{F}_1(A', B', C', D')$$
$$= (A + B)C$$
$$\mathcal{F}_{1\_nmos}(A, B, C, D) = \mathcal{F}_1(A, B, C, D)'$$
$$= ((A' + B')C')'$$
$$= AB + C$$

Daraus ergibt sich folgende kostengünstige CMOS-Schaltung:

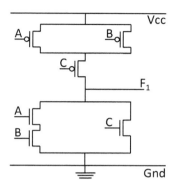

Aufgabe 3.8.3:

a) Phase 1: Bestimmung aller Primimplikanten von $\mathcal{F}_2$.

Einteilung der Minterme:

Gr.		Min	ter	me			bi	nä	r		dezimal	
4	A'	B'	C'	D'	E	0	0	0	0	1	1	x
3	A'	B'	C'	D	E	0	0	0	1	1	3	x
	A'	B	C'	D'	E	0	1	0	0	1	9	x
	A	B'	C'	D'	E	1	0	0	0	1	17	x
2	A'	B'	C	D	E	0	0	1	1	1	7	x
	A'	B	C	D'	E	0	1	1	0	1	13	x
	A	B'	C	D'	E	1	0	1	0	1	21	x
	A	B	C'	D'	E	1	1	0	0	1	25	x
1	A	B'	C	D	E	1	0	1	1	1	23	x
	A	B	C	D'	E	1	1	1	0	1	29	x
0	A	B	C	D	E	1	1	1	1	1	31	x

1.Iteration:

Gr.		Impl	ikan	ten			bi	nä	r		dezimal	
3	A'	B'	C'	-	E	0	0	0	-	1	1, 3	P_1
	A'	-	C'	D'	E	0	-	0	0	1	1, 9	x
	-	B'	C'	D'	E	-	0	0	0	1	1, 17	x
2	A'	B'	-	D	E	0	0	-	1	1	3, 7	P_2
	A'	B	-	D'	E	0	1	-	0	1	9, 13	x
	-	B	C'	D'	E	-	1	0	0	1	9, 25	x
	A	B'	-	D'	E	1	0	-	0	1	17, 21	x
	A	-	C'	D'	E	1	-	0	0	1	17, 25	x
1	-	B'	C	D	E	-	0	1	1	1	7, 23	P_3
	-	B	C	D'	E	-	1	1	0	1	13, 29	x
	A	B'	C	-	E	1	0	1	-	1	21, 23	x
	A	-	C	D'	E	1	-	1	0	1	21, 29	x
	A	B	-	D'	E	1	1	-	0	1	25, 29	x
0	A	-	C	D	E	1	-	1	1	1	23, 31	x
	A	B	C	-	E	1	1	1	-	1	29, 31	x

2.Iteration:

Gr.	Implikanten					binär					dezimal	
3	A'	B'	C'	-	E	0	0	0	-	1	1, 3	P_1
2	A'	B'	-	D	E	0	0	-	1	1	3, 7	P_2
	-	-	C'	D'	E	-	-	0	0	1	1, 9, 17, 25	P_4
	-	-	C'	D'	E	-	-	0	0	1	1, 9, 17, 25	
1	-	B'	C	D	E	-	0	1	1	1	7, 23	P_3
	-	B	-	D'	E	-	1	-	0	1	9, 13, 25, 29	P_5
	A	-	-	D'	E	1	-	-	0	1	17, 21, 25, 29	P_6
	A	-	-	D'	E	1	-	-	0	1	17, 21, 25, 29	-
0	A	-	C	-	E	1	-	1	-	1	21, 23, 29, 31	P_7
	A	-	C	-	E	1	-	1	-	1	21, 23, 29, 31	-

Phase 2: Bilden der Überdeckungsmatrix.

Primimplikant	1	3	7	9	13	17	21	23	25	29	31	gestr.
$A'B'C'E$ (P_1)	1	1										leer
$A'B'DE$ (P_2)		1	1									
$B'CDE$ (P_3)			1					1				P_2
$C'D'E$ (P_4)	1			1		1			1			
$BD'E$ (P_5)				1	1				1	1		
$AD'E$ (P_6)						1	1		1	1		P_4
ACE (P_7)							1	1		1	1	
gestr.	17	7		13			31	31	13	31		

Das Minimalpolynom von $\mathcal{F}_2$ lautet:

$$\mathcal{F}_2(A, B, C, D, E) = ACE + BD'E + C'D'E + A'B'DE$$

b)

$\mathcal{F}_2(A, B, C, D, E):$

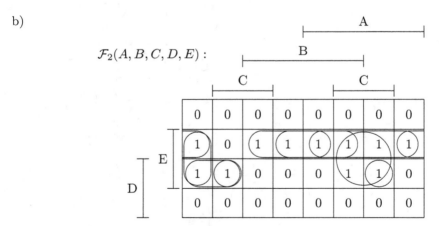

Essentielle Primimplikanten sind: $ACE, BD'E, C'D'E$ und $A'B'DE$
Optionale Primimplikanten sind: $AD'E, A'B'C'E$ und $B'CDE$

c) Für eine kostengünstige Umsetzung als CMOS-Schaltkreis kann das Minimalpolynom von $\mathcal{F}_2$ noch weiter optimiert werden:

$$
\begin{aligned}
\mathcal{F}_2(A, B, C, D, E) &= ACE + BD'E + C'D'E + A'B'DE \\
&= E(AC + BD' + C'D' + A'B'D) \\
&= E(AC + BD' + (C + D)' + (A + B)'D) \\
&= E(AC + BD' + G + HD)
\end{aligned}
$$

$$
\begin{aligned}
\text{mit } G &= (C + D)' \\
\text{und } H &= (A + B)'
\end{aligned}
$$

Da in der vorliegenden Repräsentation von $\mathcal{F}_2$ die positiven Literale überwiegen, sollte um weitere Transistoren einzusparen $\mathcal{F}_2'$ (inklusive eines nachgelagerten Inverters) als CMOS-Schaltung umgesetzt werden:

$$
\begin{aligned}
\mathcal{F}_2(A, B, C, D, E)' &= (E(AC + BD' + G + HD))' \\
&= E' + ((A' + C')(B' + D)G'(H' + D')) \\
\mathcal{F}_{2\_pmos}(A, B, C, D, E)' &= \mathcal{F}_2(A', B', C', D', E')' \\
&= E + ((A + C)(B + D')G(H + D)) \\
\mathcal{F}_{2\_nmos}(A, B, C, D, E)' &= \mathcal{F}_2(A, B, C, D, E)'' \\
&= E(AC + BD' + G + HD)
\end{aligned}
$$

Somit ergibt sich folgender CMOS-Schaltkreis:

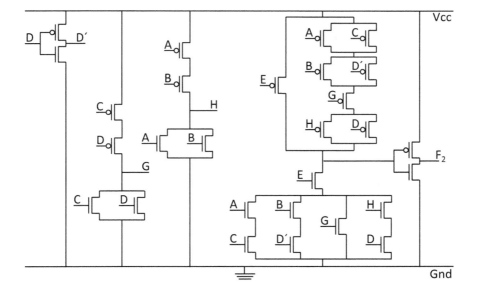

Aufgabe 3.8.4:

$\mathcal{F}_3(A, B, C, D):$

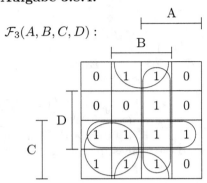

Somit ergibt sich folgendes Minimalpolynom:

$$\begin{aligned} \mathcal{F}_3(A, B, C, D) &= AB + A'C + BD' + CD \\ &= B(A + D') + C(A' + D) \end{aligned}$$

Laut Schaltungsfunktion müsste in die CMOS-Schaltung jeweils ein Inverter pro Literal integriert werden. Wird stattdessen $\mathcal{F}_3'$ als CMOS-Schaltkreis realisiert, müssen lediglich Inverter für die Literale A und D eingebaut werden. Aufgrund des nun notwendigen, nach zu schaltenden Inverters bleibt somit eine Ersparnis von 2 Transistoren.

Die relevanten Funktionsterme für den *pull-up* (*p*-MOS) und *pull-down* (*n*-MOS) Teil lauten somit:

$$\begin{aligned} \mathcal{F}_3(A, B, C, D)' &= (B(A + D') + C(A' + D))' \\ &= (B' + A'D)(C' + AD') \\ \mathcal{F}_{3\_pmos}(A, B, C, D)' &= \mathcal{F}_3(A', B', C', D')' \\ &= (B + AD')(C + A'D) \\ \mathcal{F}_{3\_nmos}(A, B, C, D)' &= \mathcal{F}_3(A, B, C, D)'' \\ &= B(A + D') + C(A' + D) \end{aligned}$$

Aufgabe 3.8.5:

a)

$\mathcal{F}_4(A, B, C, D):$

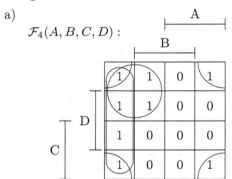

$\mathcal{F}_5(A, B, C, D):$

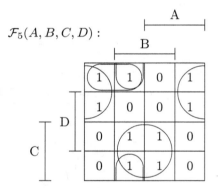

Die Minimalpolynome von $\mathcal{F}_4$ und $\mathcal{F}_5$ lauten demnach:

$$\begin{aligned} \mathcal{F}_4(A, B, C, D) &= A'B' + A'C' + B'D' \\ \mathcal{F}_5(A, B, C, D) &= BC + B'C' + A'C'D \\ &\quad oder \\ &= BC + B'C' + A'BD' \end{aligned}$$

b) Da das Minimalpolynom von $\mathcal{F}_5$ nicht eindeutig ist, beschränken sich die weiteren Angaben auf das Erstgenannte. Folgende Optimierungen können an den Schaltungstermen zu $\mathcal{F}_4$ und $\mathcal{F}_5$ vorgenommen werden:

$$\mathcal{F}_4(A, B, C, D) = A'(B' + C') + B'D'$$
$$\mathcal{F}_5(A, B, C, D) = BC + B'C' + A'C'D'$$
$$= BC + (B + C)' + (A + C + D)'$$
$$= BC + G + H$$
$$\text{mit } G = (B + C)'$$
$$\text{und } H = (A + C + D)'$$

Da nach der Umformung in $\mathcal{F}_5$ lediglich positive Literale enthalten sind, wird die Umsetzung von $\mathcal{F}_5{}'$ mit einem nachgelagertem Inverter bevorzugt:

$$\mathcal{F}_5(A, B, C, D)' = (BC + G + H)'$$
$$= (B' + C')G'H'$$

Somit ergeben sich folgende Funktionsterme für den *pull-up* (*p*-MOS) und *pull-down* (*n*-MOS) Anteil der Funktionen $\mathcal{F}_4$ und $\mathcal{F}_5$:

$$\mathcal{F}_{4\_pmos}(A, B, C, D) = \mathcal{F}_4(A', B', C', D')$$
$$= A(B + C) + BD$$
$$\mathcal{F}_{4\_nmos}(A, B, C, D) = \mathcal{F}_4(A, B, C, D)'$$
$$= (A'(B' + C') + B'D')'$$
$$= (A + BC)(B + D)$$
$$\mathcal{F}_{5\_pmos}(A, B, C, D)' = \mathcal{F}_5(A', B', C', D')'$$
$$= (B + C)GH$$
$$\mathcal{F}_{5\_nmos}(A, B, C, D)' = \mathcal{F}_5(A, B, C, D)''$$
$$= BC + G + H$$

Aufgabe 3.8.6:

a)

A	B	C	D	$\mathcal{F}_6$
0	0	0	0	0
0	0	0	1	1
0	0	1	0	0
0	0	1	1	1
0	1	0	0	0
0	1	0	1	1
0	1	1	0	0
0	1	1	1	1
1	0	0	0	0
1	0	0	1	1
1	0	1	0	1
1	0	1	1	1
1	1	0	0	0
1	1	0	1	0
1	1	1	0	1
1	1	1	1	1

Die disjunktive Normalform von $\mathcal{F}_6$ lautet:

$$\mathcal{F}_6(A, B, C, D) = A'B'C'D + A'B'CD + A'BC'D$$
$$+ A'BCD + AB'C'D + AB'CD'$$
$$+ AB'CD + ABCD' + ABCD$$

b) $\mathcal{F}_6(A, B, C, D) = A'B'C'D + A'B'C'D + A'B'CD$

$\qquad + A'B'CD + A'BC'D + A'BCD$

$\qquad + AB'C'D + AB'CD' + AB'CD$

$\qquad + AB'CD + ABCD' + ABCD$ Idempotenz

$\qquad = (AB'CD + AB'CD' + ABCD'$

$\qquad + ABCD) + (A'B'CD + A'BCD$

$\qquad + A'B'C'D + A'BC'D) + (A'B'C'D$

$\qquad + A'B'CD + AB'C'D + AB'CD)$ Kommutativität

$\qquad = AC((B'D + B'D') + (BD' + BD))$

$\qquad + A'D((B'C + BC) + (B'C' + BC'))$

$\qquad + B'D((A'C' + A'C) + (AC' + AC))$ Distributivität

$\qquad = AC(C' + C) + A'D(C + C')$

$\qquad + B'D(A' + A)$ Vereinigung

$\qquad = AC \cdot 1 + A'D \cdot 1 + B'D \cdot 1$ Komplement

$\qquad = AC + A'D + B'D$ Identität

$\mathcal{F}_6(A, B, C, D):$

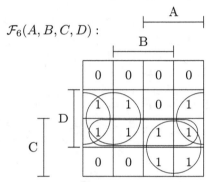

Das Minimalpolynom von $\mathcal{F}_6$ lautet:

$$\mathcal{F}_6(A, B, C, D) = AC + A'D + B'D$$

Durch weitere Umformungen erhält man:

$$\begin{aligned}\mathcal{F}_6(A, B, C, D) &= AC + A'D + B'D \\ &= AC + D(A' + B') \\ &= AC + D(AB)' \\ &= AC + DE\end{aligned}$$

$$\text{mit } E = (AB)'$$

c)

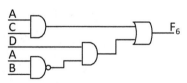

d) Für die kostengünstige Umsetzung von $\mathcal{F}_6$ als CMOS-Schaltung, empfiehlt es sich $\mathcal{F}_6{'}$ mit einem nachgelagerten Inverter zu realisieren.

$$\begin{aligned}\mathcal{F}_{6\_pmos}(A, B, C, D)' &= \mathcal{F}_6(A', B', C', D')' \\ &= (A'C' + D'E')' \\ &= (A + C)(D + E) \\ \mathcal{F}_{6\_nmos}(A, B, C, D)' &= \mathcal{F}_6(A, B, C, D)'' \\ &= AC + DE\end{aligned}$$

Somit ergibt sich folgender CMOS-Schaltkreis:

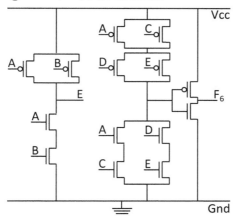

Aufgabe 3.8.7:

a)

S	T	A	B	U	V
0	0	0	0	0	0
0	0	0	1	0	1
0	0	1	0	1	1
0	0	1	1	1	1
0	1	0	0	0	1
0	1	0	1	0	0
0	1	1	0	1	0
0	1	1	1	0	0
1	0	0	0	1	1
1	0	0	1	0	0
1	0	1	0	1	0
1	0	1	1	1	1
1	1	0	0	1	1
1	1	0	1	1	0
1	1	1	0	0	0
1	1	1	1	0	1

b) Disjunktive Normalform:

$$U(S,T,A,B) = S'T'AB' + S'T'AB + S'TAB' + ST'A'B' + ST'AB' + ST'AB$$
$$+ \ STA'B' + STA'B$$

$$V(S,T,A,B) = S'T'A'B + S'T'AB' + S'T'AB + S'TA'B' + ST'A'B' + ST'AB$$
$$+ \ STA'B' + STAB$$

Konjunktive Normalformen:

$$U(S,T,A,B) = (S+T+A+B)(S+T+A+B')(S+T'+A+B)$$
$$\cdot \ (S+T'+A+B')(S+T'+A'+B')(S'+T+A+B')$$
$$\cdot \ (S'+T'+A'+B)(S'+T'+A'+B')$$

$$V(S,T,A,B) = (S+T+A+B)(S+T'+A+B')(S+T'+A'+B)$$
$$\cdot \; (S+T'+A'+B')(S'+T+A+B')(S'+T+A'+B)$$
$$\cdot \; (S'+T'+A+B')(S'+T'+A'+B)$$

c)

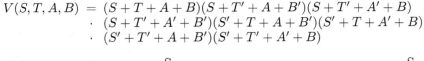

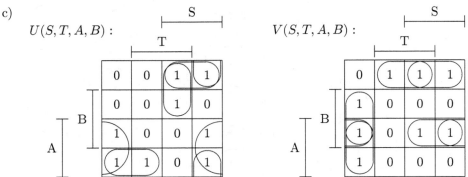

Die Minimalpolynome von U und V lauten demnach:

$$U(S,T,A,B) = T'A + S'AB' + STA' + SA'B'$$
$$oder$$
$$= T'A + S'AB' + STA' + ST'B'$$
$$V(S,T,A,B) = SAB + SA'B' + S'T'A + S'T'B + TA'B'$$

d) Für eine optimale CMOS-Umsetzung ergeben sich folgende Funktionsterme für die *pull-up* (p-MOS) und *pull-down* (n-MOS) Anteile der Funktionen U und V:

$$U(A,B,C,D) = A(T' + S'B') + SA'(T + B')$$
$$U_{pmos}(A,B,C,D) = U(A',B',C',D')$$
$$= A'(T + SB) + S'A(T' + B)$$
$$U_{nmos}(A,B,C,D) = U(A,B,C,D)'$$
$$= (A(T' + S'B') + SA'(T + B'))'$$
$$= (A' + (T(S + B)))(S' + A + T'B)$$

$$V(A,B,C,D) = S'T'(A + B) + A'B'(S + T) + SAB$$
$$= (S + T)'(A + B) + (A + B)'(S + T) + SAB$$
$$= G(A + B) + H(S + T) + SAB$$
$$\text{mit } G = (S + T)'$$
$$\text{mit } H = (A + B)'$$
$$V_{pmos}(A,B,C,D)' = V(A',B',C',D')'$$
$$= (G'(A' + B') + H'(S' + T') + S'A'B')'$$
$$= (G + AB)(H + ST)(S + A + B)$$
$$V_{nmos}(A,B,C,D)' = V(A,B,C,D)''$$
$$= G(A + B) + H(S + T) + SAB$$

3.9 Sequentielle Schaltungen

Lösungen

Aufgabe 3.9.1:

X	Y	D	S	R	Q
0	0	0	0	0	Halten
0	0	1	0	0	Halten
0	1	0	0	0	Halten
0	1	1	0	0	Halten
1	0	0	0	0	Halten
1	0	1	0	0	Halten
1	1	0	0	1	0
1	1	1	1	0	1

Wenn $X = Y = 1$ gilt, so wird der zu speichernde Wert über die Leitung D an das RS-Flip-Flop übertragen. Der darin gesicherte Wert kann über L ausgelesen werden.

Aufgabe 3.9.2: Für ein RS-Flip-Flop, welches sich aus NAND-Gattern zusammensetzt, ergeben sich folgende Zusammenhänge:

A	B	R'	S'	Q
0	0	1	1	Halten
0	1	1	0	1
1	0	0	1	0
1	1	0	1	0

Aus der Tabelle können die Funktionsterme für R' und S' direkt abgelesen werden: $R'(A, B) = A'$ und $S'(A, B) = A + B'$.

Somit ergeben sich folgende Schaltbilder:

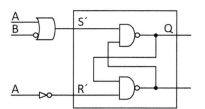
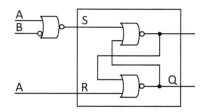

Aufgabe 3.9.3:

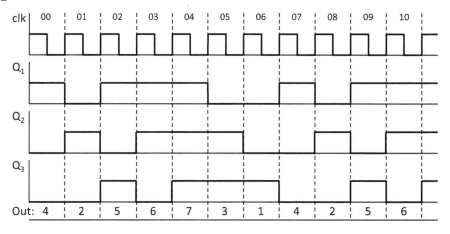

Aufgabe 3.9.4: Da das D-Flip-Flop lediglich über einen Dateneingang verfügt, entspricht der gesicherte Wert innerhalb des Flip-Flops immer dem von D ($clk = 1$ vorausgesetzt). Um ein RS-Flip-Flop nachzubilden, muss bei einem *Reset* ($R = 1$ und $S = 0$) $D = 0$ und bei einem *Set* ($R = 0$ und $S = 1$) $D = 1$ gelten. Der illegale Zustand ($R = S = 1$) kann mit einem D-Flip-Flop nicht nachgebaut werden, weshalb dieser Zustand als *don't care*-Eintrag angesehen werden kann. Somit ergibt sich folgende Zustandstabelle, die in ein KV-Diagramm übertragen und zur Minimierung der Schaltfunktion D herangezogen werden kann:

R	S	$Q^{n+1} = D$
0	0	Q^n
0	1	1
1	0	0
1	1	x

$D(R, S, Q^n)$:

Es gilt:
$$D(R, S, Q^n) = S + R'Q^n$$

Mittels der minimierten Schaltfunktion kann folgendes Schaltbild konstruiert werden:

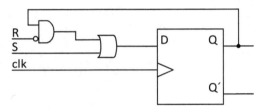

Aufgabe 3.9.5: Zunächst sollten die Zustände für Q^{n+1} ermittelt werden. In der folgenden Tabelle werden bereits die Werte für R und S berücksichtigt (Aufgabenteil d), da diese in Abhängigkeit zur Zustandsänderung zwischen Q^n und Q^{n+1} bestimmt werden müssen.

J	K	Q^n	Q^{n+1}	R	S
0	0	0	0	x	0
0	0	1	1	0	x
0	1	0	0	x	0
0	1	1	0	1	0
1	0	0	1	0	1
1	0	1	1	0	x
1	1	0	1	0	1
1	1	1	0	1	0

Gilt $Q^n = Q^{n+1} = 0$ kann dies nur bedeuten, dass sich das RS-Flip-Flop im Zustand des Speicherns ($R = 0, S = 0$) oder in dem des *Resets* ($R = 1, S = 0$) befindet. In beiden Fällen gilt $S = 0$. Da der Wert für R beliebig ist, wird dieser als *don't care*-Eintrag angesehen. Ähnliches gilt für $Q^n = Q^{n+1} = 1$. Hier wären die Eingangssignale $R = 0, S = 0$ (Speichern) oder $R = 0, S = 1$ (*Set*) möglich.

Die disjunktive Normalform (DNF) von Q^{n+1} lautet:

$$Q^{n+1}(J, K, Q^n) = J'K'Q^n + JK'Q^{n'} + JK'Q^n + JKQ^{n'}$$

Die konjunktive Normalform (KNF) von Q^{n+1} lautet:

$$Q^{n+1}(J, K, Q^n) = (J + K + Q^n)(J + K' + Q^n)(J + K' + Q^{n'})(J' + K' + Q^{n'})$$

$Q^{n+1}(J, K, Q^n):$

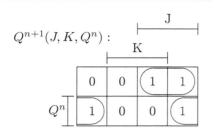

Für Q^{n+1} und $Q^{n+1\prime}$ ergeben sich folgende Minimalpolynome:

$Q^{n+1}(J, K, Q^n) = JQ^{n\prime} + K'Q^n$
$Q^{n+1}(J, K, Q^n)' = J'Q^{n\prime} + KQ^n$

Für die Minimierung der Funktionen R und S ergeben sich folgende KV-Diagramme und die entsprechenden Minimalpolynome:

$R(J, K, Q^n):$

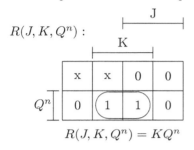

$R(J, K, Q^n) = KQ^n$

$S(J, K, Q^n):$

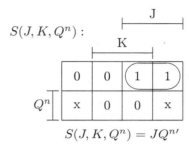

$S(J, K, Q^n) = JQ^{n\prime}$

Mithilfe der Minimalpolynome für $Q^{n+1}, Q^{n+1\prime}, R$ und S können nun folgende Schaltbilder generiert werden:

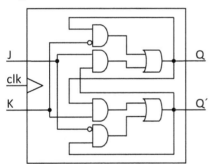

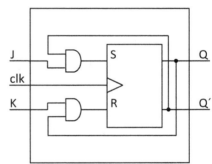

3.10   Zustandsautomaten

Lösungen

Aufgabe 3.10.1:

a)

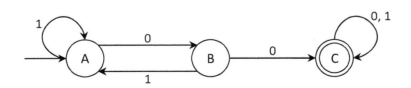

b)

c)

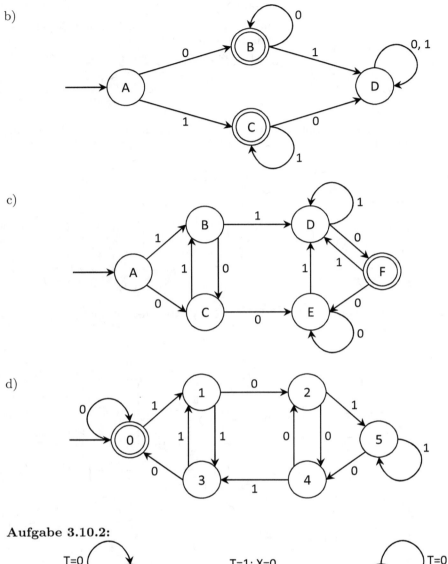

d)

Aufgabe 3.10.2:

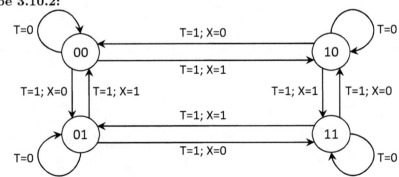

3.11 Assemblerprogrammierung

! Lösungen

Aufgabe 3.11.1:

a)

PUSH	BX	; Sicherung des ursprünglichen Wertes von BX
MOV	BX, AX	; Wert von AX nach BX kopieren, um einen ...
SAL	AX, 1	; Linksshift (Multiplikation mit 2) durchzuführen
ADD	AX, BX	; Addition mit BX ($AX = AX + BX$)
		; Berechnet wurde: $3 \cdot AX = 2 \cdot AX + AX$
POP	BX	; Wiederherstellung des Registers BX

Alternativ könnte der Shift-Befehl auch durch eine Addition ersetzt werden:

PUSH	BX	; Sicherung des ursprünglichen Wertes von BX
MOV	BX, AX	; Wert von AX nach BX kopieren
ADD	AX, BX	; Erste Addition mit BX ($AX = AX + BX$)
ADD	AX, BX	; Zweite Addition mit BX ($AX = AX + BX$)
POP	BX	; Wiederherstellung des Registers BX

b)

PUSH	EDX	; Sicherung des Originalzustandes von EDX
XOR	EDX, EDX	; EDX wird zurückgesetzt / mit 0 initiiert
DIV	ECX	; Division von EAX durch ECX
		; (der ganzzahlige Quotient steht nun in EAX
		; und der ganzzahlige Divisionsrest in EDX)
MOV	EAX, EDX	; Wert von EDX wird nach EAX geschoben
POP	EDX	; Wiederherstellung des ursprünglichen Wertes

c)

PUSH	CX	; Sicherung des ursprünglichen Wertes von CX
MUL	AX	; Quadrierung von AX
MOV	CX, AX	; zum Sichern des Quadrates von AX
MOV	AX, BX	; Schieben von BX nach AX, um ...
MUL	AX	; ... das Quadrat von BX zu ermitteln
ADD	AX, CX	; Addition der beiden Quadrate
POP	CX	; Wiederherstellung des Registers CX

d)

add32	PROC		; einfacher Prozedurenkopf
	ADD	BX, DX	; Addition der niederwertigen Bits
	ADC	AX, CX	; Addition der höherwertigen Bits inklusive
			; des möglichen Übertrags durch (BX + DX)
	RET		; Sprung zurück zum Prozeduraufruf
add32	ENDP		; Prozedurenende

```
e)      quad    PROC                ; einfacher Prozedurenkopf
                PUSH    BX          ; Zustandssicherung von BX
                PUSH    CX          ; Zustandssicherung von CX
                MOV     BX, AX      ; Wert von AX kopieren
                MOV     CX, AX      ; Zähl-Register initiieren und ...
                DEC     CX          ; ... um 1 dekrementieren
        calc                        ; Sprungmarke
                ADD     AX, BX      ; Quadrat wird auf Addition zurückgeführt ...
                LOOP    calc        ; ... und (CX − 1)-Mal durchgeführt
                POP     CX          ; Holt ursprünglichen Wert vom Stack
                POP     BX          ; Holt ursprünglichen Wert vom Stack
                RET                 ; Sprung zurück zum Prozeduraufruf
        quad    ENDP                ; Prozedurenende
```

Aufgabe 3.11.2:

```
                MOV     ECX, 3      ; der Wert 3 wird in das Register ECX geschrieben
                MOV     EBX, 4      ; der Wert 4 wird in das Register EBX geschrieben
                MOV     EAX, 1      ; Initialisierung des Regsiters EAX mit 1
        loop1:                      ; Sprungmarke
                CMP     ECX, 0      ; Testet, ob der Wert von ECX gleich 0 ist
                JE      loop2       ; Bei Gleichheit, Sprung zur Sprungmarke loop2
                MUL     EBX         ; Andernfalls, Multiplikation von EAX mit EBX
                DEC     ECX         ; ECX wird um 1 dekrementiert
                JMP     loop1       ; absoluter Sprung zur Sprungmarke loop1
        loop2:                      ; Sprungmarke
                SAR     EAX, 1      ; Division durch 2 mithilfe eines Rechtshifts
```

Innerhalb des Schleifenkonstruktes $loop1$ wird EAX so oft mit EBX multipliziert bis der Wert von ECX auf 0 fällt. Da EAX mit 1 initiiert wird der Wert in EBX abhängig von ECX potenziert. Durch die abschließende Division, kann dem Programm die Berechnungsformel $x = \frac{1}{2}a^b$ zugrunde gelegt werden. Der Wert von x wird im Register EAX gespeichert.

Das angegebene Assemblerfragment kann optimiert werden, indem der Befehl $LOOP$ verwendet wird. Bei Aufruf des $LOOP$-Befehls wird der Wert im Regsiter ECX automatisch dekrementiert und solange dieser größer 0 ist wird zum angegebenen Ziel gesprungen. Durch die Verwendung des $LOOP$-Befehls können das Schleifenkonstrukt in $loop1$ optimiert und insgesamt 4 Befehle eingespart werden, wodurch sich folgende Codeverbesserung ergibt:

```
                MOV     ECX, 3      ; entspricht dem Wert von b (Potenz)
                MOV     EBX, 4      ; entspricht dem Wert von a (Basis)
                MOV     EAX, 1      ; Initialisierung des Registers für die Multiplikation
        loop1:                      ; Sprungmarke für die zyklische Berechnung von a^b
                MUL     EBX         ; EAX wird mit dem Wert von EBX multipliziert und ...
                LOOP    loop1       ; ... in Abhängigkeit von ECX wiederholt
                SAR     EAX, 1      ; Division durch 2 mithilfe eines Rechtshifts
```

Aufgabe 3.11.3:

```
.DATA
Param     DD    6
Value     DD    ?
WTitle    DB    "Zahlenfolge", 0
WText     DB    "Das Ergebnis lautet: "
WResult   DB    5 DUP (0)

.CODE
folge:
          PUSH   EAX
          PUSH   EBX
          PUSH   ECX
          PUSH   EDX

          MOV    EAX, 0
          MOV    ECX, Param
          CMP    ECX, 0
          JL     finish
          MOV    EAX, 1
          CMP    ECX, 2
          JBE    finish

          MOV    EBX, 1
          MOV    EDX, 1
          SUB    ECX, 2
loop1:
          PUSH   EAX
          ADD    EAX, EBX
          ADD    EAX, EDX
          MOV    EDX, EBX
          POP    EBX
          LOOP   loop1
finish:
          MOV    Value, EAX
          POP    EDX
          POP    ECX
          POP    EBX
          POP    EAX
          RET

start:
          CALL   folge
          invoke dwtoa, Value, ADDR WResult
          invoke MessageBox, 0, ADDR WText, ADDR WTitle, MB_OK
          invoke ExitProcess, NULL
END       start
```

Aufgabe 3.11.4:

```
.DATA
Value      DD      ?
WTitle     DB      "Binomialkoeffizient", 0
WText      DB      "Das Ergebnis lautet: "
WResult    DB      5 DUP (0)

.CODE
binom                  PROC m: DWORD, n: DWORD
           PUSH       EAX
           PUSH       EBX
           PUSH       ECX
           MOV        EAX, n
           MOV        EBX, 2
           MOV        ECX, n
           DEC        ECX
loop1:
           CMP        EBX, m
           JG         finish
           MUL        ECX
           DIV        EBX
           INC        EBX
           LOOP       loop1
finish:
           MOV        Value, EAX
           POP        ECX
           POP        EBX
           POP        EAX
           RET
binom                 ENDP

start:
           invoke     binom, 3, 5
           invoke     dwtoa, Value, ADDR WResult
           invoke     MessageBox, 0, ADDR WText, ADDR WTitle, MB_OK
           invoke     ExitProcess, NULL
END        start
```

Aufgabe 3.11.5: Die Berechnungen des *kleinsten gemeinsamen Vielfachen* (kgV) können mit folgender Formel auf den *größten gemeinsamen Teiler* (ggT) zweier natürlicher Zahlen m und n zurückgeführt werden:

$$kgV(m, n) = \frac{|m \cdot n|}{ggT(m, n)}$$

```
.DATA
Value        DD       ?
WTitle       DB       "kleinste, gemeinsame Vielfache (kgV)", 0
WText        DB       "Das Ergebnis lautet: "
WResult      DB       5 DUP (0)

.CODE
kgV                   PROC m: DWORD, n: DWORD
             MOV      EAX, m
             MOV      EBX, n
ggT_loop:
             CMP      EAX, EBX
             JZ       ggT_final
             JB       ggT_below

             SUB      EAX, EBX
             JMP      ggT_loop
ggT_below:
             SUB      EBX, EAX
             JMP      ggT_loop
ggT_final:
             CMP      EAX, 0
             JZ       finish
             MOV      Value, EAX

             MOV      EAX, m
             MUL      n

             CMP      EAX, 0
             JGE      ggt_div
             MOV      EBX, -1
             MUL      EBX
ggT_div:
             DIV      Value
finish:
             MOV      Value, EAX
             RET
kgV                   ENDP

start:
             invoke   kgV, 63, 28
             invoke   dwtoa, Value, ADDR WResult
             invoke   MessageBox, 0, ADDR WText, ADDR WTitle, MB_OK
             invoke   ExitProcess, NULL
END          start
```

Aufgabe 3.11.6:

```
.DATA
VecA       DB      1, 2, 3
VecB       DB      4, 5, 6
Value      DD      0
WTitle     DB      "Skalarprodukt", 0
WText      DB      "Das Ergebnis lautet: "
WResult    DB      5 DUP (0)

.CODE
skalar:
           PUSH    EAX
           PUSH    EBX
           PUSH    ECX
           PUSH    EDX

           MOV     EDX, 0
           MOV     EBX, 0
           MOV     ECX, 3
loop1:
           MOV     EAX, 1
           MOV     DL, VecA[EBX]
           MUL     DL
           MOV     DL, VecB[EBX]
           MUL     DL
           ADD     Value, EAX
           INC     EBX
           LOOP    loop1

           POP     EDX
           POP     ECX
           POP     EBX
           POP     EAX
           RET

start:
           CALL    skalar
           invoke  dwtoa, Value, ADDR WResult
           invoke  MessageBox, 0, ADDR WText, ADDR WTitle, MB_OK
           invoke  ExitProcess, NULL
END        start
```

3.12 Klausuraufgaben zur Technischen Informatik

Lösungen

Aufgabe 3.12.1 (Zeitlimit: 30 Min.):

a)

$$
\begin{aligned}
\mathcal{F}_1(A,B,C,D) &= A(B(C'D+CD')'+D(B'C+BC') \\
&+ D'(BC+B'C')+B'(C'D+CD')) \\
&+ B'D(AC+A'C')+(B+D')(A'C+AC') \\
&= B'D(A'C+AC')'+(B'D)'(A'C+AC') \\
&+ A(B(C'D+CD')'+B'(C'D+CD') \\
&+ D(B'C+BC')+D'(B'C+BC')') \\
&= (B'D)(A \; xor \; C)'+(B'D)'(A \; xor \; C) \\
&+ A(B(C \; xor \; D)'+B'(C \; xor \; D) \\
&+ D(B \; xor \; C)+D'(B \; xor \; C)') \\
&= ((B'D) \; xor \; (A \; xor \; C))+A((B \; xor \; (C \; xor \; D)) \\
&+ (D \; nxor \; (B \; xor \; C))
\end{aligned}
$$

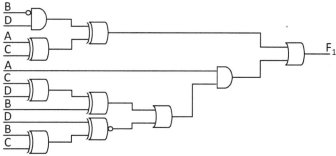

b)
$$
\begin{aligned}
\mathcal{F}_1(A,B,C,D) &= A(B(C'D+CD')'+D(B'C+BC') \\
&+ D'(BC+B'C')+B'(C'D+CD')) \\
&+ B'D(AC+A'C')+(B+D')(A'C+AC') \\
&= A(B(CD+C'D')+D(B'C+BC') \\
&+ D'(BC+B'C')+B'(C'D+CD')) \\
&+ B'D(AC+A'C')+(B+D')(A'C+AC') &&\text{DeMorgan} \\
&= A(BCD+BC'D'+B'CD+BC'D \\
&+ B'C'D+B'CD'+BCD'+B'C'D') \\
&+ AB'CD+A'B'C'D \\
&+ A'C(B+D')+AC'(B+D') &&\text{Distributivität} \\
&= ABCD+ABC'D'+AB'CD+ABC'D \\
&+ AB'C'D+AB'CD'+ABCD'+AB'C'D' \\
&+ AB'CD+A'B'C'D+A'BC+A'CD' \\
&+ ABC'+AC'D' &&\text{Distributivität} \\
&= ABC+ABC'+AB'C'+AB'C \\
&+ A'BC+A'CD'+ACD'+AC'D' \\
&+ B'C'D &&\text{Idem. \& Verein.} \\
&= AB+AB'+AD'+BC+CD'+B'C'D &&\text{Verein. \& Abs.} \\
&= A+BC+CD'+B'C'D &&\text{Verein. \& Fakt.}
\end{aligned}
$$

c)

$\mathcal{F}_1(A, B, C, D):$

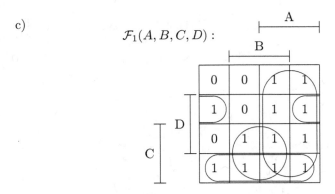

Aufgabe 3.12.2 (Zeitlimit: 20 Min.):

a)

$\mathcal{F}_2(A, B, C, D):$

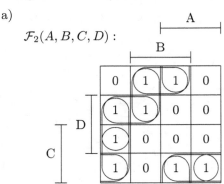

Die möglichen Primimplikanten sind:
$ABD', ACD', A'BC', A'B'C, A'B'D,$
$BC'D', B'CD', B'C'D$

b) Insgesamt sind 4 verschiedene Hazards mit den folgenden Signalverläufen möglich:

- 1110 geht auf 1100
  Dieser beschreibt den Übergang zwischen den Primimplikanten ACD' und
  $BC'D'$ (siehe KV-Diagramm) und kann mithilfe des Terms ABD' aufgelöst
  werden.

- 1010 geht auf 0010
  Dieser beschreibt den Übergang zwischen den Primimplikanten ACD' und
  $A'B'C$ und kann mithilfe des Terms $B'CD'$ aufgelöst werden.

- 0011 geht auf 0001
  Dieser beschreibt den Übergang zwischen den Primimplikanten $A'B'C$ und
  $A'C'D$ und kann mithilfe des Terms $A'B'D$ aufgelöst werden.

- 0101 geht auf 0100
  Dieser beschreibt den Übergang zwischen den Primimplikanten $A'C'D$ und
  $BC'D'$ und kann mithilfe des Terms $A'BC'$ aufgelöst werden.

Aufgabe 3.12.3 (Zeitlimit: 30 Min.):

a)

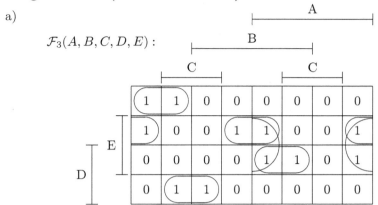

$\mathcal{F}_3(A, B, C, D, E):$

b)

Einteilung der Minterme:

Gr.	Minterme					binär					dezimal	
5	A'	B'	C'	D'	E'	0	0	0	0	0	0	x
4	A'	B'	C'	D'	E	0	0	0	0	1	1	x
	A'	B'	C	D'	E'	0	0	1	0	0	4	x
3	A'	B'	C	D	E'	0	0	1	1	0	6	x
	A'	B	C'	D'	E	0	1	0	0	1	9	x
	A	B'	C'	D'	E	1	0	0	0	1	17	x
2	A'	B	C	D	E'	0	1	1	1	0	14	x
	A	B'	C'	D	E	1	0	0	1	1	19	x
	A	B	C'	D'	E	1	1	0	0	1	25	x
1	A	B	C'	D	E	1	1	0	1	1	27	x
0	A	B	C	D	E	1	1	1	1	1	31	x

1.Iteration:

Gr.	Implikanten					binär					dezimal	
4	A'	B'	C'	D'	-	0	0	0	0	-	0, 1	P_1
	A'	B'	-	D'	E'	0	0	-	0	0	0, 4	P_2
3	A'	-	C'	D'	E	0	-	0	0	1	1, 9	x
	-	B'	C'	D'	E	-	0	0	0	1	1, 17	x
	A'	B'	C	-	E'	0	0	1	-	0	4, 6	P_3
2	A'	-	C	D	E'	0	-	1	1	0	6, 14	P_4
	-	B	C'	D'	E	-	1	0	0	1	9, 25	x
	A	B'	C'	-	E	1	0	0	-	1	17, 19	x
	A	-	C'	D'	E	1	-	0	0	1	17, 25	x
1	A	-	C'	D	E	1	-	0	1	1	19, 27	x
	A	B	C'	-	E	1	1	0	-	1	25, 27	x
0	A	B	-	D	E	1	1	-	1	1	27, 31	P_5

2.Iteration:

Gr.	Implikanten					binär					dezimal	
4	A'	B'	C'	D'	-	0 0 0 0 -					0, 1	P_1
	A'	B'	-	D'	E'	0 0 - 0 0					0, 4	P_2
3	A'	B'	C	-	E'	0 0 1 - 0					4, 6	P_3
2	A'	-	C	D	E'	0 - 1 1 0					6, 14	P_4
	-	-	C'	D'	E	- - 0 0 1					1, 9, 17, 25	P_6
	-	-	C'	D'	E	- - 0 0 1					1, 9, 17, 25	-
1	A	-	C'	-	E	1 - 0 - 1					17, 19, 25, 27	P_7
	A	-	C'	-	E	1 - 0 - 1					17, 19, 25, 27	-
0	A	B	-	D	E	1 1 - 1 1					27, 31	P_5

Primimplikant	0	1	4	6	9	14	17	19	25	27	31	gestr.
$A'B'C'D'$ (P_1)	1	1										P_2
$A'B'D'E'$ (P_2)	1		1									
$A'B'CE'$ (P_3)			1	1								P_2
$A'CDE'$ (P_4)				1		1						
$ABDE$ (P_5)										1	1	
$C'D'E$ (P_6)		1			1		1		1			
$AC'E$ (P_7)							1	1	1	1		
gestr.		9	0	14			9		9	25		

Das Minimalpolynom lautet: $\mathcal{F}_3(A, B, C, D, E) = P_2 + P_4 + P_5 + P_6 + P_7$.

c)

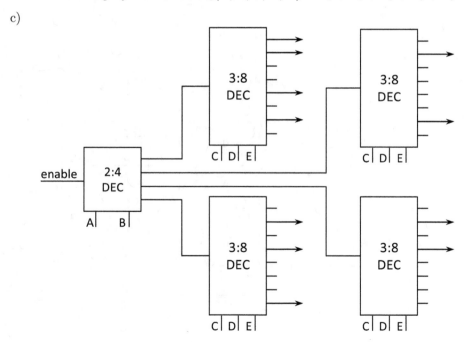

Aufgabe 3.12.4 (Zeitlimit: 20 Min.):

a)

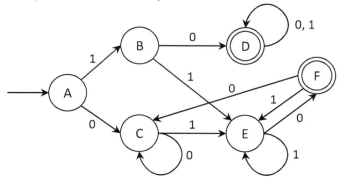

b)

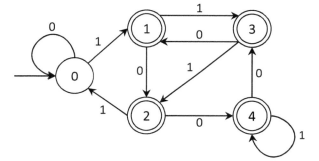

Aufgabe 3.12.5 (Zeitlimit: 15 Min.):

a)

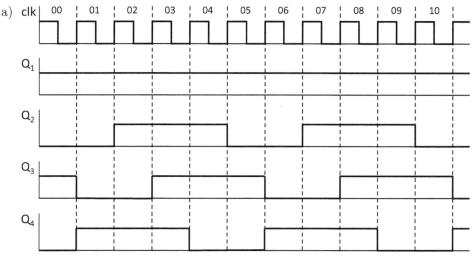

b) Neben der Ausgangssituation ($Q_1 = Q_3 = 1$ und $Q_2 = Q_4 = 0$) durchläuft die Schaltung (zyklisch) die weiteren vier Zustände ($Q_1 = Q_4 = 1; Q_2 = Q_3 = 0$), ($Q_1 = Q_2 = Q_4 = 1; Q_3 = 0$), ($Q_1 = Q_2 = Q_3 = Q_4 = 1$) und ($Q_1 = Q_2 = Q_3 = 1; Q_4 = 0$). Daraus läßt sich folgender Zustandsautomat ableiten:

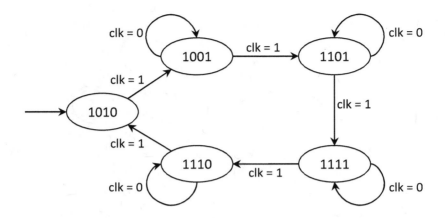

Aufgabe 3.12.6 (Zeitlimit: 30 Min.):

a)

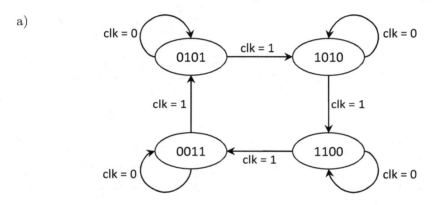

b) Laut Zeitdiagramm durchläuft die Schaltung lediglich vier Zustände, welche durch die jeweiligen Signalbelegungen gegebenen sind. Da alle weiteren Eingangsbelegungen nicht angesteuert werden, können diese als *don't care*-Einträge behandelt werden. Somit ergibt sich folgende (auf die vier Zustände beschränkte) Funktionstabelle:

Q_1^n	Q_2^n	Q_3^n	Q_4^n	Q_1^{n+1}	Q_2^{n+1}	Q_3^{n+1}	Q_4^{n+1}
0	1	0	1	1	0	1	0
1	0	1	0	1	1	0	0
1	1	0	0	0	0	1	1
0	0	1	1	0	1	0	1

Aus der Tabelle geht hervor, dass $Q_2^{n+1} = Q_3^n$ und $Q_3^{n+1} = Q_2^n$ gilt. Die minimierten Schaltfunktionen Q_1^{n+1} und Q_4^{n+1} können mithilfe von KV-Diagrammen hergeleitet werden:

$Q_1^{n+1}:$

		Q_1^n	
x	x	0	x
x	1	x	x
0	x	x	x
x	x	x	1

$Q_4^{n+1}:$

		Q_1^n	
x	x	1	x
x	0	x	x
1	x	x	x
x	x	x	0

Folgende Minimalpolynome können gebildet werden:

$$
\begin{aligned}
Q_1^{n+1} &= Q_1^n Q_2^{n\prime} + Q_1^{n\prime} Q_2^n &= Q_1^n \ xor \ Q_2^n \\
&= Q_3^n Q_4^{n\prime} + Q_3^{n\prime} Q_4^n &= Q_3^n \ xor \ Q_4^n \\
&= Q_1^n Q_3^n + Q_1^{n\prime} Q_3^{n\prime} &= Q_1^n \ nxor \ Q_3^n \\
Q_4^{n+1} &= Q_1^n Q_3^{n\prime} + Q_1^{n\prime} Q_3^n &= Q_1^n \ xor \ Q_3^n \\
&= Q_1^n Q_2^n + Q_1^{n\prime} Q_2^{n\prime} &= Q_1^n \ nxor \ Q_2^n \\
&= Q_3^n Q_4^n + Q_3^{n\prime} Q_4^{n\prime} &= Q_3^n \ nxor \ Q_4^n
\end{aligned}
$$

Dadurch kann das gegebene Schaltgerüst folgendermaßen vervollständigt werden (je nach verwendetem Minimalpolynom für Q_1^{n+1} und Q_4^{n+1} kann die resultierende Schaltung von der hier wiedergegebenen Darstellung abweichen):

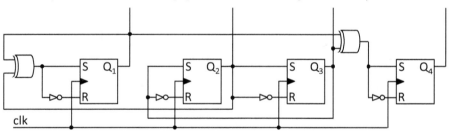

Aufgabe 3.12.7 (Zeitlimit: 20 Min.):

a)

$\mathcal{F}_4(A, B, C, D):$

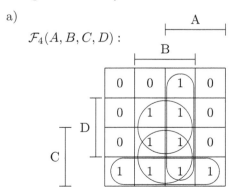

Die möglichen Primimplikanten sind: AB, BC, BD und CD'.

Das Minimalpolynom von $\mathcal{F}_4$ lautet: $\mathcal{F}_4(A, B, C, D) = AB + BD + CD'$.

Der Primimplikant BC spielt für das Minimalpolynom keine Rolle und ist somit optional.

b) Als erste Optimierung kann der Schaltungsterm von $\mathcal{F}_4$ mithilfe der Distributivität zu $\mathcal{F}_4(A, B, C, D) = B(A + D)CD'$ umgeformt werden. Da in dieser Darstellung mehr positive als negative Literale vorkommen, lohnt es sich die Funktion $\mathcal{F}_4'$ als CMOS-Schaltung zu realisieren, inklusive eines nachgeschalteten Inverters. Es lassen sich folgende Terme für den *pull-up* (p-MOS) und *pull-down* (n-MOS) Anteil konstruieren:

$$\mathcal{F}_{4\_pmos}(A', B', C', D')' = (B'(A' + D') + C'D)' = (B + AD)(C + D')$$
$$\mathcal{F}_{4\_nmos}(A, B, C, D)'' = (B(A + D) + CD')'' = B(A + D) + CD'$$

Somit ergibt sich folgendes CMOS-Schaltbild:

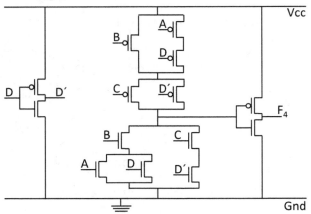

c) Die Belegungen für den 8 : 1 Multiplexer können aus dem KV-Diagramm abgelesen werden:

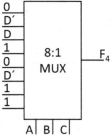

Aufgabe 3.12.8 (Zeitlimit: 30 Min.):

a) Mit dem angegebenen Assembler-Prozedur wird die Quersumme der Zahl n berechnet. Pro Schleifendurchlauf wird n (im Register EAX) durch den Faktor 10 (im Register ECX) dividiert. Der ganzzahlige Divisionsrest (im Register EDX) wird nach der Division auf den im Register EBX befindlichen Wert addiert, welcher die Summe der einzelnen Zehnerpotenzen von n repräsentiert.

b)

```
        sqr        PROC    X:DWORD
                   MOV     EAX, 0
                   MOV     EBX, X
                   MOV     ECX, X
    sqr_loop:
                   ADD     EAX, EBX
                   LOOP    sqr_loop
                   RET
        sqr        ENDP

        vlen       PROC    X:DWORD, Y:DWORD
                   PUSH    X
                   CALL    sqr
                   MOV     EDX, EAX
                   PUSH    Y
                   CALL    sqr
                   ADD     EDX, EAX
                   PUSH    EDX
                   CALL    SQRT
                   RET
        vlen       ENDP
```

c)

```
        isPrim          PROC    n: DWORD
                        MOV     EBX, n
                        SHR     EBX, 1
    isPrim_loop:
                        CMP     EBX, 2
                        JL      isPrim_positiv
                        MOV     EAX, n
                        MOV     EDX, 0
                        DIV     EBX
                        CMP     EDX, 0
                        JZ      isPrim_negativ
                        DEC     EBX
                        JMP     isPrim_loop
    isPrim_positiv:
                        MOV     EDX, 1
    isPrim_negativ:
                        MOV     Value, EDX
                        RET
        isPrim          ENDP
```

Aufgabe 3.12.9 (Zeitlimit: 30 Min.):

a) Mithilfe der gegebenen Assembler-Prozedur kann die Fakultät von n bestimmt werden. Durch den *LOOP*-Befehl wird der im Register hinterlegte Wert von n in jedem Schleifendurchlauf um 1 dekrementiert und mit den Wert in *EAX* (mit 1 initiiert) multipliziert. Somit wird $EAX = n \cdot (n-1) \cdot (n-2) \cdot \ldots \cdot 2 \cdot 1 = n!$ berechnet.

b) include   \masm32\include\masm32rt.inc
    .DATA
    value   DD ?
    wTitle   DB "Quadratisches Polynom", 0
    wText   DB "Das Ergebnis lautet: "
    wResult   DB 5 DUP (0)

    .CODE
    polyAusw   PROC a:DWORD, b:DWORD, cp:DWORD, x:DWORD
            MOV   EAX, a
            MUL   x
            ADD   EAX, cp ; Fehler: falscher Parameter (mit b vertauscht)
            MUL   x
            ADD   EAX, b
            SHL   EAX, 2 ; Fehler: Division nur mit SHR möglich
                        ; Des Weiteren darf nur um 1 geshiftet werden (Fehler)
            MOV   value, EAX ; Fehler: die RET-Anweisung fehlt
    polyAusw   ENDP

    start:
            PUSH   2
            PUSH   3
            PUSH   4 ; Fehler: es fehlt eine PUSH-Operation
            CALL   polyAuw ; Fehler: Schreibfehler (Buchstabe ‚s' fehlt)

            Invoke   dwtoa, value, ADDR wResult
            Invoke   MessageBox, 0, ADDR wText, ADDR wTitle, MB_OK
            Invoke   ExitProcess, NULL
    END   start

c)   MOV   EAX, 1
                        loopwhile:
                                    CMP   EAX, 50
                                    JGE   endwhile
                                    MUL   3
                                    ADD   EAX, 2
                                    CMP   EAX, 50
                                    JG   loopif
                                    JMP   loopwhile
                        loopif:
                                    SUB   EAX, 3
                                    JMP   loopwhile
                        endwhile:
                                    RET

Aufgabe 3.12.10 (Zeitlimit: 30 Min.):

a)

A_1	A_0	B_1	B_0	D_1	D_0	C
0	0	0	0	0	0	0
0	0	0	1	1	1	1
0	0	1	0	1	0	1
0	0	1	1	0	1	1
0	1	0	0	0	1	0
0	1	0	1	0	0	0
0	1	1	0	1	1	1
0	1	1	1	1	0	1
1	0	0	0	1	0	0
1	0	0	1	0	1	0
1	0	1	0	0	0	0
1	0	1	1	1	1	1
1	1	0	0	1	1	0
1	1	0	1	1	0	0
1	1	1	0	0	1	0
1	1	1	1	0	0	0

b) Konjunktive Normalformen:

$$
\begin{aligned}
D_1(A_1, A_0, B_1, B_0) =\ & (A_1 + A_0 + B_1 + B_0)(A_1 + A_0 + B_1' + B_0') \\
\cdot\ & (A_1 + A_0' + B_1 + B_0)(A_1 + A_0' + B_1 + B_0') \\
\cdot\ & (A_1' + A_0 + B_1 + B_0')(A_1' + A_0 + B_1' + B_0) \\
\cdot\ & (A_1' + A_0' + B_1' + B_0)(A_1' + A_0' + B_1' + B_0')
\end{aligned}
$$

$$
\begin{aligned}
D_0(A_1, A_0, B_1, B_0) =\ & (A_1 + A_0 + B_1 + B_0)(A_1 + A_0 + B_1' + B_0) \\
\cdot\ & (A_1 + A_0' + B_1 + B_0')(A_1 + A_0' + B_1' + B_0') \\
\cdot\ & (A_1' + A_0 + B_1 + B_0)(A_1' + A_0 + B_1' + B_0) \\
\cdot\ & (A_1' + A_0' + B_1 + B_0')(A_1' + A_0' + B_1' + B_0')
\end{aligned}
$$

$$
\begin{aligned}
C(A_1, A_0, B_1, B_0) =\ & (A_1 + A_0 + B_1 + B_0)(A_1 + A_0' + B_1 + B_0) \\
\cdot\ & (A_1 + A_0' + B_1 + B_0')(A_1' + A_0 + B_1 + B_0) \\
\cdot\ & (A_1' + A_0 + B_1 + B_0')(A_1' + A_0 + B_1' + B_0) \\
\cdot\ & (A_1' + A_0' + B_1 + B_0)(A_1' + A_0' + B_1 + B_0') \\
\cdot\ & (A_1' + A_0' + B_1' + B_0)(A_1' + A_0' + B_1' + B_0')
\end{aligned}
$$

c)

$D_1(A_1, A_0, B_1, B_0):$

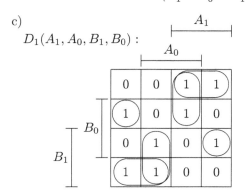

$D_0(A_1, A_0, B_1, B_0):$

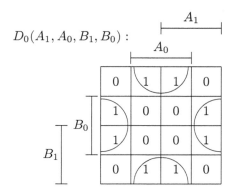

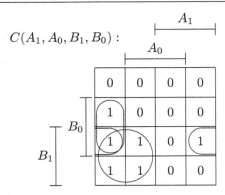

Es ergeben sich folgende Minimalpolynome:

$$D_1(A_1, A_0, B_1, B_0) = A_1 A_0 B_1' + A_1 B_1' B_0' + A_1' A_0 B_1 + A_1' B_1 B_0'$$
$$+ A_1' A_0' B_1' B_0 + A_1 A_0' B_1 B_0$$

$$D_0(A_1, A_0, B_1, B_0) = A_0 B_0' + A_0' B_0$$

$$C(A_1, A_0, B_1, B_0) = A_1' B_1 + A_1' A_0' B_1 + A_0' B_1 B_0$$

d)

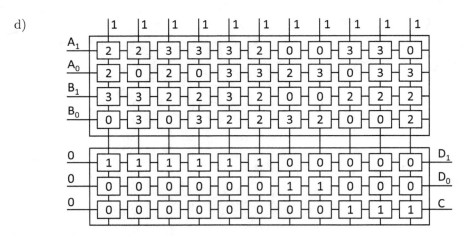

Aufgabe 3.12.11 (Zeitlimit: 30 Min.):

a)

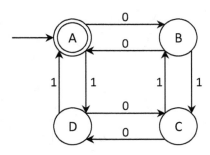

b)

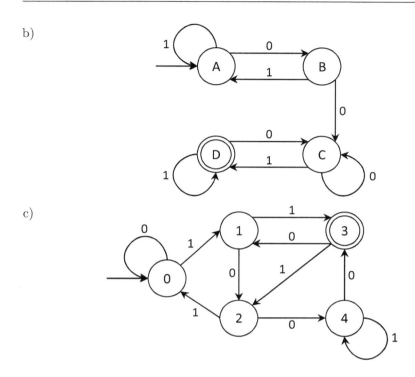

Aufgabe 3.12.12 (Zeitlimit: 15 Min.):

a)

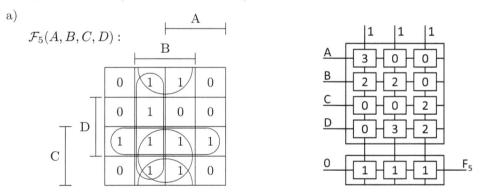

Das Minimalpolynom zu $\mathcal{F}_5$ (mit einem optionalen Primimplikanten BC) lautet:

$$\mathcal{F}_5(A, B, C, D) = A'B + BD' + CD.$$

b)

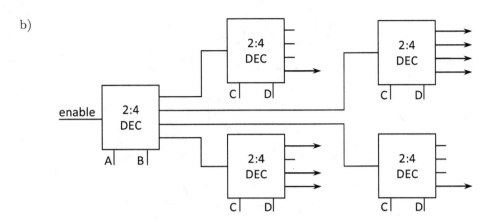

Aufgabe 3.12.13 (Zeitlimit: 30 Min.):

a)

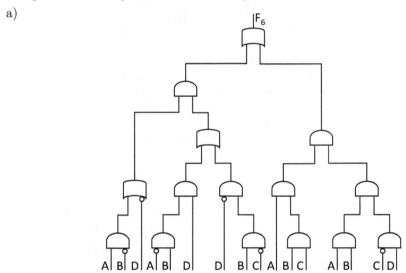

Der zugehörige Funktionsterm lautet:

$$\mathcal{F}_6(A, B, C, D) = ABC + AB'D' + A'BD + BC'D' + ABC'D$$

b) $\mathcal{F}_6(A, B, C, D)$

$= AB'D' + A'BD + BC'D' + AB(C + C'D)$	Distributivität
$= AB'D' + A'BD + BC'D' + AB(C + D)$	Absorption
$= AB'D' + A'BD + BC'D' + ABC + ABD$	Distributivität
$= AB'D' + BC'D' + ABC + BD$	Vereinigung
$= AB'D' + ABC + B(D + C'D')$	Distributivität
$= AB'D' + ABC + B(D + C')$	Absorption
$= AB'D' + ABC + BC' + BD$	Distributivität
$= AB'D' + B(AC + C') + BD$	Distributivität
$= AB'D' + B(A + C') + BD$	Absorption

$$\begin{aligned}
\mathcal{F}_6(A, B, C, D) &= AB'D' + AB + BC' + BD && \text{Distributivität} \\
&= A(B'D' + B) + BC' + BD && \text{Distributivität} \\
&= A(D' + B) + BC' + BD && \text{Absorption} \\
&= AB + AD' + BC' + BD && \text{Distributivität} \\
&= AD' + BC' + BD && \text{Konsens}
\end{aligned}$$

c)

$\mathcal{F}_6(A, B, C, D):$

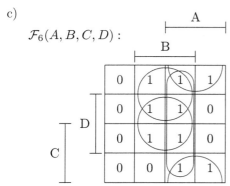

Primimplikanten von $\mathcal{F}_6$:
AB, AD', BC', BD

Davon sind folgende essentiell:
AD', BC', BD

Das Minimalpolynom lautet somit:
$\mathcal{F}_6(A, B, C, D) = AD' + BC' + BD$

d)

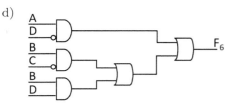 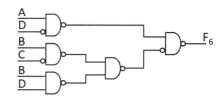

Aufgabe 3.12.14 (Zeitlimit: 20 Min.):

a) $\begin{aligned}
xz((x \sim z') \sim y) &= xz((x' + z') \sim y) && \text{Def. von } \sim \\
&= xz((x' + z')' + y) && \text{Def. von } \sim \\
&= xz(xz + y) && \text{DeMorgan} \\
&= xz && \text{Absorption}
\end{aligned}$

b) $\begin{aligned}
x \sim (y \sim z) &= x' + (y \sim z) && \text{Def. von } \sim \\
&= x' + (y' + z) && \text{Def. von } \sim \\
&= (x' + y') + z && \text{Assoziativität} \\
&= (xy)' + z && \text{DeMorgan} \\
&= xy \sim z && \text{Def. von } \sim
\end{aligned}$

c) Gegenbeispiel unter der Annahme: $x = y = z = 0$

$\begin{aligned}
(x \sim y) \sim (z \sim y) &= (x \sim y)' + (z \sim y) && \text{Def. von } \sim \\
&= (x' + y)' + (z' + y) && \text{Def. von } \sim \\
&= (xy') + (z' + y) && \text{DeMorgan} \\
&= (0 \cdot 1) + (1 + 0) = (0) + (1) = 1 \\
&\neq (0 \cdot 1) + 0 = (0) + 0 = 0 \\
&= (xz') + y \\
&= (x' + z)' + y && \text{DeMorgan} \\
&= (x \sim z)' + y && \text{Def. von } \sim \\
&= (x \sim z) \sim y && \text{Def. von } \sim
\end{aligned}$

Aufgabe 3.12.15 (Zeitlimit: 30 Min.):

a)

dezimal	binär	oktal	hexadezimal
1998	0111 1100 1110	3716	7CE
43981	1010 1011 1100 1101	125715	ABCD
359	0001 0110 0111	547	167
59160	1110 0111 0001 1000	163430	E718

b) $(263)_8 = (010\ 110\ 011)_2 = (179)_{10}$
$-(105)_8 = -(001\ 000\ 101)_2 = (110\ 111\ 011)_2 = -(69)_{10}$
$(010\ 110\ 011)_2 + (110\ 111\ 011)_2 = (1|001\ 101\ 110)_2 = (110)_{10}$

c) Umrechnung der Gleitkommazahl A_1 in ihre Dezimaldarstellung:

$$V_{A_1} = 1\ (negative\ Zahl)$$
$$E_{A_1} = (1100)_2 - (7)_{10}$$
$$= (12)_{10} - (7)_{10}$$
$$= (5)_{10}$$
$$M_{A_1} = 1.1111\ 1010 \cdot 2^5$$
$$= 11\ 1111.01 \cdot 2^0$$
$$= (63.25)_{10}$$

Die gegebene Gleitkommadarstellung entspricht der Dezimalzahl -63.25.

Umrechnung der Gleitkommazahl A_2 in ihre Dezimaldarstellung:

$$V_{A_2} = 1\ (negative\ Zahl)$$
$$E_{A_2} = (1110)_2 - (7)_{10}$$
$$= (14)_{10} - (7)_{10}$$
$$= (7)_{10}$$
$$M_{A_2} = 1.0000\ 1010 \cdot 2^7$$
$$= 1000\ 0101 \cdot 2^0$$
$$= (133)_{10}$$

Die gegebene Gleitkommadarstellung entspricht der Dezimalzahl -133.

Gleitkomma-Addition:

1. Anpassung der Mantissen:

$$M_{A_1} = 1.1111\ 1010 \cdot 2^5$$
$$= 0.0111\ 1110\ 1 \cdot 2^7$$
$$M_{A_2} = 1.0000\ 1010 \cdot 2^7$$

2. Da beide Zahlen negativ sind, kann während der Addition das Vorzeichen auch ignoriert werden (die Mantissen werden demnach als positive Zahlen betrachtet).

3. Mantissen addieren:

$$
\begin{array}{cccccccccccc}
  & 0 & 0. & 0 & 1 & 1 & 1 & 1 & 1 & 1 & 0 & 1 \\
+ & 0 & 1. & 0 & 0 & 0 & 0 & 1 & 0 & 1 & 0 & 0 \\
\hline
  & 0 &   &   & 1 & 1 & 1 & 1 & 1 & 1 &   &   \\
\hline
  & 0 & 1. & 1 & 0 & 0 & 0 & 1 & 0 & 0 & 0 & 1 \\
\end{array}
$$

4. Das Ergbnis liegt in der korrekten Darstellung vor. Da die ursprünglichen Zahlen beide negativ waren, muss das Vorzeichenbit des Resultats auf 1 gesetzt werden.

5. Zusätzlich muss keine Anpassung des Exponenten vorgenommen werden.
Das Ergebnis lautet: $(1.1000\ 1000\ 1 \cdot 2^7) = (1100\ 0100.01 \cdot 2^0) = -196.25$

d) Umrechnung der Gleitkommazahl in ihre Dezimaldarstellung:

$$
\begin{aligned}
V_3 &= 1 \ (negative\ Zahl) \\
E_3 &= (1000\ 0110)_2 - (127)_{10} \\
    &= (134)_{10} - (127)_{10} \\
    &= (7)_{10} \\
M_3 &= 1.0101\ 1101\ 01 \cdot 2^7 \\
    &= 1010\ 1101.01 \cdot 2^0 \\
    &= (173.25)_{10}
\end{aligned}
$$

Die gegebene Gleitkommadarstellung entspricht der Dezimalzahl -173.25.
Bestimmung der Gleitkommadarstellung zur Zahl -5.5:

$$
\begin{aligned}
V_4 &= 1 \ (negative\ Zahl) \\
M_4 &= (5.5)_{10} \\
    &= 101.1 \cdot 2^0 \\
    &= 1.011 \cdot 2^2 \\
E_4 &= (2)_{10} + (127)_{10} \\
    &= (129)_{10} \\
    &= (1000\ 0001)_2
\end{aligned}
$$

Demnach ergbit sich folgende 32-Bit Gleitkommadarstellung für -5.5:

V_4	E_4	M_4
1	1000 0001	0110 0000 0000 0000 0000 000

Multiplikation der Gleitkommazahlen:
1. Vorzeichen bestimmen:

$$
\begin{aligned}
V &= V_3 \otimes V_4 \\
  &= 1 \otimes 1 \\
  &= 0
\end{aligned}
$$

2. Exponenten addieren:

$$E = E_3 + E_4$$
$$= 7 + 2$$
$$= 9$$

3. Mantissen als Festkommazahl multiplizieren:

1.	0	1	0	1	1	0	1	0	1	·	1.	0	1	1
		1	0	1	0	1	1	0	1	0	1			
			1	0	1	0	1	1	0	1	0	1		
				1	0	1	0	1	1	0	1	0	1	
	1	1	1	1	1		1	1						
1.	1	1	0	1	1	1	0	0	0	1	1	1

4. Am Exponenten müssen keine weiteren Anpassungen vorgenommen werden.
Das Ergebnis lautet: $(1.1101\,1100\,0111 \cdot 2^9) = (11\,1011\,1000.111 \cdot 2^0)$. Dies entspricht
der Dezimalzahl 952.875.

Aufgabe 3.12.16 (Zeitlimit: 20 Min.):

A	B	C	D	E	F
0	0	0	0	1	1
0	0	1	1	0	0
0	1	0	1	0	1
0	1	1	1	1	0
1	0	0	1	1	1
1	0	1	0	0	0
1	1	0	0	0	1
1	1	1	0	1	0

D(A, B, C):

Die gesuchten Minimalpolynome lauten
(F ergibt sich direkt aus der Tabelle):

E(A, B, C):

$$D(A, B, C) = A'B + A'C + AB'C'$$
$$E(A, B, C) = BC + B'C'$$
$$F(A, B, C) = C'$$

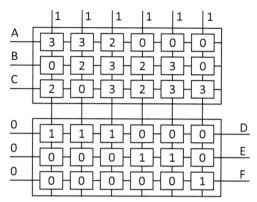

Aufgabe 3.12.17 (Zeitlimit: 20 Min.): Die Schaltung zu $\mathcal{F}_7$ entspricht einer NOR-Umsetzung. Für eine mögliche Optimierung könnten die Inverter aus der Schaltung entfernt werden $(\mathcal{F}_7(A, B) = (A + B)' = A'B')$. Die aus der vorliegenen Schaltung ablesbaren Terme für den PMOS- und NMOS-Anteil lauten:

$$\mathcal{F}_{7\_pmos}(A', B')' = A' + B'$$
$$\mathcal{F}_{7\_nmos}(A, B)'' = A'B'$$
$$\overline{\mathcal{F}}_7(A, B)' = A + B$$

Die vorgegebene CMOS-Schaltung von $\mathcal{F}_8$ entspricht der NXOR-Verknüpfung. Diese ist bereits optimal und kann nicht weiter reduziert werden. Die zu nennenden Funktionsterme lauten:

$$\mathcal{F}_{8\_pmos}(A', B') = AB + A'B'$$
$$\mathcal{F}_{8\_nmos}(A, B)' = A'B + AB'$$
$$\overline{\mathcal{F}}_8(A, B) = (A'B + AB')'$$

Aufgabe 3.12.18 (Zeitlimit: 30 Min.):

a)

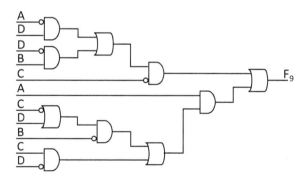

b)

$$\mathcal{F}_9(A,B,C,D):$$

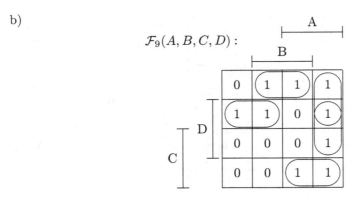

$$
\begin{aligned}
\mathcal{F}_9(A,B,C,D) &= C'(A'D + BD') + A(CD' + B'(C' + D)) \\
&= A'C'D + BC'D' + ACD'AB'C' + AB'D
\end{aligned}
$$

c) Die Primimplikanten von $\mathcal{F}_9$ sind: AB', AD', $A'C'D$, $A'BC'$, $BC'D'$, $B'C'D$. Aus den vorhandenen Primimplikanten können insgesamt drei verschiedene Minimalpolynome gebildet werden:

$$
\begin{aligned}
\mathcal{F}_9(A,B,C,D) &= AB' + AD' + A'BC' + A'C'D \\
\mathcal{F}_9(A,B,C,D) &= AB' + AD' + A'BC' + B'C'D \\
\mathcal{F}_9(A,B,C,D) &= AB' + AD' + A'C'D + B'C'D
\end{aligned}
$$

d) Hazards treten auf, wenn durch Signalverläufe Übergänge zwischen (Prim-) Implikanten beschrieben werden, die durch keinen anderen (Prim-) Implikant abgedeckt werden. Der Übergang zwischen den Primimplikanten $A'C'D$ und $BC'D'$ (Signalverlauf: 0101 geht auf 0100) wird durch keinen weiteren Implikanten abgedeckt, wodurch an dieser Stelle ein Hazard zu erwarten ist.

e) Folgende Angaben beziehen sich auf das erste Minimalpolynom, die anderen werden hier nicht näher betrachtet.

$$
\begin{aligned}
\mathcal{F}_9(A,B,C,D) &= AB' + AD' + A'BC' + A'C'D \\
&= A(B' + D') + A'C'(B + D) \\
&= A(BD)' + (A + C)'(B + D) \\
&= AE + G(B + D) \\
&\quad \text{mit} \\
E &= (BD)' \quad \text{(entspricht einem NAND)} \\
G &= (A + C)' \quad \text{(entspricht einem NOR)}
\end{aligned}
$$

Da nach der Umformung in $\mathcal{F}_9$ alle Literale positiv sind, ist die Darstellung von $\mathcal{F}_9{}'$ mit einem nachgeschalteten Inverter empfehlenswert:

$$
\begin{aligned}
\mathcal{F}_{9\_pmos}(A',B',C',D')' &= (A'E' + G'(B' + D'))' \\
&= (A + E)(G + BD) \\
\mathcal{F}_{9\_nmos}(A,B,C,D)'' &= (AE + G(B + D))'' \\
&= AE + G(B + D)
\end{aligned}
$$

Aufgabe 3.12.19 (Zeitlimit: 30 Min.):

a) Folgende Funktionsterme können aus der gegebenen Schaltung abgelesen werden:

$$
\begin{aligned}
J_0(X, Q_0^n, Q_1^n, Q_2^n) &= X' \\
J_1(X, Q_0^n, Q_1^n, Q_2^n) &= X + Q_0^n \\
J_2(X, Q_0^n, Q_1^n, Q_2^n) &= Q_1^n \\
K_0(X, Q_0^n, Q_1^n, Q_2^n) &= X Q_2^n \\
K_1(X, Q_0^n, Q_1^n, Q_2^n) &= Q_1^n \\
K_2(X, Q_0^n, Q_1^n, Q_2^n) &= Q_1^n Q_2^n
\end{aligned}
$$

b) Die zu dem Schaltwerk gehörende Funktionstabelle lautet:

X	Q_0^n	Q_1^n	Q_2^n	J_0	K_0	J_1	K_1	J_2	K_2	Q_0^{n+1}	Q_1^{n+1}	Q_2^{n+1}
0	0	0	0	1	0	0	0	0	0	1	0	0
0	0	0	1	x	x	x	x	x	x	x	x	x
0	0	1	0	x	x	x	x	x	x	x	x	x
0	0	1	1	x	x	x	x	x	x	x	x	x
0	1	0	0	1	0	1	0	0	0	1	1	0
0	1	0	1	1	0	1	0	0	0	1	1	1
0	1	1	0	1	0	1	1	1	0	1	0	1
0	1	1	1	1	0	1	1	1	1	1	0	0
1	0	0	0	0	0	1	0	0	0	0	1	0
1	0	0	1	0	1	1	0	0	0	0	1	1
1	0	1	0	0	0	1	1	1	0	0	0	1
1	0	1	1	0	1	1	1	1	1	0	0	0
1	1	0	0	x	x	x	x	x	x	x	x	x
1	1	0	1	x	x	x	x	x	x	x	x	x
1	1	1	0	x	x	x	x	x	x	x	x	x
1	1	1	1	x	x	x	x	x	x	x	x	x

c)

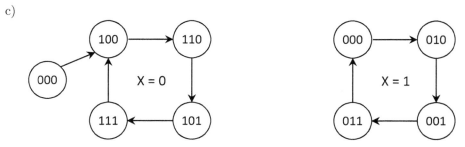

d) Folgende Minimalpolynome lassen sich über die entsprechenden KV-Diagramme konstruieren:

$$
\begin{aligned}
Q_0^{n+1}(X, Q_0^n, Q_1^n, Q_2^n) &= X' + Q_0^n \\
Q_1^{n+1}(X, Q_0^n, Q_1^n, Q_2^n) &= Q_0^n Q_1^{n'} + X Q_1^{n'} \\
Q_2^{n+1}(X, Q_0^n, Q_1^n, Q_2^n) &= Q_1^{n'} Q_2^n + Q_1^n Q_2^{n'}
\end{aligned}
$$

$Q_0^{n+1}(X, Q_0^n, Q_1^n, Q_2^n):$

$Q_1^{n+1}(X, Q_0^n, Q_1^n, Q_2^n):$

$Q_2^{n+1}(X, Q_0^n, Q_1^n, Q_2^n):$

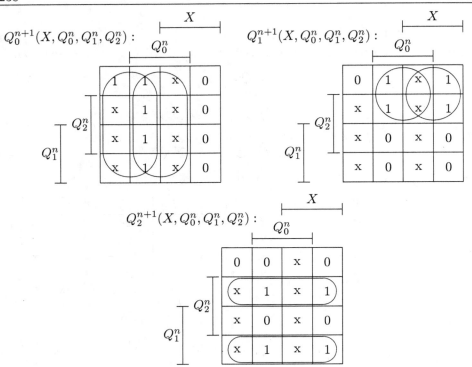

www.ingramcontent.com/pod-product-compliance
Lightning Source LLC
LaVergne TN
LVHW062312060326
832902LV00013B/2179